現代哲学
キーワード

有斐閣双書
KEYWORD
SERIES

野家啓一
門脇俊介 [編]

CONTEMPORARY
PHILOSOPHY

目　次

第1章　現代哲学の座標軸 ——————————————————— I

1　実在論/反実在論——伝統的な実在論と反実在論の対立は，現代
　　では，言明（や文）の意味する真理が証拠に依存するかしないか
　　の対立に置き換えられ，さまざまな論争を引き起こしている　2

2　自然主義/反自然主義——理性や自由意志の存在に訴えて人間が
　　反自然的な存在であることを主張してきた，従来の哲学に対して，
　　現代の哲学的自然主義は厳しい挑戦を仕掛けてきている　6

3　基礎づけ主義/反基礎づけ主義——哲学の「夢」であり原動力で
　　あった学問・知識の「基礎づけ」の理念は，現代哲学においては
　　厳しい批判にさらされつつある　10

4　表象主義/反表象主義——近代の初頭に哲学的認識論の基礎と
　　なった表象主義は，20世紀に至って判断中心のそれに変化を遂げ，
　　現在もまだ認識論と意味論の中心ドグマであるが，表象の概念を
　　用いない意味論や認識論の可能性も開かれている　12

5　要素論/全体論——20世紀の科学と哲学においては，全体論の発
　　想が大きな意味をもつようになってきた　14

6　西欧中心主義批判——哲学は古代ギリシア以来，普遍的知をめざ
　　してきた。しかし20世紀後半，その普遍性とはヨーロッパ中心
　　主義の別名ではないかとの疑いが生じた。それは「理性」の身分
　　にも疑問符を突きつける　16

7　モダン/ポストモダン——モダン（近代）とポストモダン（脱近
　　代）の対立は，進歩や合理性といった近代社会を支えてきた価値
　　理念を捨て去るべきか否かの闘いであった　18

8　実証主義論争——科学の方法をめぐっては，演繹法と帰納法の対
　　立に始まって，自然科学と人文・社会科学の対立，そして社会科
　　学内部での方法論争と，つねに議論が繰り返されており，その余
　　波は現代にまで及ぶ　20

9　歴史家論争——戦後70年を経て「戦争と記憶」をめぐる問題が再

i

びクローズアップされている。原爆投下，従軍慰安婦，南京虐殺，
沖縄戦などを争点とする歴史認識の問題がそれである。ここでは
先行例として，ナチスのユダヤ人大量虐殺をめぐるドイツの歴史
家論争を検討する 22

10 サイエンス・ウォーズ──ソーカルの「偽論文」事件に端を発し
た科学者と科学論者との間の論争。哲学的に素朴な科学者と科学
的に半可通の哲学者との間の不幸なすれ違いに終わった 24

第2章　論　　理 ──────────────────────── 27

11 伝統的論理学──論理学はどのように考えられてきたか：20世紀
における教育への影響 28

12 数学の哲学──数学の危機に対して数学者が哲学的に考えようと
した 30

13 古典論理と非古典論理──論理的であるとはどのようなことであ
るかという問いの端緒 32

14 確定記述──論理と存在を結ぼうとする試み 34

15 ゲーデルの不完全性定理──形式主義の転換点 36

16 様相論理──精細な論理学的ツールの展開 38

17 固定指示子と指示の因果説──哲学的議論における論理学的
ツールのインパクト 40

18 真理理論──真理の理論と真理理論の分離 42

第3章　知　　識 ──────────────────────── 45

19 懐疑論と認識論のビミョーな関係──我々は懐疑論にどう立ち
向かうべきか 46

20 知識とは何かを定義する試み──ただのまぐれ当たりと知識は
どう違うのか 50

21 ア・プリオリ/ア・ポステリオリ，分析的/綜合的──定義は
分かったけど，それのどこが問題なのさ 52

22 自然化された認識論──認識論の目的と方法をラディカルに変更
する試み 56

23 社会的認識論──知っているのはいったい誰か 58

24 暗黙知──「暗黙知の問題」なるものはいかに探求されるべきか
60

25 アンドロイド認識論——人工知能研究と認識論のインターフェイス 62

26 知識の内在主義と外在主義——知識を知識にしているもの，つまり正当化はどこにあるのか 64

第4章 言　語 ——————————————————————— 67

27 言語論的転回——20世紀の哲学の中で，言語哲学は単に言語の哲学ではなく，哲学の基礎的部門の役割を演じた 68

28 意義と意味——言葉は世界内のさまざまな対象を指示すると同時に，言葉を発する人の思考内容の表現でもある 72

29 翻訳の不確定性——翻訳の正しさはどこまで経験的な証拠で決まるのか 74

30 意味と使用——言葉の理解は知的な能力であると同時に身体的な技能の問題でもある 78

31 私的言語——プライベートな経験は公共的な言葉の理解とどのような関係をもつのか 80

32 意味と含み——発話された言葉の意味と，発話者が伝えようとしていることがらとの間のつながりと隔たりをどう考えるか 82

33 言語行為論——発言がさまざまに類別され論評の対象になる際のメカニズムはどのようなものなのか 84

34 メタファー——言葉にその額面どおりの意味とは異なる意味を担わせること 86

第5章 行　為 ——————————————————————— 89

35 因果説/反因果説——意志や理由のありかとあり方をめぐって 90

36 行為者因果説——我々がみな不動の第一動者であるというのは，奇妙であるどころか，行為の本性をとらえた考え方かもしれない 92

37 行為の同一性と個別化——行為とは，正確には，どのような存在者なのか 94

38 観察によらない知識——我々は自分に関するいくつかのことを独特の仕方で知る 98

39 意志の弱さ——すべきでないと思いながらしてしまうのはどうし

目　次　iii

たことか　100

40　傾向性（ディスポジション）──結局何が「幽霊」だったのか　102

41　共同行為──1人でできないこともみんなでやれば……しかし「みんなで」とはどういうことか　106

第6章　心の哲学 ─────────────────────────── 111

42　機能主義──さまざまな批判にさらされながらも機能主義は心の本性をめぐる議論の中心的位置を占め続けている　112

43　心的なものの非法則性──心的状態が織りなす合理的秩序は法則性とは異なる秩序であり，そこに心的なものの独自性がある　114

44　志向性──世界のあり方を表象する心の働きは，もはやそれ以上分析できない原初的なものではなく，心の生物学的な機能から説明できる　116

45　双子地球──心的状態の表象内容は，脳のあり方だけで決まるのだろうか，それとも環境のあり方にも左右されるのだろうか　118

46　クオリア──心の自然化にとって意識は最大の障壁となるが，はたして意識を物的世界に位置づけることは可能だろうか　120

47　ゾンビ──意識をもつ人と物的には同じあり方をしていながら意識を欠く人はたしかに思考可能だが，本当にそのような人が存在しうるのだろうか　122

48　民間心理学──心に関する日常的な知識はどのような種類の知識であり，それは科学的心理学が形成されたあとにも生き残りうるだろうか　124

49　古典的計算主義/コネクショニズム──心は記号を処理するコンピュータか，それともニューロンの興奮パターンを変形する神経ネットワークか　126

50　環境主義──認知は頭の中だけで遂行されるのではなく，環境をも巻き込んだ過程であり，主体と環境の相互作用によって成立する　128

51　フレーム問題──課題の遂行に関与することがらとそうでないことがらをその都度の状況に応じて素早く区別するにはどうすればよいだろうか　130

第7章　科　学 ——————————————— 133

52 因果性——「原因」という形而上学的概念を用いずに因果的主張を
分析するというヒューム由来の還元主義的プログラムははたして
遂行可能だろうか　134

53 検証と反証——論理実証主義の意味の検証理論をカルナップは確
証の理論へと緩和化したが，ポパーは反証主義によってこれを全
面的に置換する　136

54 演繹/帰納——演繹法が論理的必然性を特徴とするのに対し，経験
科学の実践と不可分な帰納法は蓋然性をその特徴とする　138

55 理論の決定不全性——決定不全性のテーゼは，反合理主義，相対
主義，ホーリズムといった 20 世紀後半の科学哲学の諸思潮に棹
差した　140

56 パラダイム論争——華々しいデビューを飾ったクーンだが，その
後〈右派〉実在論者と〈左派〉反実在論者双方からの挟撃に見舞
われる　142

57 科学社会学——科学活動における社会的・文化的要因の構成的関
与を強調した科学社会学は，やがて過激な相対主義へと傾斜して
いく　146

58 科学技術と倫理——人々の生活に深甚な影響を及ぼすようになっ
た現代の科学技術は，従来の倫理学の枠組を越え出た問題を突
きつけている　148

59 社会生物学論争——人間行動の進化論的・自然主義的説明を試み
た社会生物学は，激しいイデオロギー論争を巻き起こすことにな
る　150

60 目的論と機械論——機械論による目的論の超克を物質・生命・精
神の分野で貫徹するという近代科学の目標はどこまで達成可能だ
ろうか　152

61 複雑系の科学——カオスや自己組織化論を取り込み，いまや複雑
系の科学は近代の還元主義的科学に対する批判的対抗勢力となり
つつある　156

第8章　時間と形而上学 ——————————————— 159

62 純粋持続——ベルクソンが最初の主著『意識に直接与えられたも

のについての試論』（1889 年）で導入した彼の哲学の鍵概念　160

63　ゼノンの運動のパラドクス——古代ギリシア，エレア派のゼノン（紀元前 5 世紀）が提出した，運動が存在することを否定する逆説　162

64　マクタガートのパラドクス——見かけとは異なり時間は現実的なものではないことを示そうとした，イギリスのマクタガートによる論証　164

65　過去把持/未来予持——フッサールが『内的時間意識の現象学』（1928 年）で導入した現象学的時間論の基礎概念　166

66　生き生きした現在——フッサール晩年の時間考察の中心テーマ。我々が認識しつつ生きるときの最終的立脚点　168

67　現存在の時間性——ハイデガーの『存在と時間』（1927 年）において，「ある」ということの意味と時間との関係が探究される際の中心的論題　170

68　決定論と自由——人の心の動きも含め，すべての出来事があらかじめ決まっているとする決定論は，我々が自由であることを否定するのだろうか　172

69　必然性/偶然性——世の中に必然的なものがあるとすれば，それはどのようなもので，どこからやってくるのだろうか　174

70　同一性と変化——同じ物，同じ人，同じ出来事など，「同じ」は我々の生活の基盤になっているが，この同一性の概念とはどのようなものだろうか　176

71　人格同一性——現在の自分は，過去の自分や未来の自分と同じだといえるだろうか。いえるとすれば，どのような条件によってだろうか　178

第 9 章　価値と倫理 ———————————————— 181

72　存在/当為——行為の理由の認識は我々をその行為へと導くのか　182

73　事実/価値——事実と価値はこの世界において異なる地位を有しているのか　186

74　正義論——人々に対する「平等な配慮」をめぐる現代正義論の諸相　188

75　帰結主義/義務論——道徳的行為における行為者の位置づけ　192

76 リベラリズム/リバタリアニズム/コミュニタリアニズム
　　──個人の権利と共同体の価値との間　*194*

77 公共性──公共的な諸問題を我々が適切に論じ合うための作法と技
　　法　*196*

78 自己決定権──どのような仕方で自らの権利の主張と他者への危
　　害の除去を折り合わせるべきなのか　*198*

79 討議倫理学──どのような条件と規則に基づくならば，我々は「話
　　せば分かる」のか　*200*

第10章　人　　間 ──────────────── *203*

80 超越論的主観性──〈世界に対する主観〉であると同時に〈世界
　　のうちにある客観〉であることはいかにして可能か　*204*

81 世界内存在──現存在としての人間はどのような存在体制をもつ
　　のか　*206*

82 本質存在/現実存在──実存は本質に先立つか　*208*

83 身体──それは自己と世界とをどのように媒介するのか　*210*

84 無意識──意識されない心的活動はどのような機構において可能に
　　なるのか　*214*

85 自己/他者──〈自〉と〈他〉の関係構造はどのようなものか　*218*

86 セクシュアリティ──性現象と権力との関係はいかなるものか
　　220

87 バイオポリティックス（生－政治学）──生にかかわる統治テ
　　クノロジーは〈住民の生〉をどのように制御してきたのか　*222*

　　読 書 案 内　　　　*225*

　　参 照 文 献　　　　*239*

　　あ と が き　　　　*253*

　　索　　　引　　　　*257*

目　次　vii

執筆者紹介

(執筆順，＊は編者)

＊門脇 俊介（かどわき　しゅんすけ）　　　　　　　　第 1 章 *1 ～ 5*

元東京大学大学院総合文化研究科教授（2010 年逝去）

主著 『現代哲学の戦略——反自然主義のもう一つ別の可能性』岩波書店，
2007 年。『破壊と構築——ハイデガー哲学の二つの位相』東京大学出版会，
2010 年。

＊野 家 啓 一（のえ　けいいち）　　　　　　　　　　　第 1 章 *6 ～ 10*

現在　東北大学名誉教授・総長特命教授

主著 『物語の哲学』岩波現代文庫，2005 年。『科学哲学への招待』ちくま学
芸文庫，2015 年。

村 上 祐 子（むらかみ　ゆうこ）　　　　　　　　　　　　第 2 章

現在　東北大学大学院文学研究科准教授

主著 "Utilitarian Deontic Logic," Renate Schmidt, Ian Pratt-Hartmann, Mark
Reynolds, and Heinrich Wansing (eds.), *Advances in Modal Logic*, Vol. 5.,
King's College Publications, 2005. 『科学技術をよく考える——クリティカル
シンキング練習帳』（伊勢田哲治・戸田山和久・調麻佐志との共編）名古屋
大学出版会，2013 年。

戸田山和久（とだやま　かずひさ）　　　　　　　　　　　第 3 章

現在　名古屋大学大学院情報科学研究科教授

主著 『哲学入門』ちくま新書，2014 年。『科学的実在論を擁護する』名古屋
大学出版会，2015 年。

清 塚 邦 彦（きよづか　くにひこ）　　　　　　　　　　　第 4 章

現在　山形大学人文学部教授

主著 『フィクションの哲学』勁草書房，2009 年。（訳書）ポール・グライス
『論理と会話』勁草書房，1998 年。

柏端 達也（かしわばた　たつや）　　　　　　　　　　第 5 章
現在　慶應義塾大学文学部教授
主著　『行為と出来事の存在論——デイヴィドソン的視点から』勁草書房，
　1997 年。『自己欺瞞と自己犠牲』勁草書房，2007 年。

信原 幸弘（のぶはら　ゆきひろ）　　　　　　　　　　第 6 章
現在　東京大学大学院総合文化研究科教授
主著　『心の現代哲学』勁草書房，1999 年。『意識の哲学——クオリア序説』
　岩波書店，2002 年。

松本 俊吉（まつもと　しゅんきち）　　　　　　　　　第 7 章
現在　東海大学総合教育センター教授
主著　『進化論はなぜ哲学の問題になるのか——生物学の哲学の現在』（編著）
　勁草書房，2010 年。『進化という謎』春秋社，2014 年。

佐藤 透（さとう　とおる）　　　　　　　　　　　　第 8 章
現在　東北大学大学院国際文化研究科教授
主著　『時間体験の哲学』行路社，1999 年。『人生の意味の哲学——時と意味
　の探究』春秋社，2012 年。

福間 聡（ふくま　さとし）　　　　　　　　　　　　第 9 章
現在　高崎経済大学地域政策学部准教授
主著　『ロールズのカント的構成主義——理由の倫理学』勁草書房，2007 年。
　『「格差の時代」の労働論——ジョン・ロールズ『正義論』を読み直す』現代
　書館，2014 年。

小林 睦（こばやし　むつみ）　　　　　　　　　　　第 10 章
現在　東北学院大学教養学部教授
主著　『生命と環境の倫理』第 6 章〜第 9 章（清水哲郎編）放送大学教育振興
　会，2010 年。『高校倫理からの哲学 2 知るとは』第 2 講（直江清隆・越智貢
　編）岩波書店，2012 年。

執筆者紹介　　ix

本書のコピー、スキャン、デジタル化等の無断複製は著作権法上での例外を除き禁じられています。本書を代行業者等の第三者に依頼してスキャンやデジタル化することは、たとえ個人や家庭内での利用でも著作権法違反です。

第 1 章

現代哲学の座標軸

▶「現代哲学」という呼称は，本書ではほぼ 20 世紀哲学と
相覆う概念として用いられている。20 世紀は「戦争と革命
の世紀」とも「科学技術の世紀」とも呼ばれてきたが，哲学
のうえではドイツ・フランスを中心とする大陸哲学と，イギ
リス・アメリカを基盤とする分析哲学の二大潮流によって主
導されてきた世紀である。簡単にいえば，前者は意識分析に，
後者は言語分析に定位しながら哲学的思索を展開する。そう
した方法上の相違はあるものの，そこには 2 つの潮流を横
断する共通の対立軸が存在する。実在論/反実在論，要素論/
全体論などの対立である。第 1 章では，そうした基本的な
対立の構図とそれを背景にしたいくつかの哲学論争を取り上
げながら，現代哲学の見取図を描くことを試みる。

1 実在論/反実在論──伝統的な実在論と反実在論の対立は，現代では，言明（や文）の意味する真理が証拠に依存するかしないかの対立に置き換えられ，さまざまな論争を引き起こしている

◆ 存在が人間の心に依存しない/依存する

伝統的な哲学においては，2つの（見かけのうえでは）異なった思想に「実在論」という名称が与えられてきた。

第1の種類の実在論は，いわゆる「普遍者（universals）」が人間の思考や言語活動からは独立に実在するという思想であり，「概念実在論」あるいは「プラトニズム」とも呼ばれる──太郎や花子といったどの個別の人間をも共通に「人間」と呼べるのは，人間性という同一の普遍者が，物理的な実在である個別者とはまったく違って，プラトンのイデアのような仕方で実在するからなのだ。これに対立する反実在論の立場は，経験的に確認しうる個別者の存在だけを認めて，普遍者が独立的に実在することを拒否し，それでもなお個別者が共通の言葉（たとえば「人間」）で呼ばれることの根拠を探求する「唯名論」である。

古代から中世の哲学の論争の1つの中心であった第1の種類の実在論に対して，第2の種類の実在論はむしろ，認識の出発点を心の内部の観念・表象に求める近代哲学に固有の問題として出現してくる。人間が直接認識できる要素が，外的世界の実在と区別された内部の観念・表象であるとしたら，観念・表象から独立に存在する外的世界の対象の実在を認めることができるであろうか。デカルトやロックは，独立した実在を認めるが，バークリーは，意識によって直接知覚された観念とは独立に想定された実在を否定する──観念論としての反実在論である。

◆ 真理が証拠に依存しない/依存する

イデア的な普遍者は感覚的経験ではとらえられない存在であるが，外的世界の対象は人間の感覚器官に何らかの感覚刺激を送り込んでくる物体である。両者はまったく異なった種類の存在であるのに，心に依存しないという意味でともに「実在」だと実在論者は主張する。ここでの「依存しない」ということを，正確にはどのように理解すればいいのだろうか。現代

の実在論/反実在論の論争はこの問題を，存在するものについて述べる言明の意味の問題として理解し直そうとする（ダメット 1986）。たとえば，「物体」という観念から外的世界の対象が独立に存在するか否かという問いは，観念それ自体や対象の中には見いだすことはできないのであって，「物体Mは性質Pをもつ」のような真偽をもつ言明の形式を通してしか問うことができない。こうした文が真であるか偽であるか——すなわち言明の真理値——が，どのような証拠に基づいて人間がそれを知るのかとは独立に定まるとみなす考え方が実在論であり，人間がどのような証拠を用いてそうした真偽をとらえるのかとは無関係に，言明の真理値を理解することはできないという立場が反実在論である。物体や普遍者について述べる言明が意味するもの（真理値）が，人間の認識に依存しないで確定されているとみなすのが実在論であり，依存を免れないというのが反実在論なのである。

　こうした論争の転換からみるなら，20世紀以降の観念論（外的世界の対象についての反実在論）は，外的世界の物体についての言明の集まりを，心の内部に現れるセンスデータ（感覚与件）について述べる言明の集まりへと還元できるとみなす，「現象主義」の形態をとる。また，数学という普遍者についての実在論，つまり数学的プラトニズムは，どのような数学上の言明も真か偽として人間の認識に依存しないで確定しているとする立場であり，数学的な反実在論とは，数学的真理を認識する人間の証明作業に訴えるのでなければ，数学上の言明の真理値を定めることができないとする立場である。後者を代表する直観主義は，証明に先立って真か偽の値が確定していることを意味する「排中律」（「AかAでないかである」）を受け入れない（⇨ *13*）。

◆ 倫理についての実在論と反実在論

　認識の出発点としての心の内部という領域を拓いた近代哲学は，「善」や「正しさ」などの倫理的性質，あるいはそうした性質を含む倫理的事実を，世界や宇宙に内在する客観的な実在だと——古代・中世の哲学のようには——認めない傾向を強めてきており，この傾向は現代でも受け継がれている。倫理的なものは，世界や宇宙にその場所をもたず，心の内部の感

1 実在論/反実在論

情や欲求の表出にすぎないという意味で，倫理的な反実在論が主張される。ヒュームによれば，善悪に関する倫理的言明は，心の内部の快・不快の感覚の報告であって，客観的な善悪の記述ではないし，客観的な道徳的価値は存在しないとする，現代のいわゆる「思い違い理論」の描くところに従えば，倫理的指示を与える善の客観的実在が主張されるたびに，何か形而上学的に不条理な性質が誤って想定されてしまっている（マッキー 1990）。

現代の倫理的実在論は，倫理的実在についての言明の真理値が確定しているという強い主張によって，倫理的な反実在論に対抗するのではなく，倫理的な言明が，客観的な事実や特性を記述できるはずだという主張によって，倫理の主観化に対抗する。その重要な戦略の1つは，「善」や「正しさ」のような，どの文化，どんな文脈においても普遍的に流通する「薄い（thin）」倫理的概念よりは，「残酷さ」や「臆病」のような，それらが用いられる文脈に依存する「厚い（thick）」倫理的概念に注目することである。これらの概念を含む倫理的言明が，単に主観的な感情の表明なのではなく，むしろその真偽がこれらの概念が埋め込まれている世界のあり方（文脈）に依存することに訴えて，実在論が主張されるのである（パトナム 2006）。たとえば「残酷」であることは，「悪辣」であることと，同じ主観的感情を生み出すかもしれないが，世界においては異なった倫理的あり方なのである。

◆ 科学的実在論

外的世界の対象についての実在論は，知覚された対象が知覚とは独立に存在しているはずだという人間の常識を擁護するものであった。このような常識的実在論を前提にしたうえで，直接知覚できないが現象を説明するために要請された存在や構造について，科学理論が客観的な真理を述べることができると考えるなら，科学的実在論の立場をとることになる。たとえば，実際には直接観察できない素粒子の存在を想定することによって，飽和蒸気で満たされた霧箱に飛跡が観察されるという現象を，この素粒子の通り道で起こる物質の変化についての理論を補助的に用いながら，説明することができる。「素粒子が存在する」ことが真理だから，観察可能な現象を説明できるのだと，科学的実在論者は主張するだろう。

この主張に対する典型的な反論は，「道具主義」と名づけられている。科学理論の用いる理論的な術語——たとえば「素粒子」——は，文字どおりに何か観察不可能な存在を指示するのではなく，観察された現象を体系化し，さらに観察可能な現象を予測するために用いられる論理的な構築物である。科学理論は，真偽を意味するという点から評価されるのではなく，観察される現象を制御するための道具として評価されるべきなのだ。しかし，科学理論が現象を体系化する論理的な構築物にすぎず，世界について真か偽である何事かを述べることがないのなら，ある理論の導入がどうして世界の現象についての適切な説明となりうるのだろうか。観察不可能な存在についての科学理論の想定にコミットすることなしに，観察可能な現象をすくい取るようなモデルを内在させている限りで，科学理論の真理を経験的に認める反実在論も提案されている（ファン・フラーセン 1986）。

◆ 内在的実在論，準実在論……

実在論と反実在論との対立は，我々が意のままに制御できない独立の正しさの規準，つまり真理としての実在に対する直観と，そのような規準は我々が適用することにおいてのみ意味をもつという直観との，根源的な両義性を反映している。この両義性に正しく応答しようとして，さまざまな提案がなされている。真理を心から独立した実在とすることを拒否しながら，人間の信念体系に内在する合理的な受容可能性の理想化としての真理という発想によって，真理の客観性を保持しようとする「内在的実在論」（パトナム 1994），反実在論から出発しながら，正しさの規準についての振る舞いのうえで，実在論を模倣し続けようとする「準実在論（quasi-realism）」（Blackburn 1993），などが代表的なものである。

1 実在論/反実在論　5

> **2 自然主義/反自然主義**——理性や自由意志の存在に訴えて人間が
> 反自然的な存在であることを主張してきた，従来の哲学に対して，現代の
> 哲学的自然主義は厳しい挑戦を仕掛けてきている

◆哲学的自然主義——近代以前，近代以後

「自然」を，知的デザインを通して形成された創造物（プラトンやキリスト教）として理解するのか，あるいは知的デザインとは無関係な機械的なプロセス（古代ギリシアの原子論から近代科学に至る伝統）として理解するのか，さらに，目的や形相などの内在的な原理によって自己生成する実体（アリストテレス）として見るのかによって，自然が哲学に対してもつ意味はまったく異なる。近代以前に生じたこれらの自然像のうち，機械的なプロセスとしての自然像は，近代科学の成立を通じて劇的な形で洗練されて，主役の座に着いた。現代の哲学的自然主義——あらゆる存在者は科学によって探究される自然的事物・性質から構成されている——を生み出しているのも，近代以降のこの意味での自然主義である。それに対してたとえば，アリストテレスの自然主義は，現代の自然主義と容易には同一視できないだけではなく，近代科学が自然から追放してしまった，目的や価値・意味を自然に内在させているという点では，それと対立するものですらある（McDowell 1998）。

少なくとも３つの科学的発想が，現代の哲学的自然主義の背景となり，理性や自由意志の存在によって，人間が機械的プロセスとは異なる反自然的存在であることを自明なものとしてきた哲学に，厳しい挑戦を仕掛けてきている。①すべての物理的な出来事は先行する物理的出来事と物理法則によってのみ決定され，心的・生気的な力の介入する余地はないとする物理学主義。②認識・意志・感情などの，物質的なものとは切断されていると想定されてきた心の作用を，脳科学の発達により，脳という物質的なものに還元，あるいは同一化できるという見通し。③人間の倫理的な振る舞いや高度な文化も，超自然的な知性やデザインに由来するのではなく，自然淘汰という機械的プロセスから解明できるとするダーウィニズム。

◆ 心の存在の自然化

　近代の初頭デカルトは，生命を含む全自然を①の物理学主義によって描き出すプロジェクトを立ち上げたが，一方で心あるいは精神の存在は，内的直観によって把捉される意識として，自然科学による解明を拒むという反自然主義の立場をとった。心を物理的自然とは異なる実体として認めようとする，この物心二元論の枠組みは，現代の自然主義的な心の哲学の際立った標的となる一方で，自然をあらかじめ物理学的にとらえることを前提にしたうえで，心の存在の身分を問うというレールを敷いたという意味では，現代の哲学的自然主義がよりかかる大きな前提となっている。

　②の脳科学の発達を後ろ盾にして，（1950 年代以降）「痛み」などの心の状態を表す概念が「C 繊維の興奮」の指示するのと同じ脳状態を指示しているのだとみなす「心脳同一説」や，心の状態を表す概念それ自体も，脳科学の概念によって置き換えられて消去可能であるとする「消去主義」などの，心についてラディカルな自然主義が登場する。概念（あるいはタイプ）として心と脳とが同一であるというのは，心に関する特性や機能を，それらとは異質な概念に還元可能であるという主張である。だが，心に関する個別の出来事が脳や物質に関する出来事と同一であることは認められても，心を統御する——合理性のような——原理や，心的主体が環境内で担っている因果的な役割を，概念レベルで物理的現象に同一化することは容易ではない。「非還元的唯物論」や「機能主義」など，心の概念レベルでの還元不可能性を認める，心についての緩やかな自然主義が支持されてきているゆえんである（⇨ **42**）。

◆ 認識論の自然化

　現代の哲学的自然主義は，認識論を自然化しようとする試みにもっとも顕著に現れている（Kitcher 1992）。かつてカントは，哲学的認識論の意義を 2 つの点で浮き彫りにした。第 1 に，どんな感覚的経験によっても打ち倒されないような「ア・プリオリ」な原理を，哲学は確保できる。第 2 に，認識が正しい（真理に向かっている・正当化されている）ということは，ある認識がどのような環境や歴史的な状況のもとで得られたのかという認識の発生の問題とは分離すべき，独自の規範的な文脈を形成している——た

とえば，数学的な知識がア・プリオリに正しいのは，その発生が経験によらないからではなく（その発生は経験によるだろう），その正当化に関して経験を必要としないからである。このカントの洞察は，19世紀後半から20世紀初頭にかけて，フレーゲやフッサールらによる心理主義批判を通して再発見され，現代哲学の反自然主義的な動向の基盤になった。

　自然主義者たちは，カントの押し出した認識論の2つの意義のどちらか，あるいは両方に反対する。

　超自然的なイデアのようなア・プリオリの根拠をもはや想定することができず，またカントによるア・プリオリの解明ももはや維持できないのだとすれば，経験に依存せず言葉の意味によってのみ文を真にするという「分析性」の原理が，ア・プリオリを支えるよすがとして残される。クワインは，分析性という原理が自明のものではないことを示して，認識論におけるア・プリオリの地位に疑問符を突きつける。

　認識の規範的文脈はどのように，自然主義による解体を蒙るのか。古典的な定義によれば認識とは，「正当化された真なる信念」である。真理に向かって，認識の主体が自らの信念に対する適切な理由をあげることができるという意味での「正当化」の概念こそ，人間の認識活動を自然の過程から区別し，認識の規範的文脈を形成する要因だとみなされてきた。自然主義者によれば，認識主体の内部で得られた経験的な証拠がその信念を論理的・確率的に支えるという，内在的なプロセスが人間を世界の真理に到達させるのではなく，むしろ，世界と人間との間で生じる因果的なプロセス，あるいは，真理を高い確度で生み出す「信頼できる（reliable）」プロセスが，正当化の概念に代わって認識を構成するものなのだ。基礎的な知覚‒行動レベルでのこうした認識の信頼性を，③のダーウィニズムが主張する環境への適応という自然的事実に訴えることによって理解できるという見通しも与えられる。

　認識の規範的文脈を本当に自然化できるのかは，決着済みの問題というわけではない。信頼可能性という内在的ではないプロセスを認めたとしても，このプロセスは，自己や他者の認知能力への信頼という理由を通して，規範的文脈の内部へと統合されなければならない（Brandom 1994），ある

いは，人間に対して自然としての世界が情報を送り込んでくるプロセスそれ自体が，「理由の空間」を構成する概念にすでに浸透されていて，自然主義者の主張するような心への自然の働きかけを鵜呑みにする必要はない（McDowell 1998），などの議論も提示されている（門脇 2002）。

◆ 倫理学の自然化

倫理学の専門分野での「自然主義」は，かなり限定された意味で用いられている。第1に，倫理的性質を，非倫理的な自然的性質によって定義しようとする自然主義——20世紀初頭にムーアが批判の俎上にのせたものである。第2に，現代の自然主義は，倫理的性質や真理が，快・不快や社会的事実などの自然的事実へと還元されるという点を引き継ぐだけではなく，さらに，ある種の認知主義にもコミットしている。つまり，倫理的な判断は，倫理を形成する自然的事実に関して真・偽の値をとる客観的認識であると主張し，倫理的なものは心の内部の感情や欲求の表出にすぎないとする反実在論，反認知主義とは対立する（ハーマン 1988）。

しかし，専門的な意味での「自然主義」よりは広く，心や認識の自然化の傾向に応じた仕方で，倫理学の自然化をとらえることもできる。倫理的なものについての反実在論は，自然からいったんは価値や目的を奪ってしまう，近代的な意味での物理学主義を前提にしたうえで，欲求や感情のような心的自然を倫理の源泉とみなす自然主義であるし，また，人間の利己性や互恵性などの規範にかかわる行動様式を，適応度のようなダーウィニズム的な枠組みから理解し直そうとする，進化生物学（あるいはこれに依拠した倫理学）の試みもまた，倫理学の自然化の一種であろう。

3 基礎づけ主義/反基礎づけ主義——哲学の「夢」であり原動力であった学問・知識の「基礎づけ」の理念は，現代哲学においては厳しい批判にさらされつつある

◆ 哲学における「基礎づけ」とは？

哲学は，学問や知識を基礎づける学問であるとされることがある。このとき「基礎づけ」とはどのような意味でいわれているのだろうか。第1に，学問・知識の全般にわたって，それがどのような原理に従って成立しているのか，さまざまな学問・知識の間の関係はどうなっているのかについて，見取り図を描いて整理する「学問論」という意味での基礎づけがある。人間の知的能力を理論，実践，制作の3種類に大別し，それに応じて理論学は必然的対象を探究し，実践学・制作術は「他でもありうる」必然的でない対象を探究するというような，知識の性格の区別を設けるアリストテレスの学問論をはじめとして，哲学が現代に至るまで続けている営みである。第2に，あらゆる経験に先立っている「ア・プリオリ」な原理的知識を取り出して，それを通じて知識の不変の秩序を獲得しようとする試みである。カントが，「ア・プリオリな総合的判断はいかにして可能か」という問いを立て，人間の認識能力を精査することを通して，数学や自然科学の原理を確立しようとしたときのことを考えればよい。第3に，「狭義の」基礎づけとして考えられるのは，一定の信念体系としての哲学あるいは科学的知識について，知識の基礎となる正当化の最終根拠（基礎信念）を提供することによって，その信念体系の確実性を確保しようとする発想である（チザム 2003）。

◆ 狭義の基礎づけ主義

狭義の基礎づけ主義としては，「我思うゆえに我あり」を第一原理として，そこから他の原理を演繹しようとするデカルト流の合理主義的な基礎づけ主義，「赤く見える」のような感覚経験の報告を基礎にする経験主義的な基礎づけ主義の2つのタイプがある。いずれにしても，この意味で知識の基礎づけがなされるための条件は，「赤く見える」のような，他の信念に依存しないで正当化されている基礎信念を必要なだけ枚挙することに

よって，他のすべての信念を正当化できるということである。しかし狭義の基礎づけ主義には，不可謬とされている自己の感覚経験の報告は誤りを含むのではないか，また，たとえ不可謬の基礎信念の存在を認めたとしても，通常の信念体系にはつねに基礎信念では尽くされない背景的信念の存在が含まれるのではないか，という批判が投げかけられている。

◆ 反基礎づけ主義

狭義の基礎づけ主義の基本的な発想は，実在と信念とがじかに対面するような領域が，意識のどこかに存在するというものである。一般に，信念が真偽の値をもつ命題の形式をなしている以上，信念体系の正当化は，命題形式をとる信念どうしの正当化にほかならない。対面する実在から基礎信念が受け取るとされる根拠づけは，じつは，命題形式をなしているものをそのような形式をもたない経験によって支えるということになり，信念どうしで理由を与える正当化の概念を逸脱してしまう（セラーズ 2006）。知識における「整合説」は，そのような逸脱に反対して，「信念の正当化はその信念の属する信念体系と整合するときにだけ成立する」という，反基礎づけ主義の代表的提案をなす（⇨ *5*）。

整合説のような狭義の基礎づけ主義に反対する立場だけではなく，認識論や基礎づけといった伝統的な哲学の企てそのものが，世界を「表象する」主体というドグマから生じたものだとする，広義の基礎づけの理念への批判が生じていることが現代哲学の特徴である。ハイデガー，後期ウィトゲンシュタイン，デューイらの哲学は，第 3 の基礎づけのみならず，何かア・プリオリな知識の原理を哲学が発見できるという第 2 の基礎づけの理念，さらには，哲学はさまざまな知識のあり方を整理するという第 1 の基礎づけの理念さえも，世界内存在，日常言語，第一次的経験といった人間の実践的活動を参照しながら，再考し解体していく（ローティ 1993）（⇨ *4*）。

> **4　表象主義/反表象主義**——近代の初頭に哲学的認識論の基礎となった表象主義は，20世紀に至って判断中心のそれに変化を遂げ，現在もまだ認識論と意味論の中心ドグマであるが，表象の概念を用いない意味論や認識論の可能性も開かれている

◆「表象する」とはどのようなことか

　日本語で「表象する」という動詞は，英語の re-present，フランス語の re-présenter，ドイツ語の vor-stellen の原義を汲み取った言葉であって，現に与えられている何らかの感覚的イメージや言語のスタイルが，代理として何かを表現するという意味をもつ。たとえば，エドワード・ホッパーの絵画がニューヨークの住人の孤独を「表象」したり，あるいは，ハリウッド映画における肉体的で精力的な黒人の造形が，黒人の知的劣等性を（差別の代補的保証として）「表象」しているというようなことである。哲学における表象の概念は，こうしたイメージやスタイルとはかかわりなく，観念（idea）や判断のような心にかかわる何かが，（正しくかあるいは誤って）世界を表現するという意味で用いられる。

◆観念の問題系——表象主義1

　いま述べた意味での「表象」の概念が哲学において重要性をもったのは，近代哲学においてデカルト以来であり，人間の意識や心の中に，意識の直接対象としての観念が存在し，この観念が心の外部の世界・実在を正しく写しているか（類似している，あるいは構造を描写しているか）否かが問題とされる。この構図は，どのような観念が実在を正しく写しているか——数学か感覚か，もっとも確実な観念とはどのようなものか——私という観念の不可疑性，観念はどのような経路で心の中に送り込まれるのかなどの問いの組織化としての「観念の問題系」を形づくり，伝統的な哲学的認識論の基礎となった。哲学は，「自然の鏡」としての心を探究する学問として確立されたことになる（ローティ 1993）。

◆判断としての表象——表象主義2

　しかし，観念が実在を正しく写しているということは，実際にはどのようなことであろうか。たとえば，心の中の観念としての赤と，外界の物質

12　　第1章　現代哲学の座標軸

的状態を見比べて，正しく写しているかという問いを立てうるためには，「いま見えているものは本当に赤い」という判断が真であるのか否かを検証できなければならない。カント以降，真・偽の値をとる「判断」あるいは信念（その内容としての命題）が，実在を正しく写す担い手としての表象の役割を演じ始める。哲学的認識論は，判断論に転換されるわけだが，この傾向は，フレーゲによる文中心主義への「言語論的転回」を経て，現象学のフッサール，初期のウィトゲンシュタインを経由し，現代哲学にまで持ち越されている（門脇 2004）。人間知性をコンピュータの記号計算に模して考える，初期の認知主義のイデオローグたちも，言語に類似した命題的な思考内容が心や脳に「心的表象（mental representation）」として内在し，充足条件を伴って心の信念や欲求の内容を特定化していると想定した（Fodor 1975）。

◆ **現代の反表象主義**

　表象主義は，判断論として洗練されたとしても，世界内に存在する人間のあり方を，世界を理論的に描写する態度にまで切り詰めてしまう傾向をもつ。ハイデガーが実践的な全体論を主張したのは，フッサールの信念（理論）中心主義に対する批判であったし，後期のウィトゲンシュタインの，生活形式に根ざす言語ゲーム論も，初期の自らの描写主義に対する自己批判であった。プラグマティズムの伝統もまた，反表象主義の傾向をもつが，意味の担い手を，心中の表象ではなく，対話者による相互の主張行為の評価的な実践にまで位置づけるブランダムの語用論的な意味論を生み出している（Brandom 1994）。認知科学の領域でも，心的表象の概念を守り続ける認知主義に対して，表象（表象主義1の意味でも，表象主義2の意味でも）を用いず，環境と直接カップリングする認知の様式を，ハイデガー的伝統を再発見しつつ，探究する試みが続いている（Clark 1997；門脇・信原 2002）（⇨ **50**）。

5 要素論/全体論──20世紀の科学と哲学においては，全体論の発想が大きな意味をもつようになってきた

◆ 物理学的原子論から生物学的全体論へ

　世界が無数の不可分の微粒子（原子）と運動によって構成されているという，古代の原子論，要素論は，デカルトらによる哲学的な正当化を経て，近代科学の中心教説にまで発展し，より要素的な微粒子を求めて，素粒子やクオークの振る舞いを探究する量子力学の分野を生み出した。他方で生命の現象に関しては，それを要素的な微粒子の振る舞いに還元したり，ゲノムやタンパク質を構成する要素を枚挙したりする発想に反対して，生命は個別の分子の特性に依存するのではなく分子の相互作用によるシステムの集合的特性として，出現するのだという，全体論的発想が提唱されている。たとえば，細胞内の要素のゆらぎは，全体のゆらぎが決まらないとその部分としての性質が決まらないといったようなことである（金子 2003）。

◆ 認識と意味の全体論

　20世紀の哲学における要素論（原子論）と全体論の対立は，『論理哲学論考』（1921年）のウィトゲンシュタインが，世界を，成立している「こと」すなわち事実の総体であるとみなし，それら事実は論理的に相互に独立であって，それら事実の像となるのは要素命題であるという，一種の論理的要素主義を提示したことから始まる（ウィトゲンシュタイン 2003）。ウィトゲンシュタインの師であったラッセルは，当時のヘーゲル主義的一元論・全体論に対抗して，論理的要素主義をさらに展開し，「これは白い」で表されるような原子的事実（atomic facts）が世界を構成すること，さらには（ウィトゲンシュタインがしなかったことであるが），そのような原子的事実の項をなすような特殊者（particulars）もまた原子的であることを認める「論理的原子論（logical atomism）」を提唱した（Russel 1956）。これ以降，論理実証主義者たちも，世界とその記述を，原子的事実（センス・データのようなもの）とそれを表す基礎命題に還元する経験主義の方針を採用した。

　こうした要素主義的な流れが劇的な変化を遂げたのは，クワインの論文

14　第1章　現代哲学の座標軸

「経験主義のふたつのドグマ」の登場によるのであって，この中でクワインは，認識論的全体論と意味論的全体論とを主張して，先行者たちの要素論を厳しく批判する（クワイン 1992）。

　まず彼は，科学的仮説の検証は，科学の信念システムの全体としてなされねばならないとするデュエムのテーゼを受け入れて，真偽の検証は，当該の信念システム全体として行われるという認識についての全体論を主張した（クワイン-デュエム・テーゼ）。さらに彼は，検証の全体論と，一切の経験的検証を受けつけない純粋な意味の層を認める「分析性（analyticity）」への懐疑から，言語の意味は，それが属するより大きな単位，仮説全体，理論，信念システム全体のうちでのみ有意味でありうるという，意味論的全体論を主張し，20世紀後半の言語哲学に大きな影響を与えた。しかし，意味論的全体論を導く十分な論証は，いまだになされていないのではないかという懐疑も根強い（フォーダー/ルポア 1997）。

◆ **現象学的全体論**

　20世紀の全体論は，分析哲学や言語哲学だけに特徴的な話題なのではなく，現象学や解釈学的伝統の中でも積極的に論じられてきた。フッサールは，ある何らかの信念は，信念システム全体のうちでのみ正当化を受け，意味をもつという全体論を提示しているし，ハイデガーも，ある特定の存在者（たとえばハンマー）の出現のためには，その存在者がその中で適切な位置を占めうるコンテクスト（仕事世界，あるいは存在）が必須であるという，実践的な全体論を主張している。

6　西欧中心主義批判——哲学は古代ギリシア以来，普遍的知をめざし
てきた。しかし 20 世紀後半，その普遍性とはヨーロッパ中心主義の別名で
はないかとの疑いが生じた。それは「理性」の身分にも疑問符を突きつける

　知識や知はおのずから普遍妥当性をもつこと，すなわち時と場所（時代
と地域）を選ばずに成り立つことを要求してきた。いわゆる普遍主義であ
る。しかし，20 世紀後半になると，この普遍主義は重大な挑戦を受ける。
つまり，「普遍性」とは西欧近代という特殊地理的・歴史的刻印を帯びた
知にすぎないのではないか，という疑念である。そこから「西欧中心主義
（Eurocentrism）」に対する批判的検討が始まる。オリエンタリズム批判や
ポストコロニアリズムの主張がそれである。

◆ **オリエンタリズム批判の衝撃**

　そうした西欧中心主義批判の口火を切ったのは，サイードの問題提起の
書『オリエンタリズム』(1978) であった。オリエンタリズムとは，もと
もと西洋芸術における東洋趣味を意味する言葉であったが，サイードはそ
れを西洋（オクシデント）の東洋（オリエント）に対する思考および表象の
様式として規定し，同時にそれが西洋の東洋に対する政治的・文化的支配
の様式でもあったことを明らかにしようとした。

　言い換えれば，「オリエント（東洋）」とは自然的に存在する地理的境界
を意味するものではなく，西洋の学問や文学・芸術が西洋人の意識の中に
作り上げた「表象の体系」にほかならない。西洋/東洋という一見自明の
二項対立は，実際は地理的区分に基づく自然的事実ではなく，政治的支配
関係をも映し出した人為的事実なのである。

　このようなサイードの問題提起は，あたかも反転図形をみるかのように，
歴史や文化をみる我々の眼差しを転換させた。それによって，これまで抑
圧・隠蔽され，一定のパターンを押しつけられてきたオリエントないしは
アジアのイメージが一新されるとともに，そこにまとわりついてきた政治
的・文化的ヘゲモニーの力学が白日のもとに晒されたのである。そしてサ
イードのオリエンタリズム批判は，単に西洋と東洋との関係にとどまらず，
広く「他者」を表象する際の〈知〉のあり方と布置に深刻な反省を迫るも

16　第1章　現代哲学の座標軸

のとなった。（⇨ *85*）そうした問題意識は，やがて植民地主義の暴力支配のもとにあった人々の視点から西欧近代の歴史や文化を記述し直すポストコロニアリズムの思想へと道を開いていくのである。

◆ **ポストコロニアリズムの登場**

ポストコロニアリズムを代表する思想家は，インド生まれの女性哲学者スピヴァクである。彼女はデリダの「脱構築」の方法を駆使しながら，ヨーロッパの宗主国がヒューマニズム（人間主義）の名のもとに，西欧の哲学や文学によって形作られてきた「普遍的人間像」を植民地の人間に強制してきた歴史を明らかにする。同時に彼女は，非西欧の知識人たちが獲得してきた知識は一種の特権に基づくこと，その過程でさまざまな偏見や差別をも学んできたことを自覚化する必要を説き，それを「学び捨てる（unlearn）」ことによって「他者」と出会う場を開くことを提唱する。こうしたポストコロニアリズムの主張は，かつて朝鮮や台湾を植民統治してきた我々日本人にとっても，無視しうる事柄ではないのである。

他方，ヨーロッパ内部において周辺化されていた女性たちからも男性／女性という二項対立を突き崩そうとする声があげられた。フェミニズムやジェンダー論がそれである。「ジェンダー」とはもともと文法上の性別を表す言語学用語であったが，1970年代の第二波フェミニズム運動の中で，生物学的性差を表す「セックス」に対して，社会的・文化的に構築された性差を表現する概念として用いられ始めた。それからすれば，知識や知の担い手として想定されてきた「理性」とは性的に無記ではなく，西欧の成人した白人男性というジェンダーをもつのである（⇨ *86*）。

◆ **「理性」のゆくえ**

こうして哲学に君臨してきた「普遍的理性」は，その出自と来歴を暴露され，加えて暴力や狂気と背中合わせであることが明らかになり，いまや満身創痍の状況である。しかし，その対極にある文化相対主義もまた，排外的ナショナリズムや宗教的原理主義と表裏一体であることが指摘され，無傷でいることはできなかった。グローバル化の時代にあって，我々は普遍性を獲得せねばならない。しかしそれは，あらかじめ「存在」するものではなく，軋轢や葛藤を通じて「生成」していくものなのである。

7 モダン/ポストモダン——モダン（近代）とポストモダン（脱近代）の対立は，進歩や合理性といった近代社会を支えてきた価値理念を捨て去るべきか否かの闘いであった

　20世紀の後半，科学技術や無限の進歩といった理念に彩られた「近代（モダン）」に対する懐疑の念が先進諸国を中心に湧き上がった。その意味では，1970年3月に「人類の進歩と調和」をテーマにして開幕した大阪万博は，「モダン」の掉尾を飾る大輪のあだ花ともいうべき一大イベントであった。同じ時期に，フランスの「五月革命」を皮切りに世界各地で勃発した若者たちの反体制運動は，理性が効率と計算に矮小化され，過度の合理性に覆われた近代社会に対するプロテストの意思表示でもあったからである。1980年代に顕在化する「ポストモダン」と呼ばれる時代思潮もまた，こうした近代社会批判の動きと密接に連動している。

◆ 近代社会の変質と閉塞

　「モダン」という言葉は，すでに5世紀頃には伝統的や守旧的に対する「新しい」という意味で用いられていた。ただ，この言葉に今日のような「近代的（現代的）」という意味が加わったのは，フランス啓蒙思想の影響による。つまり，人間理性に導かれた自由と進歩の時代の到来という意味である。具体的には，市民革命と産業革命とを経て成立した西欧の近代資本主義社会こそ「モダン」のモデルであり，それを支えているのは科学技術とデモクラシーにほかならなかった。発展途上国の「近代化」がとりもなおさず「西欧化」でもあるゆえんである。

　しかしながら，自由主義市場経済と代議制民主主義とを基盤とする西欧型工業化社会は，国民国家を単位とする経済成長を続けながらも，20世紀後半ともなると，しだいに技術官僚（テクノクラート）が支配する管理社会へと変貌を遂げていった。ウェーバーのいう，形式的合理性が隅々まで貫徹した「鉄の檻」である。マルクーゼならば，それを「抑圧的寛容」を機能させる社会装置と呼ぶことであろう。自由と平等をめざしてきた近代社会は，しだいに統制と不寛容の度合いを増していったのである。

◆ 建築のポストモダニズム

「モダン」の閉塞状況を乗り越える「ポストモダン」の呼称が用いられ始めたのは建築の分野においてであり，ジェンクスの『ポストモダニズムの建築言語』(1977) を嚆矢とする。バウハウスに代表されるモダニズムの建築は，装飾性を排除して機能性を重視し，鉄骨の構造とガラスのファサードからなる「インターナショナル・スタイル」と呼ばれる様式を確立した。それは近代産業社会を支えてきた合理主義，機能主義，効率主義，進歩主義などの理念を物質的に表現するものであった。

それに対してポストモダニズムの建築は，装飾性を復活させるとともに，古典主義建築の引用やアレゴリーを通じて歴史的・文化的メッセージを発出することによって，無味乾燥なモダニズム建築への反措定を試みた。そこに見られるのは，もっぱら経済効率と技術的合理性を追求してきた「ヨーロッパ近代」への懐疑とアイロニーの姿勢である。

◆ 現代思想の中のポストモダン論争

こうしてポストモダンの概念は芸術や文学の領域で使われ始めるが，それを思想的文脈の中に置き，歴史哲学的意味を与えたのはリオタールであった。彼は『ポストモダンの条件』(1979) において，ポストモダンを「大きな物語の危機」として特徴づけた。「大きな物語」とは，ある文化の中で何がいわれ，何が為されるべきかを決定するような言説のシステムのことである。20世紀でいえば，マルクス主義の社会主義革命論やロストウの近代化論など，進歩や発展を正当化するイデオロギー装置がそれに当たる。リオタールは社会の同質性に基づく大きな物語の回復を拒否し，相互の異質性を前提とした「パラロジー（異論）」の中に未来を見いだす。

それに対してハーバーマスは，ポストモダニズムを近代「啓蒙」の理念への重大な挑戦として受け止め，それを高度資本主義社会の矛盾を隠蔽する「新保守主義」のイデオロギーとして厳しく批判する。彼は18世紀の啓蒙主義者たちがめざした理念の実現を「近代のプロジェクト」と呼び，この「未完のプロジェクト」を完成させることこそ現代に課せられた使命だと主張する。ハーバーマスとリオタールの見解の対立は，そのまま「近代（モダン）」に対する我々自身のアンビヴァレント（両面価値的）な態度の反映なのである。

8 実証主義論争——科学の方法をめぐっては，演繹法と帰納法の対立に始まって，自然科学と人文・社会科学の対立，そして社会科学内部での方法論争と，つねに議論が繰り返されており，その余波は現代にまで及ぶ

　自然科学の方法は 17 世紀の「科学革命」を通じて確立される。すなわち「仮説演繹法」（未知の現象を説明する仮説を立て，それを実験的に検証または反証する）と「構成的実験」（自然界には存在しない環境を実験室において実現する）を 2 本の柱とする科学方法論である。

◆ 方法論的一元論と二元論

　19 世紀に入ると，自然科学の飛躍的発展に伴い，科学的唯物論を基盤とする実証主義的風潮が広まり，自然科学の方法を金科玉条とする「方法論的一元論」が唱えられた。それに対してヴィンデルバントらの新カント派は，逆に人文・社会科学（精神科学，文化科学，歴史科学などとも呼ばれる）の独自性を強調して対抗する。ヴィンデルバントはストラスブール大学の総長就任講演「歴史と自然科学」（1894）において，自然科学の方法を「法則定立的」，歴史科学の方法を「個性記述的」として特徴づけ，当時の学問を支配していた唯物論的・実証主義的傾向を厳しく批判した。

　こうした「方法論的二元論」は，精神科学の方法論を確立したディルタイにもみられる。彼は人間の生（Leben）の表現こそ精神科学の対象であるとし，「我々は自然を説明し，心的生を理解する」と端的に要約する。すなわち，自然科学の方法が「説明」であるのに対し，精神科学に固有の方法は「理解」であると主張した。そしてディルタイは感情移入や追体験を基盤とする「理解」の方法論を「解釈学」と名づけるのである。

　20 世紀に入ると，実証主義が記号論理学という強力な武器を携えて「論理実証主義」という新たな装いのもとに登場する。その運動を中心的に担ったウィーン学団は「統一科学」の理想を掲げて活発な活動を開始した。統一科学とは，自然科学と人文・社会科学とを論理分析の手段を通じて 1 つの理論言語に統一しようという企てである。ただし，その理論言語のモデルは当時最先端の科学と目された物理学の言語であり，その意味で統一科学は形を変えた「方法論的一元論」にほかならなかった。

20　第 1 章　現代哲学の座標軸

◆「社会科学の論理」をめぐる対立と論争

　以上のような論争を背景にしながら，社会科学の論理をめぐって「批判的合理主義」を旗印とするポパーと，フランクフルト学派の「批判理論」を背負うアドルノとの間で闘わされたのが1960年代に展開された「実証主義論争」である。社会科学は価値判断から自由であることによってはじめて「科学」たりうる，とするウェーバーの「価値自由」のテーゼをめぐっては，20世紀初頭からさまざまな議論が繰り返されてきたが，このポパーとアドルノの間の論戦は，価値自由論争の現代的変奏とみることができる。

　ポパーは問題から出発して仮説を提起し，その論理的帰結を吟味して反証を試みる仮説演繹法を基盤とする「批判的方法」を社会科学にも適用すべきことを主張する。彼によれば，科学の客観性とは批判的方法の客観性にほかならず，それゆえ科学的客観性は自由な討議と相互批判を可能にする「開かれた社会」を前提とするのである（⇨ **53**）。

　それに対してアドルノは，「方法の自律」を説くポパーを批判し，「方法に対する事態の優位」を対置する。すなわち，出発点となるのは社会的現実を構成する事態であり，この事態はつねに社会的全体性の中で構造化されているのであるから，方法はあくまで社会の全体性を過不足なくとらえる「弁証法」に基づくものでなくてはならない，と主張するのである。そこから彼は，方法論内部の批判ではなく，研究対象である社会そのものの批判をめざす「批判理論」を構想する。

　両者の対立はその後，アルバートとハーバーマスがそれぞれの代弁者を務めることによって，9年間にわたって繰り広げられた。ハーバーマスはその立脚点の違いを社会科学における「機能主義的システム概念」と「弁証法的全体性概念」の対立の中に見いだしたが，この構図は70年代に入ると「社会システム論」と「コミュニケーション的行為の理論」との対立へと形を変え，ハーバーマス＝ルーマン論争として再燃することになる。その意味で，社会科学の論理をめぐる方法論争は，やがて複雑化した現代社会をいかにとらえるかという「社会科学の可能性」をめぐる論争へと発展的に継承されるのである。

8 実証主義論争　21

9　歴史家論争——戦後70年を経て「戦争と記憶」をめぐる問題が再び
クローズアップされている。原爆投下，従軍慰安婦，南京虐殺，沖縄戦など
を争点とする歴史認識の問題がそれである。ここでは先行例として，ナチス
のユダヤ人大量虐殺をめぐるドイツの歴史家論争を検討する

　歴史とは記憶と忘却がせめぎあう言説の戦場である。過去の事実を知覚
的に再現することはできない。それゆえ我々は，残された記録文書，物的
証拠，生存者の証言など過去の痕跡，すなわち広義の「記憶」を手がかり
にして歴史を再構成せざるをえない。しかし，その記憶そのものが，人種，
民族，階級，ジェンダーなどの差異によって媒介されており，権力関係や
利害関心を避けがたく反映している。そうした隘路に鋭敏な感覚を研ぎ澄
まし，記憶を鍛え直すことによって，それを「公共的な語り」にもたらす
こと，それが歴史記述に課せられた使命にほかならない。

◆ **過去に目を閉ざす者は……**

　そのような観点からは，1980年代半ばにドイツで繰り広げられた，ナ
チスの蛮行をめぐる「歴史家論争」は，いまなお歴史記述にたえず影を落
とし続けている「記憶のポリティックス」という問題を我々に突きつけて
いる。ことの発端は，1985年5月にボン・サミットのためドイツを訪問
していたアメリカのレーガン大統領が，旧西ドイツのコール首相と共に
ビットブルクの軍人墓地を訪れたことに始まる。ところが，この墓地には
ナチスの親衛隊員も一緒に埋葬されていたことが発覚したため，戦勝国と
敗戦国の「和解」をアピールしたこの政治的演出は国際的な非難を浴び，
大きな論議を巻き起こしたのである。

　この年はドイツの敗戦40周年にも当たっていたことから，5月8日の
敗戦記念日をどのように「祝う」のかについて，左右両翼からさまざまな
議論が提起されていた。とりわけ，ネオ・ナチなど極右勢力の側からは，
ナチスによるユダヤ人大量虐殺は存在しなかったとする「アウシュヴィッ
ツの嘘」と呼ばれるキャンペーンが大々的に張られていた。そのような対
立状況の中で，当時のヴァイツゼッカー大統領は，5月8日のドイツ連邦
議会において「荒れ野の40年」と題する演説を行った。「過去に目を閉ざ

す者は結局のところ現在にも盲目となる」という一節を含むこの演説が，世界中の人々に深い感銘を与えたことはよく知られている。

◆ **過ぎ去ろうとしない過去**

歴史家論争は，このような背景のもとで，1986年からほぼ2年間にわたって闘わされ，ドイツの論壇を賑わせることになる。口火を切ったのは，歴史家のノルテが『フランクフルター・アルゲマイネ』紙に発表した「過ぎ去ろうとしない過去」と題する論説である。その中でノルテは，ナチスによるユダヤ人絶滅政策を近代以降のさまざまな集団虐殺の一例として相対化し，さらにヒトラーの蛮行を旧ソ連のボリシェビキによる富農虐殺と比較することによって，それに対する予防的先制措置として正当化することを試みた。彼の言葉を借りれば，旧ソ連の「収容所群島」のほうが，アウシュヴィッツよりも始原的だったのではないか，スターリンによる階級殺戮は，ナチズムによる人種殺戮の，論理的かつ事実的な先行者だったのではないか，というわけである。

こうした新保守主義の論調に対して，ハーバーマスは直ちに『ツァイト』紙に「一種の損害補償」と題する反論を発表し，ノルテをはじめとする歴史修正主義者の主張を厳しく批判した。反論の要点は，個々の歴史的事実の解釈をあげつらうよりは，歴史記述の理論的問題に焦点を定め，ノルテらの主張がドイツ人のナショナル・アイデンティティを確立するために統一的な歴史像を求める一種の「代用宗教」にすぎないことを暴露するものであった。つまり，彼らは歴史記述の啓蒙的効果を恐れ，歴史解釈の多元主義を拒否している，というわけである。

こうしてハーバーマスは，伝統的アイデンティティを求める統一的歴史像に対しては「解釈の多元主義」を，ドイツ・ナショナリズムに対しては普遍主義に基づく「憲法愛国主義」を対置することによって，歴史修正主義への批判をしめくくる。ただし，歴史解釈の「多元主義」とは，単なる野放しの「相対主義」とは異なり，民主社会における透明な議論にたえず開かれたものでなくてはならない。このような歴史家論争の推移は，戦後70年を迎えて歴史認識が問われている我々日本人にとっても，決して他人事ではないのである。

9 歴史家論争　23

10 サイエンス・ウォーズ——ソーカルの「偽論文」事件に端を発した科学者と科学論者との間の論争。哲学的に素朴な科学者と科学的に半可通の哲学者との間の不幸なすれ違いに終わった

　ここでは科学史，科学哲学，科学社会学（科学技術社会論〔STS〕を含む）の３領域をまとめて科学論（science studies）と呼ぶことにする。いずれの分野も学会の結成や学術雑誌の発刊など，学問としての体裁が整えられるのは，1920 年代から 30 年代にかけてのことである。

◆ 規範的科学論の展開

　科学哲学についていえば，狭義の科学哲学の成立は，ウィーン学団（ウィーン大学を中心に活動した哲学者や科学者のグループ）が宣言書「科学的世界把握」を公表し，「論理実証主義」の旗印を掲げて活動を開始した 1929 年前後に求めることができる。彼らは「形而上学の除去」と「統一科学」をスローガンに，新たな科学的哲学の確立をめざした。その際に，彼らが命題の経験的有意味性の基準としたのは「検証可能性」であった。それは科学的知識に〈知〉の規範を求め，あるべき科学の姿を示唆しようとしている点で，「規範的科学論」と呼ぶことができよう。

　その点では，論理実証主義の検証理論を批判し，科学と非科学との境界設定の基準を「反証可能性」の有無に求めたポパーの「批判的合理主義」にしても，同様に規範的科学論であった。すなわち，理想的な科学および科学者のあり方を描き出そうとしたのである。ただし，論理実証主義にせよ批判的合理主義にせよ，彼らが念頭に置いていた「科学」のイメージは，20 世紀前半のアインシュタインやキュリー夫人を代表とするアカデミズム科学のあり方であったといってよい。

　それに対して，20 世紀後半の科学は「産業化」と「技術化」の洗礼を受けて著しく変貌し，巨額の予算と人員を必要とする一大プロジェクト，すなわちビッグサイエンスへの道を歩むこととなった。科学者と科学論者との位置関係を協調から対立へと転換させ，ひいてはサイエンス・ウォーズの引き金が引かれた背景には，このような科学および科学者自身の大きな潮流変化があったことを忘れてはならない。

24　第１章　現代哲学の座標軸

◆記述的科学論とソーカル事件

　科学論のうえでそうした潮流変化を体現したのは，1962年に刊行された クーンの『科学革命の構造』であった。彼は科学の歴史をこれまでのような「連続的進歩」ではなく「断続的転換」として描く新たな視座を提起した。すなわち，科学者共同体が一定のパラダイムを奉じて営む通常科学の活動が行き詰まると，科学革命（パラダイム転換）が生ずるのである。

　クーンは，転換の要因を検証や反証などの合理的手続きのみならず，社会的・心理的要因に求めた。その点が，規範的科学論を主張する哲学者たちからは，非合理主義や相対主義との批判を浴びたのである。いわば彼が描こうとしたのは，あるべき科学ではなく，現に作動中の科学の記述であった。つまり，クーン以後の科学論は，規範的科学論から「記述的科学論」へと大きく舵を切ったのである。同時に科学論の動向は，科学社会学や科学技術社会論（STS）へ，つまり科学の生体解剖ともいうべき路線へと一歩を踏み出すことになる。それが古典的科学像に依拠する科学者たちの自己イメージと衝突するのは避けがたいことであった（⇨ *56*, *57*）。

　事件は1996年に物理学者ソーカルの「境界を侵犯すること——量子重力の変形解釈学へ向けて」と題する論文が『ソーシャル・テクスト』誌に掲載されたことに始まる。査読を通過して論文が公刊された後で，ソーカルはそれがポストモダン思想を装った「偽論文」であることを暴露し，それを見抜けなかった編集部の学問的怠慢を批判したのである。

　むろん，ソーカルの行為は褒められたものではないが，彼が後にブリクモンと共にこの論争を総括した『「知」の欺瞞』を見る限り，ラカン，クリステヴァ，ドゥルーズらに対する彼らの批判はおおむね正しい。これらの哲学者は，科学の法則や定理を中途半端な理解のままメタファーとして濫用しているのである。逆にソーカルの側でも，素朴実在論の立場から「事実」を自明の概念とするなど哲学的未熟さは覆いようもない。

　要するに，サイエンス・ウォーズは，科学的無理解と哲学的素朴さがぶつかり合った不幸な論争であった。しかし，この論争を契機に科学者と科学論者双方の眼差しが科学と社会のあり方に向けられたとすれば，それはサイエンス・ウォーズの副産物として評価すべきことである。

第 2 章

論　　理

▶20 世紀の哲学は 19 世紀の科学の専門分化が直撃し，経済学が価値論から，心理学が認識論からそれぞれ独立した一分野をなしていった。それと並行して，19 世紀の数学の危機への対応としての数学の厳密化の動きを反映して，哲学の大きな一部門だった論理学が急速な数理化を進めて厳密な議論を行うようになった。その応用によって，カント以来同一視の方向に進んでいた 3 つの組概念，先験的＝必然的＝分析的 / 経験的＝偶然的＝綜合的が独立のものであるという革命的事実が，クワイン「経験主義の 2 つのドグマ」，クリプキ『名指しと必然性』で示された。この章では，この大きな流れに，論理学の側面からインパクトを与えた項目を概説する。

11 伝統的論理学——論理学はどのように考えられてきたか：20世紀における教育への影響

　伝統的論理学とは，アリストテレスに始まる一連の論理形式の分析方法の探求である。哲学の一分野として他分野と不可分に発達し，真理と存在にかかる哲学理論をなす。しばしば伝統的論理学は，他の人を説得する技法としての修辞学とも関連づけて論じられ，とくに現代の教育的文脈においては論理的に妥当ではないにもかかわらず，もっともらしい推論・判断とみなされる誤謬に強調点が置かれる。

◆ アリストテレスの論理学

　アリストテレスの論理学関係の著作は，後にオルガノンと呼ばれ，範疇論，命題論，分析論前書，分析論後書，トピカ，詭弁反駁論を含む。これらは中世以降イスラム世界経由で西洋に逆移入され，注釈とともに講義された。このオルガノンという名称から，論理学が哲学の一部であるのか，道具であるのか，論争が発生することとなった。

　アリストテレスの理論はその後長きにわたって哲学者が理論展開するにあたって参照されるものとなり，たとえばフランシス・ベーコンやカントは，自らの理論がアリストテレスの改訂であることを明示している。

◆ 三 段 論 法

　アリストテレスは演繹と帰納の両方のタイプの推論に着目したが，とくに重要なのは妥当性による演繹形式の分類である。代表的なものは，2つの前提と1つの結論からなる三段論法である。前提や結論は主語と述語という2つの項からなる単文であり，肯定文であることも否定文であることもある。項は個物または普遍である。

　たとえば全称命題「すべての人間は動物である」と単称命題「ソクラテスは人間である」という2つの前提から，「ソクラテスは動物である」という結論を導く推論のように，反例がありえない推論を妥当という。

　また，つねに成立する文や偶然的な文の論理的関係を考察するとともに，必然と可能・偶然の関係について論じる様相三段論法が展開された。たとえば「そこに座っている人はソクラテスである」は「……はソクラテスで

ある」を述語とする偶然文であり，真偽が付与される単称命題「ソクラテスは座っている」とは異なるとされた。

◆ 古代論理学

　ヘレニズム期に入ると，アリストテレスと独立に，ディオドロス・クロノスやピュロンは命題を基本要素とする論理学を展開し，その影響下にストア派ではアリストテレスが考察しなかった選言や連言や条件文・反実仮想が論じられた。紀元前 2 世紀のクリュシッポスはすでに嘘つきのパラドクスや砂山のパラドクスを指摘し解決を試みた。2 世紀のガレノスはアリストテレス論理学とストア論理学の統合をめざし，3 世紀頃の新プラトン主義者たちはアリストテレス論理学にギリシア語注釈を残し，とくにポルフュリオスの著作のボエティウスによるラテン語翻訳は他のギリシア哲学の文献とともにイスラム世界経由で中世ヨーロッパに伝播し，西洋中世哲学に大きな影響をもたらした。

◆ 中世哲学における論理学

　西洋中世において論理学は哲学と不可分であり，キリスト教神学理論を踏まえて理論が展開された。代表的な論点が，言語において抽象的存在と個別の存在のどちらが優先するかをめぐる普遍論争である。またアリストテレスの項辞論の部分に着目して，表示と代表の理論が展開された。

　さらに，様相三段論法についても，アリストテレスの可能世界概念を拡張した理論が展開され，神の全能性や時間概念に関する議論を精緻化した。

◆ 近世の論理学

　ポール・ロワイヤル論理学はデカルト哲学の影響のもとに中世論理学の真理理論を改善しようとした教科書で，19 世紀末に至るまで哲学教育の中心的テキストとなった。

◆ 伝統的論理学が現代の論理学教育に及ぼした影響

　20 世紀に至ると数理論理学の発展により，伝統的論理学に由来する概念が，数学的に定式化されていく。一方で，伝統的論理学は，民主主義社会における市民参加の基礎として古典教育を重んじるアドラーらによって，20 世紀に入るとアメリカの大学における哲学教育カリキュラムに組み入れられ，クリティカル・シンキングに引き継がれていった。

12 数学の哲学──数学の危機に対して数学者が哲学的に考えようとした

◆ 数学の危機と数学者の対応

20世紀は数学的概念の精密化が急激に進展し，それに伴い数学的真理や数学的対象の哲学的ステータスが，真摯に議論された時代である。19世紀まで数学的真理は真理の範型とされたが，微分可能性・連続・無限，また集合などそれまで自明と思われてきた概念や前提に関してパラドクスが指摘され，「数学の危機」と呼ばれる事態となった。

19世紀末から20世紀前半にかけて数学の厳密化が進んだ。デデキントとペアノは算術の公理体系を提案し，フレーゲは命題論理と量化理論を展開して数学的推論・証明の形式化を提案した。カントルらは集合の濃度の概念を提案し，無限の概念を精緻化し，集合論の公理化の提案が進んでいったが，その過程で集合論のパラドクスも見いだされ，フレーゲの数学の基礎づけ提案には欠陥があることも指摘された。

◆ ヒルベルトの問題提起

1900年8月，パリで開催された国際数学会の基調講演でヒルベルトが提示した問題23個の中に，連続体問題や算術の無矛盾性といった問題が含まれていた。連続体問題は無限をめぐって自然数の濃度と連続体の濃度の間の濃度をもつ集合がありうるかという問題であった。集合論はこれらを受けてさらに発展し，選択公理の定式化とその帰結および論理的整合性・強度に関する問題に取り組むことになった。

◆ 数学的対象の存在論と論理主義，形式主義，直観主義

この当時，数学的対象の存在論的ステータスに対しては，有限の対象のみを存在論的に問題がないとする狭義の有限主義，手続きがはっきりしていれば無限の対象（可能無限）も許容する有限の立場，無限定な無限（実無限）を認める立場に分かれて議論が行われ，無限をめぐる哲学的議論にも影響を及ぼした。

大きく分けて論理主義，形式主義，直観主義の3つの哲学的プログラムが提起された。フレーゲ，ラッセルを代表的論者とする論理主義は，厳密

30　第2章　論　理

な論理体系を構築したうえで，数学を論理に還元しようとするプログラムである。ダーフィット・ヒルベルトが代表的な論者である形式主義は，数学の概念操作を形式的に行うことで意味と切り離そうとするプログラムである。また直観主義はポアンカレ，ブラウワーなどの数学者が主張し，数学的証明は数学者の自由な直感と思索に基づくものであると主張する。これら3つのプログラムは相互に影響を及ぼしながら発展し，ハイティングは形式主義的手法である公理体系を用いて直観主義論理を提案した。

◆ ヒルベルトの問題へのゲーデルの応答

ゲーデルは1929年に1階述語論理の完全性を，1931年に算術の不完全性を証明した。算術の不完全性により，ヒルベルトの形式主義プログラムはそのままの形では遂行不可能であることが判明したが，ヒルベルトの問題意識は各数学の定理が必要とする論理的推論力の測定として再定式化され，逆数学と呼ばれる分野に発展した。

数学の基礎づけをめぐる議論が活発であったのは問題の整理が完了した1930年代までであるが，修正された研究プログラムは20世紀を通して遂行されていった。

◆ 20世紀中葉の数学的対象の存在論と構成主義

また20世紀中葉に数学と論理学をめぐって盛んになった哲学的議論は，数学的対象の存在論的ステータスをめぐる考察である。数学的対象は人間の認識とは独立に実在するという実在論が一般的であるのに対し，ダメットはフレーゲ研究を通して直観主義を擁護し，構成主義の観点から数学的対象の反実在論を主張した。

◆ 数学の哲学と計算・情報の哲学

1階述語論理の不完全性と独立に，だが理論的には密接な関連をもつ計算機の理論をチューリングが提案した。彼はチューリングマシンのアイディアを提示するだけではなく計算機として実装し，現在の計算機の基盤を築いた。この過程で「機械は思考し学習できるか」という問題を定式化し，1951年にチューリングテストを提案した。その後計算機の能力が飛躍的に向上すると，チューリングの問題はあらためて注目されるようになった。また情報とは何かという問題設定がなされるようになった。

13 古典論理と非古典論理—— 論理的であるとはどのようなことであるかという問いの端緒

◆ **古 典 論 理**

古典1階述語論理は，数学の危機（⇨ *12*）の文脈の中で，数学における推論の数理モデルとして 1910-13 年にラッセルとホワイトヘッドの『プリンキピア・マテマティカ』で提案された。この著作は，すべての数学的推論を論理的推論として記述することが可能であると哲学的に主張するものだったが，ゲーデルの不完全性定理（⇨ *15*）の帰結としてこの主張自体は否定された。しかし1階述語論理体系そのものは，この主張を離れてその後の研究対象として精査され，関連する論理体系との比較対象により数理論理学・哲学の両面で大きな成果を生んだ。

また量化部分をもたない古典命題論理は，19 世紀のブール代数に遡る。

◆ **古典論理の性質**

古典命題論理では，ウィトゲンシュタインが提案したように二値の真理値表で真理値を求めることができる。また，直観主義論理と比較すればパースの規則が成立するほか，直観主義命題はゲーデル翻訳で閉包をとれば古典論理に埋め込める。

古典1階述語論理ではアリストテレスの三段論法では扱えない個体間の関係を扱え，完全性とコンパクト性が成立する唯一の論理である。ここでは，ある論理体系が完全であるとは，その論理体系で証明可能な式の集合と，その論理のモデルでの妥当式の集合とが一致するときにいう。また，ある論理体系がコンパクトであるとは，その論理の文の集合がモデルをもつときにはその文の集合には有限モデルがあるときにいう。

◆ **非古典論理体系の提案**

古典述語論理では把握できないような人間の推論を形式化する論理はどのようなものか，という問題意識のもとに，様相論理やその後適切論理に発展する条件法の論理など，さまざまな形式体系が提案されていった。この過程では，①古典論理の言語に現れない記号を追加した非古典論理，②古典論理の言語に現れる記号の解釈を変更した非古典論理の二分法がとら

れていた。たとえば様相論理は前者，多値論理は後者である。

◆「正しい論理とは何か」をめぐる議論

非古典論理が提案された動機は，ホワイトヘッドとラッセルの古典論理の提案に対し，人間の推論のモデルとして古典論理が適切ではないという哲学的指摘である。この動機のために 20 世紀中葉の論理体系をめぐる哲学的議論では「どの論理が我々の推論の正しいモデルか」というテーマのトピックが頻繁に論じられた。

古典論理の優位性を主張する論者としては，クワインが代表的である。ラッセルの数学的実在論を受けて，クワインは真理値の担い手として様相命題は不適切であることを，文脈の不透明性に訴えて主張し，1940 年代にバーカン・マーカスが展開した様相 1 階述語論理についても，量化対象であることが存在論的根拠であると主張した。

一方，ハークらはクワインの主張は様相論理に関する誤解に基づくと指摘し，非古典論理の哲学的意義を主張した。実際に，時制論理・認識論理・義務と行為の論理といった哲学的議論への応用を意図した非古典論理体系の開発が進んでいった。さらにクリプキが可能世界意味論を基礎にした様相 1 階述語論理の哲学的応用として指示の因果説を提案すると，非古典論理の哲学的有益性が認識された。

◆ 古典論理と非古典論理の数理論理学による整理

しかし数学的には，ゲーデルによる直観主義論理の古典論理への埋め込みなど，公理体系間の関係の明確化などメタ論理的手法による研究が進んだ。20 世紀末から 21 世紀初頭に至って非古典論理の式列計算および代数的手法による定式化が整理された。規則が論理規則と構造規則に分けられる式列計算では，古典論理は交換規則，弱化規則，縮約規則の 3 つの構造規則をもつ特性がある。非古典論理はこの 3 つのうち少なくとも 1 つを欠く部分構造論理として整理された。

14 確定記述──論理と存在を結ぼうとする試み

◆ 確定記述

確定記述とは，the king のように定冠詞がついた名詞句のことである。定冠詞がついた確定記述と不定冠詞がついた不確定記述の論理分析は 19 世紀を通じて問題となっており，ラッセルは『プリンキピア・マテマティカ』の等号付 1 階述語論理でこの問題に取り組んだ。

伝統的論理学と数理論理学での最大の違いは命題の構成である。伝統的論理学では主辞と述辞が命題を構成していたため，関係や関数を表現することができなかった。それに対して，1 階述語論理では述語・関数とその引数で命題を表現し，論理結合子と量化子を導入したので，記述力が飛躍的に改善した。自然言語における表現に論理形式を与えて，脱曖昧化と厳密化を進めようとする研究プログラムが 20 世紀を通じて進められ，形式意味論の分野に発展していった。

ラッセル自身はどうやったらある固有名がその対象を指すことが分かるのかという認識論の問題にこたえるため，直知（acquaintance）と記述（decription）を区別して理論構築を進めており，そのために記述，とくに確定記述に関して，自らが依拠する論理的手法のもとに明確に理論化する必要があった。また，『プリンキピア・マテマティカ』で提案した古典論理ではあらゆる日常言語の文を適切にパラフレーズして二値の真理値を割り当てる必要があった。

◆ 1 階述語論理の言語による表現に向けた確定記述のパラフレーズ

この路線で確定記述が主語となっている文「この F は G である（The F is G）」を 1 階述語論理の言語で表現しようとすると，次の 3 条件を満たす必要があるとラッセルは分析した。

(1) F であるものが存在する，すなわち $\exists x(F(x))$。

(2) F であるものが存在すれば唯一である。つまり $\forall x \forall y(F(x) \& F(y) \rightarrow x = y)$

(3) ある F は G である，つまり $\exists x(F(x) \& G(x))$。

34　第 2 章　論　理

この 3 条件をすべて満たす形式文∃ x(F(x) & ∀ y(F(y)→ x = y) & G (x)) が確定記述「この F は G である」の論理形式だとラッセルは主張した。

◆ 確定記述と存在量化

このように確定記述を含む文を 1 階述語論理の言語で表現すると，文「現在のフランス国王は禿である The king of France is bald」は，現在はフランス国王が存在していないので 1 番目の条件が充足できず，全体として偽になる。これによって，存在していないものに言及している文にも問題なく真偽二値の真理値を付与することが可能となる。ラッセルの記述理論では固有名詞とその指示対象との対応が直知によって得られていない場合には，固有名詞は偽装された記述であるとする。このような存在論的主張を含む論理分析を受けて，ラッセルやクワインは「実在とは量化対象である」というテーゼを主張した。

◆ 論理分析そのものの不備の指摘

だがこのような確定記述のパラフレーズは不備であるという指摘がある。

ラッセルの分析では，いわゆるロバ文 "Every person who owns a donkey beats it. (ロバの持ち主全員がロバをなぐる)" に現れるような照応関係（anaphora）の論理表現がうまくいかないと指摘された。これはロバ文が以下の 2 通りの解釈を許す一方で，手続き的に論理表現を一意に割り当てられないためである。

(1) ロバの持ち主全員は所有するロバすべてをなぐる。

(2) ロバの持ち主全員に対して，その人が所有するロバのうち少なくとも 1 頭をなぐる。

◆ 存在論的主張についての反論

一方で，現在存在していない過去の対象や虚構内の人物などについての文が自動的に偽となるのは不自然だという考察から，量化様相論理による分析や多値論理を踏まえた自由論理の研究が進んだ。

14 確 定 記 述

15 ゲーデルの不完全性定理——形式主義の転換点

◆ ゲーデルの不完全性定理

ゲーデルの不完全性定理は，論理学史上最大の成果であり，論理とは何かという問題に深い洞察を与えるとともに，数学の哲学に根本的な影響を及ぼした。不完全性定理は第一不完全性定理と第二不完全性定理からなり，それぞれ（林・八杉による記述によれば）次のように述べられる。

① 数学の形式系，つまり，形式系と呼ばれる論理学の人工言語で記述された「数学」は，その表現力が十分豊かならば，完全かつ無矛盾であることはない。（第一不完全性定理）

② 数学の形式系の表現力が十分豊かならば，その形式系が無矛盾であるという事実は，（その事実が本当である限り）その形式系自身の中では証明できない。（第二不完全性定理）

形式系は公理と推論規則からなり，証明は推論規則を適用して公理から定理を導き出す有限の手続きとして定式化される。形式系がある式とその式の否定の両方を定理として導き出さないときに，その形式系を無矛盾であるという。また，形式系がある式かその式の否定かのいずれかを定理として導き出すときに，その形式系を完全であるという。完全かつ無矛盾であれば，どんな式でもその式かその式の否定かのいずれかが必ず定理となる。

◆ 不完全性定理に至る哲学的背景

ゲーデルの不完全性定理の原論文「プリンキピア・マテマティカおよびその関連体系における形式的に決定不能な命題 I」は 1931 年に発表された。ゲーデルは数学の危機に関する議論をカルナップらウィーン学団から聞いていた。その流れでゲーデルは，1928 年にヒルベルトが提起した形式言語体系の完全性や無矛盾性が成立するかという問題にこたえる形で，1 階述語論理の完全性を博士論文として 1929 年に提示した。その問題意識の継続として，不完全性定理のアイディアを 1930 年にケーニヒスブルクの「精密科学の認識論に関する会議」で発表し，翌年論文として出版した。

36　第2章 論　理

革新的な科学的発見に関する哲学的考察は，しばらくの間誤解や曖昧な理解に基づくことが多い。ゲーデルの定理も直ちに研究コミュニティに受け入れられたものではなく，当初から理解していたのはフォン・ノイマンだけだったといわれる。

◆ 不完全性定理が数学の哲学に及ぼした影響

ゲーデルの不完全性定理により，ヒルベルトの形式主義プログラムは抜本的修正を余儀なくされたが，証明論的手法の発展につながっていった。また，論理主義の息の根を止めたかについては2015年現在でも論争が続いている。直観主義については，現在の構成的証明に関する議論に影響を及ぼしている（⇨ *12*）。

◆ 不完全性定理の濫用

ゲーデルの不完全性はしばしば自己言及パラドクスと関連づけて論じられるが，不完全性定理は単なる自己言及ではないし，数学の理解なしに理解可能なものでもない。むしろ不完全性定理の鍵は，証明可能性命題の算術化を許容する「形式系の表現力」と二値論理である（⇨ *18*）。

ソーカルとブリクモンが「ゲーデルの定理こそ汲めども尽きぬ知的濫用の泉である」と述べるように，不完全性定理が主張していないことを不完全性に由来すると主張する誤用が頻出していることに注意すべきである。この定理と証明での「矛盾」「不完全」「系」は正確かつ厳密に定義されており，日常言語の用法と大きく異なることに留意すればよい。そうすれば「ゲーデルは証明できない真理があると立証した」のような主張の不正確さが白日のもとに曝される。また，実数の初等理論は完全かつ無矛盾な形式体系であるので「不完全性定理はあらゆる無矛盾な形式体系が不完全であることを示す」という主張は誤りである。

また「機械では心は分からない」といった反機械論の根拠としてゲーデルの不完全性定理が用いられることがしばしばある。これについては，ゲーデル自身も人間の心・精神は有限の機械を超越していると考えており，神の存在についても考察していたが，これらのトピックに関するゲーデルの議論は不完全性定理を根拠にしていたわけではない。

16 様相論理——精細な論理学的ツールの展開

◆様相論理

様相論理とは直接法現在時制ではない日常言語の文を演算子によって分析する手法の総称である。たとえば「1 + 1 = 2 は必然的である」や「東京には雨が降ることがある」といった必然性・偶然性を表現した文，「明日は海戦があるだろう」といった時制を含む文，「太陽系には9個の惑星があると次郎は信じている」といった信念文，「人を殺してはいけない」といった禁止文などがあげられる。これらの文は that 節内部の従属する文に「……は必然的である」「……ことがある」「明日は……だろう」のような演算子が適用されたものとみなすことができる。文に対する演算子を様相といい，論理体系の言語に様相演算子を含む論理を様相論理という。

この文演算子という考え方を一般化して，「定理 T は証明可能である」といった文での証明可能性も述語ではなく様相として取り扱うこともある。

◆様相論理の歴史

様相論理の歴史はアリストテレスの三段論法に遡り，中世哲学でもスコトゥスやオッカムなどが全能性や過去の必然性などの概念と絡めて様相を論じたが，20世紀になって技術的には一気に発達した（⇨ *13*）。C.I. ルイスはラッセルの古典論理に反対し，1918 年に *A Survey of Symbolic Logic* で厳密含意体系を提示し，さらに 1932 年ラングフォードとの共著 *Symbolic Logic* に命題様相論理体系を整理した。

一方，量化様相論理研究は 1947 年のバーカン・マーカス論文から始まる。彼女は量化子と様相演算子の順序が異なる2つの文の論理的関係が可能世界間の個体領域の包含関係に対応することを示した。1950 年代には可能世界間の到達可能性関係のアイディアもまとめていたと伝えられる。

◆初期の様相論理の哲学的応用

様相論理の哲学的議論への応用は 1950 年代初頭からなされていた。真理値の担い手である命題として 20 世紀初頭に認められていたのは，直説法現在の文だけであった。これはたとえばアリストテレスの海戦の例に現

れるような未来の文については真理値表を与えられないためだった。このような文は内包的な文と呼ばれ、様相論理は内包論理と呼ばれることもあった。この考察に対して、当初は多値の真理値表を与えようとする試みがなされたが、不可能であることが証明され、そもそもの真理値の担い手の概念を拡大することが、可能世界を用いた疑似「外延的」意味論を通じて試みられた。A. プライヤーは過去・未来といった時制をもつ命題の推論を扱う時間論理、ヒンティッカの認識と信念の論理やフォン・ヴリクトの義務論理といった命題的態度に関する論理、またデイヴィッド・ルイスの反実仮想などの条件法の論理も真理値の担い手の拡大という一連の流れの中に位置づけられる。

◆ **様相論理の可能世界意味論**

このようなアイディア群を可能世界意味論として整理し、論文として出版したのは論理学者たちの議論に参加していた高校生のクリプキだった。クリプキが1959年に様相論理体系S5の完全性証明、1963年にはS4など他の様相論理体系の完全性証明論文を出版したため、到達可能性関係をもつ可能世界意味論はクリプキモデルと呼ばれている。

◆ **様相論理への哲学的批判と数理化の進展**

技術的な展開の反面、クワインらは様相演算子には哲学的に問題があるとして批判あるいは無視した（⇨ *13*）。様相論理の哲学的応用の多くは近似的なものにとどまったため、哲学者の多くは様相論理を放棄し、言語学者や計算機科学者、数学者が研究の中核を担うようになった。

彼らの抽象的・数学的アプローチにより、1990年代にあらためて「論理性とは何か」という哲学的問題が再燃した。さらに、そもそもの様相論理の哲学的応用の動機となっていた真理値の担い手の問題については、この時期には情報概念とのインタラクションが発生していき、情報の担い手は言語的対象に限定する必要はなく、状況一般でよいとする考え方がバーワイズとペリーの状況意味論である。さらにこれを圏論を用いて数学的に整理したものが情報流理論となる。一方で、情報の担い手は証明であるという構成主義の考え方も計算機基礎理論の技術的発展と相関して深化していった。

16 様相論理　　39

17 固定指示子と指示の因果説——哲学的議論における論理学的ツールのインパクト

20世紀の哲学においては論理学的ツールを用いた議論が効果的に行われた例がみられる。クリプキの『名指しと必然性』は量化様相論理に裏づけられた固定指示子（rigid designators）の概念を用いて，真理をめぐる近世以来の哲学の問題に大きなインパクトを与えた。また，モデル論に触発されたパトナムの双子地球の議論により認識論で「意味の外在性」の主張がなされた。

◆ 固定指示子

固定指示子とは，その対象が存在するすべての可能世界で同じ対象を指示するような名前である。すなわちクリプキの分析では日常言語における固有名は量化様相論理の定項に相当することとなる。このときクリプキが用いる量化様相論理のモデルでは，固定指示子がaとbの2つあるとき，a＝bが成立する可能世界が存在すれば，すべての可能世界でa＝bが成立することが仮定される。すなわちこの同一性は必然的に成立する。

◆ 必然性・ア・プリオリ性・分析性

真理概念をめぐる哲学的議論の文脈において，形而上学的概念である必然性，認識論的概念であるア・プリオリ性，意味の理論において語の意味によってのみ真と定義される分析性という，3つの概念はしばしば互換性をもつものとして扱われてきた。必然性は偶然性と，ア・プリオリ性はア・ポステリオリ性と，分析性は綜合性とそれぞれ対比される。

カント以来，各論者によりこれら3つの概念の論理的関係については立場が異なっている。たとえばカントは数学的命題については幾何学を典型例として綜合的なものとみなし，言語の意味によってのみ真理が判断される分析的命題と対置した。

一方フレーゲは，数学的真理の範型を算術に求め，心理的・経験的なものとは独立に必然的・ア・プリオリなものとみなす一方で，幾何学についてはカントの主張を引き継ぎ，綜合的なものと位置づけていた。

フレーゲの論理主義を受け継ぎ先鋭化した論理実証主義，とくにカル

40　第2章　論　理

ナップでは，必然性とア・プリオリ性と分析性の三者が同一視された。これに対してクワインは「経験主義のふたつのドグマ」で分析性とア・プリオリ性が異なることを指摘した。クリプキは『名指しと必然性』でさらに経験的必然性が存在する例を提示することにより，必然性とア・プリオリ性が同一でないことを示した。

◆ 固定指示子の哲学的理論への応用

名前＝固有名を固定指示子とみなし，上記の固定指示子の性質を適用すると，たとえば「宵の明星」と「明けの明星」は両方とも金星を指示するけれども，この事実が経験的であるにもかかわらず，これらは必然的に同一であることが分かる。つまりこれは「必然的であればア・プリオリである」の反例となっており，必然的な経験命題が存在することが導かれる。

◆ 名づけの理論と指示の因果説

さらにクリプキは名前をつけるということは，その名前の使用に同定する効果を与えることであり，経験的であるがこの名前となることが必然的となると論じて，指示の因果（歴史）説を主張した。この名づけの理論を自然種名に拡張し，自然種名の意味は指示が歴史的に固定してきたことによるとした。

＊注： クリプキは『名指しと必然性』でさらにデカルト以来の心脳同一説に対して量化様相論理で反論可能であると主張したが，反論は多い。

◆ 双子地球

一方パトナムの双子地球は，モデル論をヒントとしたものである。言語Lに対して，Lの述語PをLに現れていない述語Qで置き換えた言語をL'とする。このときLのモデルMとL'のモデルM'で，Lの文SとSに対応するL'の文S'（Pが含まれていなければそのまま，Pが含まれていればQに置き換えたもの）の真理値がつねに同一であるとき，対象言語ではこの2つのモデルの区別はできない。これをパトナムは日常言語で双子地球という仮想状況に組み替えた。この「モデルの識別不能性」から，脳の中の信念状態の識別不能性から意味は決まらないという「意味の外在性テーゼ」を主張した。このときに意味の同一性は言語の社会的分業を交差世界関係という道具立てにより保証されるとした。

18 真理理論──真理の理論と真理理論の分離

◆ 2つの「真理理論」

20世紀の哲学においては，真理の担い手に関する真理理論（Truth theory）と真理述語の性質に関する真理理論（真理の理論：Theory of truth）の2つがあり，両者はまったく異なる。前者は「命題が真であるのはどういうときか」という真理条件に関してその適用条件・適用範囲についての議論を行うものであり，論理学の知見を多用するが言語哲学の範疇に入る。後者は真理述語の論理的性質についておもに数理的手法で理論を展開するものであり，哲学的論理学の主要な部分である。

◆ 真理の担い手に関する真理理論

真理に関する哲学的分析は，英語圏哲学では20世紀に言語的転回と論理学的ツールを経て，真理の担い手は理論的真理を構築する言語的対象であるというおおかたの合意を得た。このとき真理の担い手となりうる言語的対象として，20世紀半ばまでは現在時制直説法命題に限定されていたが，可能世界意味論（他項参照）を踏まえた議論の進展に伴い，未来・過去時制や条件法の命題にも拡大されることとなった。

◆ タルスキの真理条件

タルスキが1933年に真理理論とは任意の文について以下の真理規約を帰結するものであると提案して以来，言語内外の関係について原則として採用されている。

（T）命題「雪は白い」が真であるのは，雪が白いとき，またそのときに限る

すなわちタルスキは命題の意味内容が現実世界と一致するときにその命題が真であるということを主張する。

◆ 論理実証主義

論理実証主義者は，必然的真理・アプリオリな（先験的）真理・分析的真理の同一性を主張し，規約（T）で記述される世界の状況と対応がなされる命題が真であるという対応説（correspondence theory）を主張した。

42　第2章　論　理

対応説では真理の担い手は実在すると仮定するので，実在論に分類される。また，以下のような反実在論による批判を受けた対応説の修正として，整合説（coherence theory）や使真論（Truthmaker Theory）がある。

対応説に対立する真理理論として，反実在論と呼ばれる理論群がある。検証説（verificationism）では真理と検証可能性を，主張説（assertion theory）では真理と主張可能性を同一視する。ダメットは検証説と主張説を証明の過程における検証と結びつけ，直観主義擁護と関連づけて論じた（⇨ 12）。また認識説（epistemic theory）では対応説を仮定すると心身二元論の問題が生じると批判する。一方，社会的要因による真理理論を主張するハーバーマスは主張説と認識説を結合して，真理は合意であると主張する。さらに多元説（pluralism）では真理の根拠は一様ではなく領域ごとに異なるとする。

◆ **真理述語の性質に関する真理理論**

一方，真理述語の性質に関する真理理論は，論理主義（⇨ *12*）の系列につながり，多くは真理述語の性質を公理的に探求する。真理述語について，①ある理論の真理述語がその言語内に存在する，②二値論理を用いる，③タルスキの真理条件をそのまま受け入れる，という3つの条件をすべて肯定すると嘘つき文が悪循環を引き起こすなどの問題点が生じるため，理論展開ができなくなる。したがって，すべての真理理論はこのうちの少なくとも1つを放棄しており，どの条件を否定するかによって3種に分類できる。タルスキ自身の解決では①を否定し，ある言語の真理に関する述語はその言語内には存在せず，メタ言語に存するとした。この方向性が主流ではあるが，言語に人為的な階型が生じ，自然言語とは異なる扱いを行っていることとなる。また，クリプキは②を否定し，嘘つき文の真理値を「真でも偽でもない」とすることで悪循環を回避した。この方向性では多値論理などさまざまな非古典論理を使用する理論が展開されている。真理余剰説（redundancy theory）では③を否定し，真理述語は余分であるとして消去可能であると考える。底なし集合論や余代数を用いる真理理論や真理の改訂理論でも③を否定し，一定の真理値循環を認めることで悪循環の回避をめざす。

18 真理理論   43

第**3**章

知　　識

▶フィロソフィアは「知を愛する」という意味だ。ホントウ
の知識を希求し，それを手に入れようとする営みが哲学だと
いうわけ。しかし，愛するが故に愛の対象を見失いがちなの
が人の常。というわけで，知を愛する以前に，そもそも知
識って何だっけ，知識って求めて手に入るようなものなの，
ということが問われる。こうして，知識を定義し，その可能
性を論証しつつ，知識獲得の方法を探すという，3つの課題
をいっぺんに果たそうとする分野，つまり認識論がスタート
する。この営みは，哲学の発生と同時に始まった。で，科学
時代の現在でも，まだやっている。本章では，現代認識論を
理解するためのポイントを取り上げて解説しよう。

19 懐疑論と認識論のビミョーな関係——我々は懐疑論にどう立ち向かうべきか

◆ 認識論と懐疑論の共犯関係

懐疑論とは，「我々はほとんど何一つ知りはしない」とか「知識は不可能だ」という結論をめざす議論を指す。認識論は，こうした懐疑論を論駁し，いかにして知識は可能なのかを示すという目標を掲げてきた。その意味で，認識論を善玉レスラーとすれば，懐疑論は悪玉レスラーのような存在だといえる。ところが，リング上では丁々発止とやりあって，お客さんもそれを楽しんでいるのだが，リング外では2人は案外仲良しだったりする。じつは，懐疑論と伝統的認識論は議論の進め方についてあるルールを共有していて，対立関係にあるというよりは共犯関係にあるのではないか，と思われる。このことについて明らかにしてみよう。

◆ 懐疑論を分類するための座標軸

まず，懐疑論がとりうる様々な形について整理することから始めよう。

① グローバルな懐疑論とローカルな懐疑論　　　グローバルな懐疑論では，我々は何も知らないということを知識のほとんどすべての領域にわたって主張する。これに対し，ローカルな懐疑論は，因果関係，物体の存在，帰納，他者の心など，知識のある特定の領域について，何かを知っていると思っているのは間違いだと主張する。

② 強い懐疑論と弱い懐疑論　　　強い懐疑論では，「正当化された信念」と「知識」という2つの概念が攻撃されるのに対して，弱い懐疑論で攻撃されるのは「知識」の概念だけである。

◆ ヒュームの懐疑論

ヒュームの懐疑論はローカルだが強い懐疑論の代表である。ヒュームがまず第1に疑うのは因果についての知識だ。ボールが当たってガラスが割れたのを見たとしよう。このとき，ガラスが割れた原因を問われれば，我々はボールが当たったことだと言うだろうし，そのことを自分は知っていると主張するだろう。しかし本当にそうか。ここであなたが見たものは，ボールが当たるという出来事に引き続いてガラスが割れるという出来事が

46　第3章　知　識

起きたこと，つまり2つの出来事の継起にすぎないではないか。これ以外に，「前者が後者を引き起こすことそのもの」を我々は見るわけではない。2つの出来事の継起を超えた因果的結合を我々は見ることはできず，そうした結合が実在することを信じる合理的理由はない。我々が両者の間に因果があると思ってしまうのは，繰り返し2つの出来事が引き続いて起こることを見た結果，心に形成された一種の癖にすぎない。

この議論は，因果関係についてのものだから，その限りではローカルなものだ。しかし，これまでに直接見てきたものについての信念から，直接は見ることのできないものについての信念への移行を問題視しているわけだから，見ていないときの物体の存在とか，次に出会うはずの観察事例（帰納的知識）にも応用が利く。ここで疑われているのは，これまでにじかに経験してきたことがらが，経験していないことあるいは経験できないことについて知るための導きになるという考え方そのものである。つまり，これらの領域については，そもそも我々の信念は何ら正当化されていない，と言っているわけだから，知識だけでなく「正当化された信念」という概念の可能性をも疑う強い懐疑論になっている。

◆ 間違いからの議論

ヒュームの懐疑とは対照的に，弱いがグローバルな懐疑論として，「間違いからの議論」をあげることができる。この議論の構造はいたって単純だ。我々は時々間違いをおかす。つまり，あることを信じ，それなりの正当化もあったのに，ふたを開けてみたらじつは世界は思った通りではなかった，ということを経験する。しかし，間違って信じていた最中に我々がもつ経験は，正しいことを信じていたときの経験と質的に何ら異なるところがない（だからこそ，我々は間違えている最中には自分が間違っていることは分からない）というわけだ。だとするなら，いまあなたはあることを正当化されたものとして信じているが，本当に世界がその通りである保証はどこにもないではないか。

この議論は，正当化された信念と知識（つまり真なる正当化された信念）との間のギャップを指摘するものだ。だから，知識についての懐疑論であって，同様の議論を正当化された信念の概念に置き換えて行うことはで

きない。この意味で弱い懐疑論である。

◆ 培養槽の中の脳

　ある科学者が，あなたの寝ている間に脳を取り出して，培養液に満たされた水槽の中に入れてしまった。あなたの脳に出入りするすべての神経は巨大コンピュータに接続されており，目覚めたあなたの脳にこれまでの生活と辻褄のあった入力を与え，脳からの出力を解読し，またそれに辻褄をあわせた入力を与えてくれる。このお陰で，あなたの主観的な経験は，脳の摘出前ときれいに連続し，またいかなる「綻び」もない。いわば，あなたは脳摘出後の全人生をシミュレーションとして生きることになるわけだ。コンピュータがうまく働いている限り，あなたの経験の中には，自分がいまや培養槽の中の脳になってしまったことを知る手がかりは１つもない。

　こうした可能性がある限り，この本を椅子に腰掛けて読んでいるあなたにとって，自分は培養槽の中の脳なのかもしれないという疑いはどうしても消せずに残ってしまう。したがって次のことがいえる。

　① あなたは，自分が培養槽の中の脳ではないということを知らない。

　一方，知識について，次の原理（閉包原理）を認めてもよさそうだ。

　② あなたが P ということを知っており，さらに「P ならば Q」ということも知っているならば，あなたは Q ということも知っている。

　さて，いま，Q をあなたは培養槽の中の脳ではないという内容の命題，P をあなたはいま椅子に座って本を読んでいるという内容の命題とし，これらを閉包原理に代入してみよう。

　②' あなたが，自分がいま本を読んでいるということを知っており，さらに「自分がいま椅子に座って本を読んでいるならば自分は培養槽の中の脳ではない」ということも知っているとしよう，このとき，あなたは自分が培養槽の中の脳ではないということも知っている。

　ところが，①によって，あなたは自分が培養槽の中の脳であることは分からないのだった。そうすると，背理法によって②' の２つの仮定の少なくともどちらか一方は偽でなくてはならない。しかし，「椅子に座って本を読んでいるならば培養槽の中の脳ではない」ということは，ほとんど培養槽の中の脳の定義からして自明だろう。水槽の中の脳は椅子に座れない

48　第3章　知　識

し本を持てないし目もないからである。だから，こちらを知らないということはほとんどありえない。というわけで，否定されるのは第1の仮定になる。つまり，あなたは自分が椅子に座って本を読んでいることを知らないのである。こうして，知らないことが1つ増えた。この論法は，Pのところをあなたが培養槽の中の脳であったならありえないほかのこと，たとえば「自分は身体をもっている」「自分の目の前に木が立っている」等々に取り替えて何度でも繰り返すことができる。そうすると，これら自明に思われることがらのどれ1つとしてあなたは知らないのだということが結論できる。これはかなりグローバルな懐疑論で，しかも，「知っている」のところを「正当化された形で信じている」に取り替えて行うこともできるから，強い懐疑論でもある。

◆ 探求の途上に我々はいる

　知っていると思い込んでいることがじつはそうではないかもしれないという懐疑は消すことはできない。しかも科学においては，こうした健全な懐疑は探求の動因ですらある。懐疑論はこうした健全な懐疑を知識全体の不可能性へとふくらませる何らかの仕掛け（疑いの水増し装置）をもっている。たとえば，水槽の中の脳では，閉包原理の無制限な使用がその仕掛けになっているし，間違いからの議論では，あとになって間違いと判明したケースからの過度の一般化がそれである。とすると，懐疑論を論駁する有効なやり方は，その疑いの水増し装置はうまく機能しませんよと言ってやることになるだろう。たとえばノージックは，閉包原理が成り立たないような知識の定義を示すことによって懐疑論に抵抗しようとしている。

　しかし，伝統的認識論の多くは，これとは異なったやり方で懐疑論に抵抗しようとした。つまり，疑いを差し挟むことのできない確実な知識体系を再構築することによって，である。ここに懐疑論と伝統的認識論の共犯関係をみることができる。つまり，懐疑論は我々の知識体系のすべてをいっぺんに疑って破壊することが可能であると考え，伝統的認識論はそれをいっぺんに再構築することができると考えたのである。こうした共時的破壊と共時的再構築という課題にリアリティを感じているという点で，「2人は仲良し」なのだ。

19　懐疑論と認識論のビミョーな関係　49

20 知識とは何かを定義する試み──ただのまぐれ当たりと知識はどう違うのか

◆ 知識の古典的定義

「正当化された真なる信念」。これが，伝統的認識論における知識の定義である。まずは，この定義の意味を説明しよう。あなたが仕事から帰ってきたら小包が届いていた。この時「中には誕生日のプレゼントが入っている」ということをあなたが知っていると言えるためには何が成り立っていなければならないだろうか。まずあなたは小包の中にプレゼントが入っていると思っていなければならない。つまり，そのように信じている必要があるわけで，知識はある条件を満たした信念の一種なのである。さらに，あなたが信じていることは当たっていなければならない。つまり，現に小包の中身はプレゼントでなくてはならない。「地球が象の上に乗っていることを知っている」と言うのがおかしいことからも分かるように，我々は間違っていることを知ることはできない。知識は真理を含意するのである。

しかし，正しいことを信じているだけでは「知っている」ことにはならない。あなたが「何となく思った」だけだったり，今朝読んだ星占いに今日はいいことがあるよと書いてあったからにすぎないのだとしたら，それは知識ではない。知っていると言えるためには，正しいことを，しかるべき根拠に基づいて，信じているのでなくてはならない。たとえば，田舎の両親から今朝誕生日のプレゼントを贈ったという電話があったならば，あなたの信念には根拠があるといっていいかもしれない。信念がこうした「しかるべき根拠」に基づいていることを「正当化されている」という。

我々が「知っている」というのは，小包の中身のように直接目に見えないことがらについてであることが多い。我々が知識の要件として正当化を求めるのは，じかに観察可能なわずかな証拠に基づいて，世界の見えない部分についても何かをいうためである。そうすると，どのような根拠だったら正当化として十分かという問いが重要になってくる。どれだけ観察を積み重ねればよいのか，望遠鏡を使って観察した結果は，はるかに遠い天体について何かをいうための証拠になりうるのか……といった問いである。

認識論や科学方法論は，こうした知識の定義を前提として，正当化とは何かという問いに精力を傾けてきた。

◆ ゲティアの反例

ところが 1963 年になって，ゲティアはこの知識の古典的定義には反例があることを指摘した。【反例】ある就職先に，スミスとジョーンズの 2 人が応募している。スミスは，この会社の重役が「ジョーンズ君を採用しよう」と話しているのを立ち聞きしたこと，そして，先ほどジョーンズと一緒にジョーンズのポケットの中の硬貨を数えたことに基づいて，次のように思うようになった。「(a) 採用されるのはジョーンズであり，さらにジョーンズのポケットには 10 枚の硬貨が入っている。」さらに，スミスは (a) から次の (b) を論理的に演繹し，それも信じるようになったとしよう。「(b) 採用される男のポケットには 10 枚の硬貨が入っている。」

ところが，ふたを開けてみたら，採用されたのはスミスであり，さらにスミスのポケットにもたまたま 10 枚の硬貨が入っていた。

スミスは (b) を信じている。そして (b) は真である。しかも，そのスミスの信念にはしかるべき根拠がある。なぜなら，信念 (a) は，重役の発言とジョーンズのポケットをチェックしたことといういれっきとした証拠をもつため正当化されている。そして，信念 (b) は正当化された信念 (a) から論理的に正しい推論によって導き出されたものだから，これもまた正当化されている。というわけで，スミスの信念 (b) は，「正当化された真なる信念」という知識の古典的定義を満たしているのだが，スミスがこのことを知っていたというのはひどく直観に反する。

◆ ゲティア以降の展開

この「ゲティア反例」以降，分析哲学的認識論は，知識の定義の手直しとそれに対するさらなる反例の応酬という，哲学的パズル好きにとってはたまらない状況になっている。手直しのポイントは，正当化と真理という 2 つの条件がバラバラに満たされているだけではだめで，その人がもっている正当化と，現実でその信念が真になっているという事態との間に，何らかのつながりがなければならないという点にある。この「つながり」をいかにうまくすくい取って知識の定義に組み込むかが腕の見せ所となる。

20 知識とは何かを定義する試み　51

21 ア・プリオリ/ア・ポステリオリ，分析的/綜合的——定義は分かったけど，それのどこが問題なのさ

◆ ア・プリオリな知識とア・ポステリオリな知識

古典的な知識の定義では，知識は正当化された真なる信念と定義される。さて，知識がア・プリオリであるとは，その正当化が知覚経験（観察や実験）と独立に与えられることをいう。そして，ア・プリオリでない知識は，ア・ポステリオリな知識と呼ばれる。例をあげよう。「ニュートリノは質量をもつ」という知識は，大がかりな実験と観測によってはじめて知られた。だから，ア・ポステリオリな真理である。これに対し，「学士は大学を卒業している」という知識を得るのに，全国の学士にアンケート調査をしましたという話は聞かない。これはそういった調査とは独立に知られる。なぜなら，そもそも「学士」というのは大学の卒業生という意味だからだ。

とまあ，これがア・プリオリな知識の標準的な定義なのだけど，これが唯一の定義の仕方ではない。というより，ア・プリオリな知識をどう定義するかということ自体が，議論の的になってきたのである。たとえば，エアーは次のように定義している。その真理がア・プリオリに知られる命題とは，それを否定すると言語使用の規則に違反してしまうような命題のことである。あるいはチザムは，ある命題の真理がア・プリオリに知られるとは，その命題を理解していることが，それが真であると知るのに必要な証拠のすべてであるような場合である，とする。ここでは，カントに由来する標準的な定義を受け入れて話を進めよう。

◆ 分析的真理と綜合的真理

以上の区別に密接に関連しているのが，綜合的真理と分析的真理の区別だ。たとえば，上記の「学士は大学を卒業している」は分析的真理といわれる。述語「大学を卒業している」は，主語「学士」の意味の中に含まれている。この命題は主語に含まれている意味の一部をあらためて取り出して主語に述定しただけである。これに対して，「学士は年収が平均的日本人より高い」はそうではない。年収が高いということは「学士」の意味に含まれているわけではない。こちらは綜合的真理と呼ばれる。

52　第3章　知　識

言い換えれば，語の定義と論理法則だけによって真になるのが分析的真理であるといえるだろう。ア・プリオリ/ア・ポステリオリの区別が正当化の方法についてのものであり，その点で認識論的区別であるのに対し，分析的/綜合的の区別は，命題の意味にかかわる意味論的区別だといえる。

◆ 必然的真理と偶然的真理

　偶然的真理とは，この世界の事情が異なれば偽でもありえたような真理のことだ。「W. v. O. クワインは大学を卒業している」は真である。しかし，クワイン家の財政事情が異なっていれば，あるいは世界情勢が異なっていれば，クワインは大学を中退していたかもしれない。というわけで，これは偶然的真理である。これに対し，必然的真理は，世界がどのようであったとしても真であり，偽になりえない真理のことだ。「学士は大学を卒業している」は必然的真理だろう。流行の可能世界という概念を使っていえば，必然的真理はすべての可能世界で真であるような真理，偶然的真理は現実世界では真だが，偽になる可能世界があるような真理のことである。これは，世界の可能なありさまにかかわる区別なので，形而上学的区別ということができるだろう。

　さて，定義はこれくらいにしよう。重要なのは，これらの区別がいったいどんな哲学的問題を生むのかということだ。

◆ 必然的真理とア・プリオリな真理はぴったり重なるのか

　必然的真理はア・プリオリに知られるように思われる。なぜなら，世界のありさまによらず真ということは，それを知るのに現実世界がどうなっているのかを経験する必要はないということを含意しそうだからだ。ところで，この逆は成り立つだろうか。つまり，ア・プリオリに知られるものはみんな必然的真理なのだろうか。多くの哲学者はそう思ってきた。しかし，クリプキは，ア・プリオリに知られる偶然的真理が存在すると主張してみんなを驚かせた。ある棒Xが1メートルの長さだが，Xは何を隠そうメートル原器だとする。Xを使って1メートルとはどの長さなのかを定めているのだから，Xの長さが1メートルということはア・プリオリに知られる。しかし，Xが1メートルの長さであるということは偶然的ではないだろうか。棒Xは他のあらゆる棒と同様に，別の可能世界では違った

21　ア・プリオリ/ア・ポステリオリ，分析的/綜合的　53

長さだったかもしれないからである。

さらに驚くべきことに，こっちは正しいだろうと思っていた「必然的真理はすべてア・プリオリに知られる」にも反例があることをクリプキは示した。「水は H_2O である」がそれである。クリプキによれば，「水」も「H_2O」もあらゆる可能世界で同じ自然種を指示する固定指示子である。したがって，「水は H_2O である」はあらゆる可能世界で成り立つ必然的真理ということになる。しかし，これが実験の結果はじめて知られたア・ポステリオリな真理であることは明らかだ。

もちろん，これらに反論することは可能である。第1の反例は「1メートル」という語が多義的に使われている気配があるし，第2の反例は固定指示子の理論を受け入れてはじめていえることだ。ア・プリオリな知識と必然的真理がぴったり重なるのかどうかは，いまだに議論の的である。

◆ ア・プリオリな綜合的真理はあるか

次に認識論的区別と意味論的区別との重なり具合を考えてみよう。分析的真理はア・プリオリに知られる。これはよさそうだ。語の意味と論理法則だけによって真である命題を知っているとき，正当化にそれ以外の「経験」なるものは必要とはいえそうもない。では，逆は成り立つのだろうか。つまり，ア・プリオリに知られるものは分析的真理だけなのか。

カントは，現代的な意味，つまり認識論的な意味でのア・プリオリ/ア・ポステリオリの区別を導入した人だが，ア・プリオリな綜合的真理があると主張した。彼の主著『純粋理性批判』の1つの目的はア・プリオリな綜合的真理がいかにして存在しうるのかを示すことだった。ア・プリオリな綜合的真理とされるものの典型例は数学的知識である。「2 + 2 = 4」は「2 + 2」の意味にそれが4に等しいということは含まれていないように思われる。一方で，「2 + 2 = 4」であることを知るのに観察や実験は必要ない。フレーゲの論理主義，つまり自然数についての真理が論理法則と語の定義だけから導出できることを示そうというプログラムの動機は，ア・プリオリな綜合的真理の存在を否定し数学の哲学におけるカント主義を批判することにあった。フレーゲの圧倒的影響下にあった論理実証主義者も，綜合的ア・プリオリを否定し，ア・プリオリな真理と分析的真理は一致すると主張した。

54　第3章　知　　識

◆ア・プリオリな知識の源泉は何か

ア・プリオリな知識も，もちろん知識である以上，何らかの人間の認知能力に源泉をもつはずだ。しかし，それが何なのかいっこうにはっきりしないのである。

ア・プリオリな知識の源泉としてしばしば言及されるのが「直観」である。しかし，これの正体はよく分からない。たとえばゲーデルは，集合論の公理について，「公理が真であると自らを押しつけてくるような感じ」があることを主張している。たしかに優れた数学者にはそういう感覚があるのかもしれない。しかし，これで問題が片づくわけではない。というのも，そういう「感じ」をもつことが，なぜその公理を真と考えることの正当化を与えるのかについて何もいっていないからである。

知覚は見たとおりのものがそこにあることのよい正当化を与えるといってよいだろう。だとしたら，こうした数学的直観を知覚に類するものと考えて知識源泉とすることはできないか。これも難しい。なぜなら，数学的直観を知覚になぞらえるとしても，それが知覚のように信頼のおける信念形成プロセスであることを示せないからだ。知覚の場合は，知覚される対象と我々の表象の間に因果的・法則的連関があるが，数学的直観の場合では，それに相当する連関が何なのかまったく分かっていない。

◆そもそもア・プリオリな知識なんてあるのか

直観が数学的知識の源泉として役立たないとなると，数学的知識も究極的には，それが科学に応用されることによって経験によって確証されるのではないかという考え方も出てくる。トリビアルでないア・プリオリな知識の典型例としての数学的知識が経験的だとすると，ア・プリオリな知識なんてそもそもあるのか，という疑いまでもう一歩である。

クワインは，経験による検証の単位は数学や論理も含む我々の信念体系の全体であり，経験の裁きに直面した時には理屈のうえでは信念体系のどこを訂正してもかまわない，どこを訂正するかは訂正コストに関わるプラグマティックな考慮によって定まるという「全体論」を主張した。もしこの考え方が正しいなら，経験による改訂を原理的に免れている一群の命題などありはしない，つまりア・プリオリな知識など存在しないことになる。

21 ア・プリオリ/ア・ポステリオリ，分析的/綜合的 55

22 自然化された認識論——認識論の目的と方法をラディカルに変更する試み

◆ 経験主義的基礎づけ主義の挫折

すべての知識は観察経験に基礎づけられるというのが経験主義者の基本的立場である。ヒュームはこの経験主義的プログラムをやりかけて途中で放棄した。何しろ，物体の存在も因果関係の知識も観察経験だけからは導くことができなかったのだから。20世紀になって，現代論理学や集合論という最新のツールを使えばヒュームが諦めた知識の経験主義的基礎づけプログラムを成功させることができるかもしれないと考える人たちが現れた。論理実証主義者，とりわけカルナップである。ヒュームは物体を直に知覚の束に置き換えようとして失敗したが，知覚から集合論的に構成されるもっと高次の何かと同一視したらうまくいくかもしれない，というわけだ。

クワインは，1968年の論文「自然化された認識論」において，カルナップのこうした試みもやはり失敗だったと診断した。まず世界についての知識をすべて観察経験から導こうというプロジェクト，つまり「基礎づけの学説的側面」はうまくいかない。なぜなら「すべてのカラスは黒い」のようなもっとも穏当な一般化ですら，これまでの観察事例を超えた内容を含んでいるわけだから。ではもう1つのプロジェクトはどうか。つまり，世界について語る理論文を観察文に翻訳的還元することによって，どんなに理論語を使ってもその内容と理解は感覚経験から遊離することはないということを示す，「基礎づけの概念的側面」の首尾はどうか。ここで十分に説明することはできないが，これも失敗に終わったとクワインは総括する。

◆ 認識論の自然化

基礎づけのどちらの側面にも失敗したとあっては，人々が期待してきた役割を哲学的認識論は果たすことができないということになる。知識現象の科学的探求である心理学に比べて，哲学的認識論は1つもよいところがない。こうしてクワインは，次のように宣言する。「認識論，あるいはそれに類するものは，端的に心理学の一章，そしてそれゆえに自然科学の一章に位置づけられる。」

これが「自然化された認識論」と呼ばれる。その課題は，世界の一部を
ごく表面的になでるだけの「貧困な感覚入力」から，どうして人間は科学
的世界像という豊かな「奔流のような出力」を生み出すことができるのか
を，科学的方法を用いて探求することである。クワインは，伝統的認識論
の課題は心理学のほうがよく果たすことができると考えていたのか，それ
とも，伝統的認識論とは異なった課題を設定しようとしたのか。この点は
微妙である。クワインは，自然化された認識論によって，懐疑論論駁とい
う哲学的認識論の重要課題をよりよく果たすことができると考えている節
がある。しかし，これについてはストラウドから，「何かを疑うというこ
とじたい，科学の中で行われることだから科学を前提する」といっただけ
では，我々の感覚経験と独立の外的世界は果たして存在するのかといった
全面的懐疑を退けることにはならないのではないかと批判されている。

◆ 知識についての規範的問いの身分

また，伝統的認識論は懐疑論論駁のほかに，「質の良い知識を効率的に
手に入れるためにはどうすべきか」という方法論的規範にかかわる問題も
扱ってきた。こちらの問題に関して，クワインははじめ，自然化された認
識論の課題を記述的な探求に限定し，その限りでは認識論の課題設定を変
更しようとしていたようにみえる。しかし，1986 年になって，クワイン
は規範的認識論を一種の工学として認めようとする。つまり，この世界で
我々のような認知システムが真理への到達といった上位目標を達成するた
めには，どのような方法をとるべきか，という最適化問題として，知識獲
得のための規範は何かという問題を位置づけるというわけである。

◆ 穏当な「自然化された認識論」の定義

こうした動きを受けて，コーンブリスは次のように自然化された認識論
を特徴づけている。①いかにして信念を形成すべきか。②我々は現にいか
にして信念を形成しているか。③上記 2 つは一致しているか。伝統的認識
論は，②と独立に①を問うことが可能だと考えてきた。これに対し自然化
された認識論は，①のような規範的問いですら②と独立には問うことがで
きないと主張する。というわけで，自然化された認識論は，哲学が自らの
探求のリソースに対して抱いている自信過剰に対する反省でもある。

22 自然化された認識論　　57

23 社会的認識論——知っているのはいったい誰か

◆ 知識の個人主義

『省察』の冒頭においてデカルトは，「私が」築きあげてきた知識体系の基礎を心配し，「私が」学問において揺るぎないものをうちたてるために，「私の」これまでの意見をいったんすべてくつがえして新たに始めると宣言している。ここには，「知識の個人主義」とでも呼ぶべきバイアスをみてとることができる。

知識の個人主義とは，次の2つの考え方の混ざり合ったものだ。(a) 知識は個人の心に宿る心的状態である。(b) 知識であるために要求される正当化は知識をもつ各人が所有していなければならない。こうした個人主義のおかげで，皮肉なことに認識論は人類にとってもっとも重要な知的活動である科学に対してまったくのお手上げ状態になってしまう。科学こそは，多数の人々がかかわる共同作業として営まれているからである。

◆ 認識論的依存と認知作業の社会的分業

個人主義を強くとると，あなたが知っていると思っている多くのことが知識の名に値しないことになってしまう。というのも，あなたが知っていることの多くが，他者に教わることによって宿った「証言による信念」であり，あなた自身ではそう信じるべき正当化理由をあげられないようなものばかりだからである。我々素人は，電流が電子の流れであることも，ブラックホールの存在も，自分では正当化することができない。それでは，我々はこれらのことを知らない，というべきだろうか。そうではないだろう。これらの信念には正当化がある。我々はその正当化を専門家に預けているのである。このような意味で，素人は専門家に認知的に依存している。

じつは，こうした認知的依存という現象は，素人と専門家の間にのみ存在するわけではない。むしろ，科学研究こそ，自分で一から正当化する作業は放棄して他の研究者に依存することによってはじめて可能になる知識探求の典型例なのである。そうすると，次のようなことが起こりうる。科学者チームが分業の結果，あることがらを見いだしたのだが，それを正当

化する証拠をすべて所有しているメンバーは1人もいない，というケースだ。各人は証拠の一部を直接知っているだけで，残りの証拠については他のメンバーに依存している。しかし，この研究を通じて何かが知られたのは確かだ。さもないと，分業を伴う科学研究は知識をもたらさないことになる。でも，その「何か」を知っているのは誰だろう。チームのメンバーそれぞれが知っている，というのが1つの答えだ。しかし，こう考えると（b）を放棄することになる。正当化理由を自分でもたなくても，知っているといってよいとするからである。また，知識の主体はチーム全体だという答え，つまり集合的知識なるものを認める考え方もあるだろう。そうすると，そのチームは正当化理由のすべてを所有しているのだから，（b）は放棄しないですむ。しかし，その代わりに，知識を個人の心的状態とすること（a）はあきらめなくてはならない。いずれにせよ，知識の個人主義をそのままの形で保持することはできない相談だ。

◆ 社会的認識論

　知識の個人主義を放棄するか弱めるかして，知識を社会的現象としてとらえたうえで認識論の課題に答えようという立場を社会的認識論という。社会的認識論においては，個人主義的認識論では知識の探求にとって非本質的どころかその障害となるとすら考えられてきた社会的要因に新たな光が当てられることになる。たとえば，科学者たちが認知的に依存しあっているからといって，彼らが無根拠にものごとを信じやすい人たちだということにはならない。彼らの認知的依存関係を可能にしているのは，学会があり，そこには査読という制度があり，大学や研究機関への就職には査読つき論文の量と質が重視されるという慣行がある……等々といった研究者共同体の社会的制度・権威的構造だ。こうした制度があるおかげで，安心して他の科学者に認知的依存をして探求を進めることができる。

　こうした社会化は，認識論の方法的側面にも大きなインパクトをもつ。質の高い知識をいかに効率的に手に入れるかという問題を考えるにあたって，科学者集団をどう組織化し認知作業を分業するか，査読などの制度はどうあるべきかといった観点も非常に重要になってくるからである。こうして，社会的認識論は制度設計や政策決定との接点をもつことになる。

24 暗黙知——「暗黙知の問題」なるものはいかに探求されるべきか

◆ ポランニーの「暗黙知」

「暗黙知」はハンガリー生まれのイギリスの科学哲学者ポランニーが導入した概念である。論理実証主義では，科学的知識を公理系として形式化することによって，確証，予言，説明，理論間の還元といった問題を扱おうとした。こうした論理実証主義的科学観を批判するため，ポランニーは，科学的探求のさまざまな局面で，当の科学者本人にも言葉で明示的に表現することができず，したがって形式化も受けつけないような，ある種の「知識」というか，スキルやノウハウが決定的に重要な役割を果たしていることを主張した。こうした暗黙知は，教科書に書くことがそもそもできないわけだから，実際に科学研究にたずさわる中で，世代から世代へと見よう見まねで伝わっていくしかない。ポランニーは，科学研究を支える暗黙知のこうした特質から，「だから科学者共同体の自治は守られなければならない」と考え，バナールら社会主義的科学者たちが進めようとしていた科学の計画化に反対の論陣を張り，当時の冷戦構造の中でイデオロギー的な対立へと巻き込まれていった。

◆ 暗黙知概念のとらえがたさ

しかし，この「暗黙知」というのはかなり曖昧な概念である。それは単なる技能や能力とどう違うのか。自転車に乗れる人について「自転車の乗り方を知っている（しかもその乗り方を言葉で述べることはできない）」と言って言えないこともないだろうが，それだったら，暗黙知はただスキルとか能力といえばよいのであって，何もそれを「知識」の一種とみなすことはなさそうである。

あるいは，無意識化してしまっているために口に出すことができないが，現に行為において使われており，それゆえ知っているといえるような知識はどうか。たとえば，ネクタイの締め方。普段は，手順を意識することなくほとんど自動化された行為としてネクタイを締めているので，いきなり問われれば面食らうかもしれない。しかし意識を集中して頭の中でリハー

サルをすることによって，それを口に出すことはできるだろう。「暗黙知」というものがこういうものにすぎないのであれば，それは，すぐには口に出すことができないが，やろうと思えばできるような知識にすぎない。

「暗黙知」という名に値するものがあるとするならば，単なるスキル的な能力よりは，内容とか情報が豊かであるが，その内容を言語化し形式化することが我々の認知メカニズムの構造と制約のおかげで原理的に不可能であるような何か，ということになるだろう。しかし，これはずいぶんミステリアスなものではなかろうか。どうも「暗黙知」というものはいかがわしい。単に能力と呼べばすむところを知識の一種とみなしたために生じた空虚なカテゴリーか，あるいは神秘的な概念をもてあそぶことを好む哲学者好みのおもちゃの一種であって，まじめな科学的研究の対象になるようなカテゴリーではないのではないか。こんな疑いが濃厚である。

◆ 言語の知識と暗黙知

むしろ，「暗黙知とは何か」という問いは次のように問われるべきだろう。原理的な暗黙性を特徴とする心的現象で，それでも何事かが知られていると言いたくなるような典型的な事例についての探求を進める中で，「暗黙知」という概念が重要な理論的概念として役割を果たすかを吟味し，もしそうなら，その探求の内部で暗黙知の定義を行えばよい。

そうした現象の第一候補にあげられるのが，チョムスキー的な意味でとらえられた「言語の知識」である。あなたは日本語を使える。ということは日本語の言語知識をもっているといってよいだろう。一方，あなたは日本語の話し手として，いくらでもたくさんの文を理解し，産出することができる。ということは，あなたのもっている言語知識はこうした無限にたくさんの文を生み出すことのできる言語規則をその内容としてもつはずだろう。しかし，あなたはこの言語規則を明示的に口に出すことはできない。「暗黙知」というカテゴリーが科学的に有意味なものであるかどうかは，こうした言語知識のもつ特質の解明にその概念が有効か（出る幕があるか）によって決まるだろう。有名な哲学者が提案し，哲学事典にエントリーされているということと，それが意味のある概念であるということは異なる。「暗黙知」概念の運命はまだ未知数である。

25 アンドロイド認識論——人工知能研究と認識論のインターフェイス

◆ 認識論の２つの問いの相互関係

　認識論は，２つの問いにかかわる。我々はどのように信念を形成すべきかという規範的問いと，我々が現にどのように信念を形成しているかという事実的問いである。この２つの問いへの答えが一致しているとうれしいのだが，実際にはそうではない。たとえば，我々の脳には計算能力の限界があるし，研究資金も有限だ。となると，かりに論理的に可能なあらゆる選択肢の帰結を考えよとか，疑いがすべて払拭されるまで追試の試みを続けよといった「規範」がたてられたとしても，それに我々が従うことは事実上できない。しかし，一方で，前者の規範的問いを問い進めようとしたときに，その基盤を与えているのは，時々間違えるにしても，我々はおおむね合理的に信念を形成しているという事実なのである。

◆ ２つの合理性概念

　そうすると，２つの合理性概念を区別するべきではないだろうか。我々ヒトという，計算能力などの認識論的リソースの限られた種において，事実として実現されている限りでの「合理性」と，そうした限定をはずした「合理性」あるいは「合理的なやり方」そのものである。ポロックは，これらをそれぞれ「人間的合理性」「一般的合理性」と呼んで区別している。認識論は，人間的合理性を探求の基盤として保持しつつも，それを超えた一般的合理性とは何かを探求するという試みをその一部として含んできた。我々には事実上従うことができないような認識論的規範に哲学者が関心を抱いてきたのは，彼らが「一般的合理性」とは何かを明らかにしようとしてきたからだと考えると，なるほど納得がいく。

◆ 人工知能の認識論へのインパクト

　さてここで注目しなければならないのが，人工知能という研究分野であり，それには２つの側面がある。人間の思考に対する計算機モデルをつくり，認知心理学的理論のもう１つの検証手段を提供するという側面が１つ。しかし，もう１つの側面として，心理学的妥当性には目をつぶり，我々の

頭の中の処理とは独立に，ヒトには実行できないが，ヒトのやり方よりももっと「合理的」で効率的な問題解決のアルゴリズムを開発するというタイプの研究がある。これは，人工知能研究の重要な工学的目標だといえるだろう。おそらくヒトにはまねのできない仕方で，科学的発見や推論を行うプログラムはいろいろと開発されている。たとえば，リンゼイらは化学分析スペクトルのデータから未知の物質の分子構造を決定するプログラムとして DENDRAL を開発したし，科学哲学者のダーデンは，機器の不具合を見つけて設計を変更するプログラムを転用して，アノマリに対して科学理論をどのように変更したらよいかを見いだすプログラムを開発している。こうした研究を認識論の一種としてみた場合，何をやっていることになるだろうか。それらのプログラムは，おそらくヒトにはまねのできないやり方で，認知作業を行っている。現に我々はそんなふうにはやっていないし，できもしない。しかし，しかじかの認識論的目標を果たすためには，「本当はこんなふうにやるのが合理的なのだ」。だから，ヒトがもつ生物学的限界を捨象して，ヒトが真に合理的な認知主体であろうとする限り，本当だったらこのようにやるべきだった。……こんなふうに論じることができるだろう。つまり人工知能研究は，一般的合理性とは何かを探求する規範的認識論の後継者（アンドロイド認識論）なのである。というわけでアンドロイド認識論は，たとえばフラーなどから，科学的合理性とは何かを現実の科学者の振る舞いから切り離して，ア・プリオリに探求できると考える論理実証主義的科学哲学の末裔という具合に評価されてしまうわけだ。

◆「我々」が現に認識しているその仕方，とは何か

しかし，ちょっと待てよと思う。人工知能は認識論の後継者であると同時に，すでに我々の認識の方法の1コマになっているのではないか。バイオインフォマティクスの隆盛を例にあげるまでもなく，巨大なデータベースからの検索，データのマッチング，データマイニングなどは，科学という我々の認知過程の不可欠の要素になっている。これらは計算機にしかできない。つまり，科学はもはやヒトの頭と電脳の共同作業になっている。ヒトには実行不可能なアルゴリズムによって探求を進めることは，「我々が現にどのように信念を形成しているか」の一部なのである。

26 知識の内在主義と外在主義──知識を知識にしているもの，つまり正当化はどこにあるのか

◆ 正当化のありか

単に「思っていることが当たっている」ことから「知っている」ことを区別するのは，そのことを信ずるに足る「正当化」をもっているかどうかだ。これが知識の古典的定義のポイントだった。ところで，この，ある人が「正当化をもっている」とか「正当化されている」というのは，その人がどういう状態にあることなのだろうか。

◆ 内在主義とその難点

素直な答えは，正当化を心に抱いているということだよ，というものだろう。つまり，「(a) 信念があなたにとって正当化されているとは，あなたがその信念が真であるとすべき理由を何らかの形で心の中にもっていなければならない」とする答えだ。このような仕方で正当化のありかをめぐる問いに答えようとする立場を「知識の内在主義」という。内在主義はごく自然な考え方だ。「私は～ということを知っている」という人に対して，「どうして知っているといえるんだい？」と尋ねたら，「だって，しかじかだからさ」と理由を答えてくれるだろう。理由を答えてくれなければ，相手の知識主張はかなり疑わしいものになる。で，このように理由を答えることができるのは，その人が理由を心の中にアクセス可能な仕方で「抱いていた」からだ，と考えたくなる。

ところが，こうした内在主義も突き詰めて考えると，大きな難点があることが分かってくる。ある信念のための理由を心に抱くってどういうことかを考えてみよう。それは，その信念を導き出すための前提を正当化された形で信じているということしかありえないような気がする。そのように考えると，無限背進に陥る。あることを信じるための理由を正当化された形で信じているなら，その理由を正当化する理由を正当化された形で信じていなければならず，そのまた理由も……，という具合だ。というわけで，内在主義者は，我々の信念の正当化を遡っていくと，その遡行はどこかで基礎的な信念によって打ち止めになっているはずだという考え方，つまり

64　第3章　知　　識

基礎づけ主義と折り合いが悪い。実際，こうしたことから基礎づけ主義を放棄して，我々の信念の全体は基礎的信念に支えられているというよりは，互いに正当化によって支え合う1つの巨大なネットワークをなしていればよいとする整合説の立場をとる内在主義者も多い。

内在主義者にとってもう1つの選択肢は，理由を心に抱くには，「信じる」以外のやり方があると論じることだ。こうして，信念よりもっと原初的な何らかの認知状態，たとえば「気づき」であるとか「直観」といったものが召喚されることになる。これらは，信念ではないからそれ自身には正当化がいらないのだが，他の信念を正当化することはできる，という都合の良いものだ。たしかにこうすれば，正当化の遡行を打ち止めにすることはできる。しかし，この，「信念ではない理由の抱き方」というのはいかにも恣意的でご都合主義的じゃないだろうか。我々の心は哲学者が「こうだといいな」と思った通りにできているわけではない。

◆ **外在主義とは何か**

そこで，(a)の条件を放棄してしまえという人々が現れる。こうした立場を外在主義という。外在主義者は次のように考える。あなたの思っていることが正当化されているならば，その正当化理由があるだろう。しかし，その理由はあなたの心の中にある必要はないし，あなた自身がその理由に認知的にアクセスできなければならないということもない。

では，正当化理由はどこにあるのだろうか。答えは「世界の中に」である。外在主義では，ある信念が正当化されているとは，その信念が外界との適切な関係を保持していることにある。その適切な関係は何かということは論者によって異なる。外界と信念との「法則的連関」といわれたり，「反事実的な依存関係」といわれたり，「信頼のおけるプロセス」といわれたりする。ようは，気温と温度計の読みのように，外界の様子が変わると表象（信念）のほうもその変化をきっちりと追いかけていく，そんな関係だ。そして，もちろんそういう適切な関係が成り立っているかどうかについて本人が認知的にアクセスをもつ必要はない。生物の知覚システムは，おそらく自然選択の結果，表象の変化が外界の変化を追いかけるようにできており，こうした信頼のおけるプロセスの一種となっている。

第 **4** 章

言　　語

▶一定の音声やインクの染みが「言葉」と呼ばれるのは，それが何かを意味する記号と解されるからである。とすれば，言葉とは何かを問うことは，言葉が何かを意味するとはどういうことかを問うことと不可分である。とはいえ，特定の言葉が何を意味するかという問いならば日頃の生活の中で誰にもおなじみのものだが，《一般に言葉が何かを意味するとはどういうことか》と問われても，何をどう考えたらいいか，答えに詰まるだろう。この章では，この問いに関する現代的なアプローチの特色をいくつかのキーワードに即して解説する。

27 言語論的転回——20世紀の哲学の中で，言語哲学は単に言語の哲学ではなく，哲学の基礎的部門の役割を演じた

◆ 存在論/認識論/言語論

アリストテレスの『形而上学』には，存在としての存在を扱う学問を「第一哲学」と呼んだ有名な一節がある。哲学についてのそのような理解は中世のトマス・アクィナスの哲学でも大枠で継承されているため，昔から古代・中世の哲学は存在論中心の哲学とみなされてきた。対照的に，デカルトによる「コギト」の発見に始まる近代哲学では，存在論よりもむしろ認識論が哲学の基礎の役割を演じる。そのことを高らかに宣言したと目されるのがカントのいわゆる「コペルニクス的転回」である。その伝でいくと，現代哲学の特色は言語論を根幹とする点にあるというのが，「言語論的転回」という言葉に込められたメッセージである。

この言葉はウィーン学団の一員だったベルクマンに由来するとされるが，それを現代哲学の標語として一般に流布させたのはローティ編のアンソロジー『言語論的転回（*The Linguistic Turn*)』(1967 年) である。ローティ自身はその序文で，「いちばん最近の哲学革命である言語主義哲学 (linguistic philosophy) の革命」という言い方をしている。革命の要点とされるのは，そもそも哲学の問題とは何かということに関するある独特の考え方である。それは，哲学の問題は元をただせば言語の不備や言語についての誤解から生じるのだという考え方であり，より積極的には，言語の「改革」あるいは言語についての「よりよい理解」が実現されれば，哲学の問題は解決（あるいは解消）される，という考え方である。当然ながら，こうした考え方のもとでは，言語についての哲学的考察は，単に哲学の一部門ではなく，哲学そのものの由来にかかわる基礎部門という位置づけになる（ローティ 1993)。

◆ 2 つの学派

上の説明の中でカギ括弧つきで対比した言語の「改革」と「よりよい理解」は，それぞれ当時分析哲学の 2 大潮流と目されていた理想言語学派と日常言語学派を念頭に置いたものである。

理想言語学派は「人工言語学派」とも呼ばれ，1930年前後にウィーンを中心に展開されたカルナップら論理実証主義者たちの考え方を出発点としている。しばしばその基本的論点とされるのは，人間の知識は経験に由来するか，言語規則に由来するかのどちらかである，とする知識の二分法である。経験に由来する知識に関するこの派の人々の主張として知られるのは，文の真偽ばかりでなくその有意味自体が経験的な検証の可能性に依存するという「検証主義」の立場である。それは経験主義の伝統を汲むと同時に，直接にはウィトゲンシュタインからの複雑な影響によるとされる。他方，言語規則について考える際の基本枠としてこの派の人々が準拠したのが，フレーゲやラッセルによって整備された記号論理学である。カルナップらの理解では，哲学の仕事は，人間の知識の表現にふさわしい論理学的な人工言語の性質についての分析や提案にかかわる。その関連で模範的な議論の役割を果たしたのが，量の表現や単称指示表現についての包括的な分析を提示してみせたラッセルの「確定記述の理論」である（カルナップ 1977；ラッセル 1986）。

　他方の日常言語学派は第二次世界大戦後にオックスフォードで活躍したライルやオースティンらに代表される。彼らは哲学的な問題を日常言語の振る舞いに関する誤解に由来するものと考え，その解決を日常言語の振る舞いに関する丹念な分析に求めた（たとえば，"is true" や "is real" という言葉の用法を調べることで真理や実在とは何かという問いに答え，善とは何かという問いに答えるために "is good" という言葉の用法を分析するというふうに）。こうした日常言語学派の人々の議論は，言語の「使用」の次元に注目した語用論的な考察を重視するという点を大きな特色としている。この点，むしろ構文論（文法）のほうに主たる関心があった理想言語学派の議論とは好対照をなしている。その辺の事情をもっとも際立った形で示した議論の1つが，ラッセルの確定記述の理論を批判したストローソンの論文「指示について」である（ライル 1987；ストローソン 1987）。

◆ 構図の変化

　今日から振り返れば，こうした2つの学派の区分は，ローティの編著が出版された1960年代の後半期にはすでに実質的には崩壊していたように

思われる。そのもっとも顕著な現れにあたるのが，自然言語の意味論をめぐる議論の活発化である。ローティの編著の出版年は，記号論理学の意味論の自然言語への応用を唱えたデイヴィドソンの論文「真理と意味」の公刊年でもある。また，類似の狙いをもつ形式意味論の探究は，モンタギューらによってすでに50年代の末から開始されていた。これらの研究は，研究の道具立ての点では理想言語学派の流れを汲んでいるが，研究対象はあくまで自然言語であり，自然言語の解明が哲学的な問題の解決につながるという見通しを日常言語学派と共有している（「日常言語」でなく「自然言語」というあたりに，関心の質の若干の違いがみえはするが）（デイヴィドソン 1991）。

こうした錯綜はあるが，言語哲学こそが哲学の基礎理論だとする見方は1980年代を迎える頃までは力を揮っていたと思われる。70年代半ばに意味の理論の方法論をめぐってデイヴィドソンとダメットの間で戦わされた論争が注目の的となったのも，それが単に哲学の一部門にかかわる話題としてではなく，哲学の基本的な方法論をめぐる論戦として受け止められていたためだったと思われる。

◆ 転回の失速

言語哲学こそが第1哲学であるとする見立てが求心力を失ったのが正確にいつだったのかを特定するのは難しいが，退潮の理由を説明するのも，それと同じくらいに難しい。

一因としてあげられるのは，当初言語哲学において有力視されていた研究プログラムが思うほどの成功を収めなかったという事情である。たしかに，1970年代半ばにかけて注目を集めたデイヴィドソンやグライスのプログラムにしろ，オースティンやサールの言語行為論にしろ，その後はあまり大きな展開がみられないまま立ち消えになり，議論をけん引する新たな提案も途絶えてしまった印象がある。もう1つの関連要因として，言語哲学の専門化あるいは自然化という傾向もあげられる。分かりやすく言い直せば，80年代以後，言語哲学の研究論文は，標的を絞って手堅い成果をめざせばめざすほど，しだいに言語学の論文と区別がつかなくなり，結果的に第一哲学としての性格が薄らいだということである。

もう1つ，有力な説明としてしばしば引き合いに出されるのが，心の哲学への関心の高まりである。それは言語哲学にとって，単に外部要因にとどまらず，内発的な変化でもあった。というのも，それまで有力視されていた言語哲学説の内部にも，じつは心の哲学とかかわる問題が潜在していたからである。たとえば，グライスの理論は，意味の概念を意図という心的な概念に還元しようとするものだった。また，デイヴィドソンの解釈の理論も，発言の意味の問題を，発話者の欲求や信念といった態度と相関的にとらえることを提唱していた。しかし，こうして前提されていた一連の心的概念について本格的な検討が進む中で，気がついてみると言語哲学を取り巻く風景が一変していたというのが1980年代以後の状況であるように思われる。もちろんそれは，以前の言語哲学上の議論が効力を失ったということでは決してない。しかし，その是非や意義についての検討が，かつて想定されていたのとは大きく異なる枠組みの中で行われるようになったことはまちがいない（飯田 2007；Burge 1992）。

◆ 言語論的転回以後

　言語論的な転回の失速あるいは退潮という言い方をすると，好事家的には，では次に来る転回はどんなものかが気になるだろう。実際また，そうした関心から周囲を見回してみると，先程も触れた心の哲学の隆盛，自然化の進展，さらには近年における形而上学の復権など，いろいろ気になる動向はある。とはいえ，それらを何か簡潔なスローガンで整理して，何かに向けての「転回」として括れるかとなると，首を傾げる。そもそも「転回」という大仰な言い方が，哲学の現在を考えるうえで適切なのかどうか。むしろ個人的感想としては，何かに向けての転回というより，明確な中心のない多様化を強調するほうが，哲学の現状の形容としてしっくりくるように思われる。全体を強くけん引する方向性が欠如している状態が，哲学研究にとって歓迎すべきことか，危惧すべきことなのかはよく分からない。とはいえ，皮肉なことかもしれないが，こうした状況は，言語哲学の議論を，かつてのような党派的な対立（たとえば，《英米系の言語哲学か，大陸系の現象学・解釈学か》というような）を離れて冷静に吟味する環境としては好適であるように思われる。

28 意義と意味——言葉は世界内のさまざまな対象を指示すると同時に，言葉を発する人の思考内容の表現でもある

◆ 同一性命題のパズル

フレーゲは古典的な論文「意義と意味について」の冒頭で，同一性命題の認識価値をめぐる1つのパズルを取り上げている（フレーゲ 1999）。「a = a」と「a = b」という2つの命題は，「a」と「b」が同じ事物の名前であるときには，どちらも真なる命題である。しかし，「a = a」は，文面を見るだけで真であることが分かる論理的真理なのに対して，「a = b」は，文面を見ただけでは真偽が分からない。その真偽を確認するには経験的な調査が必要である（フレーゲはこのような事情を，「明けの明星＝宵の明星」〔ともに金星〕という天文学上の知識を例にとって解説している）。2種類の同一性命題の間のこのような違いを，フレーゲは，それぞれの命題が担う「認識価値（Erkenntniswert）」の違いと呼んだ。

フレーゲはこのような認識価値の違いを説明するために，どちらも大まかには「意味」と訳されうる Sinn と Bedeutung というドイツ語の言葉を専門用語として使い分けることを提案した。先の例文でいえば，「明けの明星」と「宵の明星」の Bedeutung（意味）に当たるのは，それらが共有している指示対象，すなわち金星である。他方，フレーゲが名前の Sinn（意義）と呼ぶのは，名前が指示する対象の「与えられ方」である。先の例でいえば，「明けの明星」という名前は，単に金星を意味するだけでなく，（あえて言葉で言い表せば「明け方，東の空にもっとも明るく輝く星」とでもなるような）金星の一定の与えられ方を表現し，「宵の明星」は，（あえて言葉で言い表せば「夕刻，西の空にもっとも明るく輝く星」とでもなるような）金星の一定の与えられ方を表現している。それらの異なる「与えられ方」が，それぞれの名前の意義に相当し，この意義によって意味（指示対象）が決定される。フレーゲによれば，「a = a」と「a = b」という2種類の同一性命題の「認識価値」の違いは，そこに登場する名前の意義の違いに由来する。

フレーゲはこの見解を，名前に限らず，述語や，名前と述語を組み合わ

72　第4章　言　語

せて得られる文にも拡張した。それによれば，述語は一定の概念を意味すると同時に一定の意義を表現し，また文は，一定の思想を意義としつつ，真ないし偽という値（真理値）を意味する。

◆ 意義の客観性

　このように言葉とその指示対象の間に第3の媒介項を想定する考え方は，それ自体としてはフレーゲの専売特許ではない。しかし，フレーゲに特徴的なのは，その第3項を，言葉を用いる人の内面にある主観的な表象（心的なイメージ）から断固区別する点である。表象は，それをもつ人の心の状態に属する。そして，複数の人の心の中をのぞき込んで，そこに同じ表象が存在しているかどうかを比較するのが不可能であることを理由に，フレーゲは，「2人の人物が同一の表象をもつことはありえない」という。他方，フレーゲによれば，意義は，それを把握する人の心の状態ではなく，多数の人々の共有物である。そして，ある表現（たとえば「明けの明星」）と結びついた意義は，それを誰が「把握」する場合でも同一でありうる。

　フレーゲはこうした事情を解説する中で，望遠鏡のたとえを用いる。たとえば望遠鏡で月を見る場合を考えてみよう。「月」という言葉の場合と類比的にいえば，この場合に意味に当たるのは，望遠鏡で見られている当の対象である月そのものである。また，意義に当たるのは，対物レンズによって望遠鏡の内部に投影された実像である。望遠鏡内部の実像は，月の一面を示すものにすぎず，観察を行う場所に応じて変動するが，それは複数の観察者が利用できるものである限りにおいて，客観的である。そして最後に，観察者が接眼レンズを通して実像を見るときに生じる各人の網膜像が，主観的な表象に当たる。網膜像は，目の形態の個人差のために幾何学的に合同であることはまず不可能だ，とフレーゲは述べている。

　後年，論文「思想」の中で，フレーゲは意義の客観性という論点をさらに敷衍して，意義が，主観的な表象とも，物理的な事物とも異なる「第3の領域」を構成するという見解を提示している。その解説の中で，フレーゲは，ピュタゴラスの定理を例にとり，この第3の領域に属するさまざまな思想（文の意義）が，それを真や偽とみなす人がいるかどうかとは独立に，無時間的に真偽が定まっている点を強調している。

28　意義と意味

29 翻訳の不確定性——翻訳の正しさはどこまで経験的な証拠で決まるのか

◆ 根本的翻訳

　クワインは『ことばと対象』（クワイン 1984）の冒頭で「言語は社交のわざである」と述べ，言語理解の問題に関する哲学的考察の基礎が，誰もが観察しうる言語行動やそれを取り巻く状況についての知見に求められるべきことを力説した。そして，そのような知見がどのような形で言葉の理解につながるかをもっとも純粋な形で検討するための場として，クワインは，まったく未知の言語を用いて行われた発言を文化人類学者や言語学者が自国語に翻訳するという場面に着目した。それが「根本的翻訳」である。根本的翻訳の従事者は観察可能な事実からどのようにして訳文を割り出すのか。不確定性テーゼをめぐる論議はこの問いから始まる。

◆ 観察文の翻訳

　根本的な翻訳の従事者にとってもっとも取り組みやすいのは，文の発話が，その周囲の状況と密接に関連している場合である。目の前に1羽のウサギが飛び出してきたときに原地人が「Gavagai」と叫ぶなら，我々はその状況と発言の間に密接な関連があるものと想定し，自分ならばその状況でどのような文を発話するかを考えて，「Gavagai」を暫定的に「ウサギ！」「ウサギがいる」「ウサギだ」等々の訳文を想定する。そして，その想定の正否が，同じくウサギが目の前にいるような他の多くの状況で翻訳者が「Gavagai?」と発問し，それに対する現地人の同意・不同意の傾向性を調べる形で経験的に確認可能だ，とクワインは考える。

　このような翻訳が可能なのは，原地語の文を発話して原地人の同意・不同意を問うテストに対して，原地人が，一定の状況では必ず一定の応答を示すというふうに，規則的な反応がみられる場合に限られる。そのような規則性は問題の文がとくに一定の状況と密接なつながりをもつことの証しである。発話状況とのこうした対応関係がもっとも緊密である部類の文は「観察文」と呼ばれる。クワインによれば，観察文に関しては経験的な証拠に基づく翻訳が可能である。

他方，一般法則を述べる類の文に関しては，その都度の状況との間に明確な対応関係を期待できない（「雪は白い」といった日本語文がどんな状況で発問されても，我々の答えは一様に「然り」になってしまう）。それゆえ，この種の文（「定常文」と呼ばれる）については，発話状況との対応づけに基づく翻訳は期待できない。では，どうしたらいいのか。

◆ 分 析 仮 説

　観察文以外の文を翻訳する際の基本的な着眼点は，それらの文が，翻訳可能な観察文と語彙を共有しているという事実である。すでに翻訳された原地語文がどのような意味をもつ単語から構成されているかが分かれば，同じ単語を含む定常文にまで翻訳を進めることができる。クワインは，このように原地語の文を単語へと分析し，それらを自らの言語の語句と対応づける仮説のことを，「分析仮説」と呼ぶ（ある言語の語彙に関する一連の分析仮説の総体が，その言語に関する「翻訳マニュアル」に当たる）。

　翻訳の不確定性テーゼの中心的な論点は，この「分析仮説」が，経験的なデータによっては一意的に確定しないという点にある。原地人の発話「Gavagai」は，①「Gava（＝「ウサギ」）」と「gai（＝「目の前にいる」）」から構成されているのか，それとも②「Gav（ウサギの諸部分の総称）」と「a（諸部分が一まとまりになっていることを表す接尾辞）」と「gai（＝「目の前にいる」）」とから構成されているのか。「Gavagai」は，前者の仮説をとれば「ウサギが目の前にいる」と訳され，後者の仮説をとれば，「分離されていない一まとまりのウサギ部分が目の前にいる」と訳されることになる。原地人が「Gavagai」に同意する状況は，我々がどちらの訳文にも同意するような状況であるから，どちらの訳し方も，言語行動に関するデータには適っている（クワインの言い方では，これらの訳文はどれも「刺激同義的」である）。しかし，2通りの訳し方の違いは，数の表現や同一性の表現といった他の言い回しに関する異なる訳し方と密接に連動している。そして，観察文以外の翻訳を行う段になると，言語全体に関してどのような分析仮説を採用するかに応じて，原地人の言語行動には等しく適っていながら，互いに相容れない訳文が得られることがありうる。それが不確定性テーゼの趣旨である。

◆ 善意の原則

　我々がふだんこのような不確定性を自覚しないのは，クワインによれば，我々が無自覚のうちに，経験的データと合う無数の分析仮説を一定の補助的な基準に従って篩にかけているからである（たとえば，先の①に類する仮説は検討に値するものとみなすが，②に類する仮説は，特別な事情がない限り，不自然あるいは奇妙な仮説として一顧だにしないというように）。このような篩分けの拠り所となるものの1つは，原地人の心は我々の心と似たものであるはずだという心理学的な想定である。それはさらに，原地人は我々と同様の知覚的認識をもち，我々と同様におおむね合理的な思考能力をもち，等々，であるはずだ，とパラフレーズできる。この種の想定を翻訳に反映させたものが，「原地人が真とみなす文は我々が真とみなす文とおおむね一致するはずだ」といういわゆる「善意の原則」である。

　クワインは実際の翻訳がこうした原則に従って行われることに異を唱えるわけではない。しかし，クワインが力説するのは，この原則の適用が経験的な証拠に基づくものではないことである。それは原地人の言語行動についての「発見」に基づくものではなく，むしろ，そのような「発見」によっては翻訳が確定しない部分に関して，我々の概念枠組みを未知の言語を話す人々に「押しつける」ことなのだとされる。

◆ 意味それ自体という観念

　クワインの理解では，不確定性テーゼの何よりの狙いは，言葉の意味の物象化に対する批判にある。我々は，たとえば「雪は白い」"Snow is white." "Schnee ist weiß." といった一連の文をだいたい同じ意味だと考えるとき，その同じ意味だということの実質を，一連の文が同一の意味と関係をもつことに求めがちであり，その同一の意味それ自体は，文ではなく，それとは別種の存在者だと考えがちである。そのような漠然とした理解に明確な形を与えたものの1つが，*28* で触れたフレーゲの意義（Sinn）の理論である。他方，不確定性テーゼからすれば，観察文以外の文の翻訳はつねに一定の分析仮説と相対的だが，経験的データに適う分析仮説は1つには定まらず，どの分析仮説をとるかに応じて互いに相容れない訳文が得られる。それゆえ，経験的なデータと一致する複数の分析仮説を視野に

入れたうえで，ある文と翻訳関係をもつすべての訳文を考えれば，それらすべての文が同一の《意味それ自体》を共有するという想定は端的に成り立たない。したがってまた，「言葉の意味」ということでその種の非言語的な意味それ自体のことを考えるのである限り，「言葉の意味」など存在しない。

◆ 意味と信念の相互依存

不確定性テーゼ（とりわけ善意の原則との関連）をめぐる議論が副次的に示唆しているもう1つの重要な論点は，言葉の理解が，言葉を発する人の抱く命題的態度（一定の命題が成り立つことを信じたり，願ったり，悲しんだりというような，命題的な内容を伴う一連の心的態度）の内容の理解と，分かちがたく絡み合っているという点である。この点は，人の発言を理解する際に，その人の言葉をどこまで額面どおりに受け止めるべきか判断に迷う，という事例に即して考えるのが分かりやすいかもしれない。たとえば，自分に対して悪事を働いた人物について「あいつはいい奴だ」と言う人がいた場合，発言の趣旨を額面どおりに解したうえで，発言者をお人好しと考えるべきなのか，それとも，発言者は冷徹な現実認識をもっていると考えたうえで，「いい奴」はいまの文脈では額面どおりの意味ではない（むしろその反対の意味だ）とみなすべきなのか。

デイヴィドソンは，クワインに想を得た根本的解釈の理論を展開する中で，この種の困惑が，他人の発言や態度の内容理解がつねに孕んでいる基本的なジレンマと関連していることを強調した。相手の発言の内容を適切に理解できるためには相手の抱いている考え（＝信念）が分かっていなければならないが，相手の抱いている考えを知るうえでもっとも有力な手がかりは，相手の話す言葉を聞くことである。つまり，相手の言葉の意味を知るには相手の考えを知る必要があるが，相手の考えを知るには相手の言葉の意味を知らねばならない。デイヴィドソンによれば，発言内容の理解と相手の信念内容の理解がこのように相互依存的に成立するメカニズムを循環に陥ることなく明らかにすることが，発言や態度の理論が満たすべき基本的な制約条件である（デイヴィドソン 1991）。

30 意味と使用——言葉の理解は知的な能力であると同時に身体的な技能の問題でもある

◆ 意味の使用説

　後期ウィトゲンシュタインに由来する論点の1つに「意味の使用説」がある。言葉の意味を知っているとは，その言葉を正しく使用する能力をもっていることだというのがその骨子である（ウィトゲンシュタイン 2013）。

　使用説の背景には，言葉が意味をもつということを，もっぱら一定の対象との関係によって説明しようとする従来の考え方への批判があった。たしかに「人間」や「リンゴ」の場合，それによって指示される人間やリンゴの実例をあげることは，言葉の意味説明の重要な一部といえる。しかし，「おはよう」という言葉の意味説明はそれとは異なる形をとるだろうし，助詞・助動詞の類の場合にはさらに異なる形をとるだろう。言葉の意味についてより包括的な理解を得るには，言葉の使用法の多様性という事実をまずは直視する必要がある，というのが使用説の基本的なポイントである。

　使用説のもう1つの背景は，言葉の理解を我々の内面で起こる心の働きとみなし，その心の働きが言葉に意味を付与する，とする見解への批判である。この種の見解では，言語理解の核心は，言語使用そのものより，それと並行して起こる心の働きに求められ，言葉の使用は，内面で起こる意味把握（ならびにその都度の状況認識）からの副次的な帰結として位置づけられる。言葉の使用が正しいか否かは，この見解では，内面的な意味把握や状況認識の正否の問題に帰着する。使用説は，こうした《まず内面的な意味把握があり，それを踏まえて使用が行われる》という理解の構図を否定する。使用説からすれば，言葉が理解されているかどうかは，言葉が公共の場で現にどのような使われ方をしているかをみることで判定されるべきである。そして，言葉の使われ方を決めるのは，内面的な意識よりもむしろ，《一定の状況では一定の言葉を発する》という習慣——それは反省的な意識のレベルで起こる心の働きによって確立されるものではなく，公共の場で行われる訓練の所産とみなされる——である。訓練の結果として，我々の言語的な振る舞いが共同体規模で一致すること，——使用説ではそ

78　第4章　言　　語

こに，言葉の正しい使用ということの実質が求められる。

◆ 規則に従うこと

このように内面的な理解と対比する形で公共の場での使用を強調するとき，否応なく生じてくるのは，言語の規範性という観念をどう説明するかという問題である。我々は単に規則的な反応として言葉を発するだけでなく，それが正しい反応であるかどうかを論議することができる。そして，そのような論議が可能であるのは，我々が訓練の結果として身につけた規則的言動が，同時に一定の規範意識を伴う言動でもあるためだと考えられる。しかし，我々の規則的な言動が同時に規範意識を伴う言動だという点は，使用説ではどのように説明されるのか。この点を説明する際に，もしも，《我々は言語行動に際して一定の規則を内面的に把握しており，それと照合しながら行動している》と考えるのだとすれば，使用説は結局，言葉の理解を内面的な心の働きととらえる見解の一変種にすぎない。

この問題に関してウィトゲンシュタインが残した一連の発言をめぐる論議が，一般に「規則に従うこと」の問題と呼ばれる。ウィトゲンシュタインは，我々が現に自他の言語行動に関して「規則に適っている」「規則に適っていない」といった論評を下していることは事実として認めている。しかし，この種の言い回しが，「使用」の背後に内面的な「規則の把握」が控えていることを含意するとする見方には，彼は断固反対した。「規則に従う」とか，「規則に導かれる」といった言い方の実質は，あくまで，公共の場での慣習的な言語使用それ自体のもとにみてとられるべきものであり，決して，外面的な行動が内面的な規範意識に従属していることの表現ではない，というのが彼の一貫した立場である。

この対案の趣旨をより正確にどのような言葉で敷衍すべきかについては，見方が分かれる。言語使用に伴う規範性の意識という観念の内実を，《まず内面での規則の把握があって，それを踏まえて使用が行われる》という構図には拠らずに理解するにはどうしたらいいのかという問題は，単にウィトゲンシュタイン解釈という枠組みを越えて，言語理解の問題に関心をもつすべての人が一度は取り組まざるをえない重要な検討課題の1つである（クリプキ 1983）。

30 意味と使用　79

31 私的言語──プライベートな経験は公共的な言葉の理解とどのような関係をもつのか

◆ 経験の私秘性と言語の公共性

　社会生活の中でプライバシーが語られるときに問題とされているのは，侵害されてはならない私的な領域である。それは場合によって侵害されうる領域でもある。しかし，言語哲学で問題になるプライバシーは，むしろ侵害したくとも原理的に侵害しえない私的な領域にかかわっている。たとえば，私にはあなたが痛みを感じていることは分かるが，あなたが感じている痛みの質を私自身が味わうことはできない。あなたが赤い色を見ていることは分かっても，あなたが感じている色経験の質を私自身が味わうことはできない。経験の質は本質的にプライベート（私的）である。

　他方，言語は人々に共有された公共の道具である。我々がふだん使う言葉は人から学んだものであるし，自分の言葉遣いに不安があるときに頼りになるのは人が書いた辞書である。自分で新語を考案してみても，人々の了承が得られなければ使い物にならない。──これらのことはあらためて確認するまでもなく誰もが承知している。しかし，このように言語の公共性を認めていながら，では言葉の意味とは何かと問われると，多くの人は，それをつい自分の私的な経験の領域と結びつけがちである。それが具体的にどんな形で行われるかを，2つの典型的な場合に即してみておこう。

◆ 2つの問題局面

　(1) 多くの人は，言葉の意味を，各人が言葉と結びつけているある種の心的なイメージのことだと考えがちである（「赤」の意味は心に浮かぶ赤色のイメージだという具合に）。その古典的事例は，言葉の意味とは心の中の「観念」にほかならないとしたロックの見解である（ロック 1976）。また，言葉の意味を単純に心の中の観念と同一視するのではない場合でも，やはり多くの人は，言葉の理解を，各人の心の中で起こる内面的な出来事だと考えがちである。言葉を理解するとは，言葉をその意味に相当する何らかの対象──それが何であれ──と心の中で結びつけることなのだというふうに。このような考え方が取られる場合，意味理解の問題は，伝統的な他

80　第4章　言　　語

我認識の難問に巻き込まれる結果となる。この考え方では，ある言葉の理解が私の場合とあなたの場合で同じであることを確認するには，2人の心の中をのぞき込んで，同じ（あるいは類似した）心的イメージが抱かれているかどうか，あるいは「理解の作用」とでも呼ぶべき同じ種類の心的な過程が起こっているかどうかを調べなければならないことになるが，しかし，そのようなことはできそうもないからである。

　(2) 一般に各人の経験の報告とみなされる文，たとえば「(私は) 痛い」はどのように理解すべきか。もしもこの文に登場する「痛い」が発話者の内面にある出来事を指示し，しかもその出来事は本質的に私的だと考えるなら，本人以外の人は，「痛い」が指示している対象を本当の所は知らないことになる。また，人が発する「痛い」と私が発する「痛い」が同じ意味なのかどうか，確かめる術がないことになる。この局面でもまた，意味理解の問題は，伝統的な他我認識の難問に苦しめられることになる。

◆　「私的言語論」

　一般に「私的言語論」と呼ばれるのは，意味と私的な経験の関係を主題にした後期ウィトゲンシュタインの批判的議論である（ウィトゲンシュタイン 2013）。その中心部分と目されるのは，人が自分の私的経験を記録するために考案する個人専用の（他人には理解できない）言語についての考察である。その可能性に関する否定的論拠としてよく引用されるのは，私的言語では，言葉遣いの「正しさ」に関して第3者のチェックがきかず，「正しいと思う」ことがそのまま「正しい」ことになるため，結局，正しさとまちがいの区別が崩壊してしまうという論点（258節）である。また，一見私的な経験を記述している「痛い」のような発言は，じつは事実の記述ではなく，叫びや呻きのような痛みの振る舞いの代わりだ，という関連論点（244節）も興味を引く。さらに，私は痛みをもつことはできるが，自分が痛みをもっていることを知ってはいない（「知っている」と言っても意味をなさない）というやや謎めいた主張も出てくる（246節）。これらの論点の是非を考えることは，専門的なウィトゲンシュタイン解釈の仕事であると同時に，言葉と心にかかわる哲学的問題への興味深い入り口でもある。

> **32 意味と含み**——発話された言葉の意味と，発話者が伝えようとして
> いることがらとの間のつながりと隔たりをどう考えるか

◆ 意味すること

「意味する」という言い方は，言葉その他の記号を主語として語られることもあれば，それらの言葉や記号を用いる人を主語として用いられることもある。前者を「言葉の意味」，後者を「発話者の意味」と呼ぶなら，本項の表題に掲げた「意味」は後者に当たる。

発話者の意味についての古典的な分析として知られるのは，グライスの理論である（グライス 1998）。それは，ある人が発話によって何かを意味するということの本質的な特徴を，発話者が「反射的意図」と呼ばれる複合的な意図をもつ点に求めるものである。たとえば，「火事だ」と言うことで火災の発生を知らせる人は，周囲の人々に火災の発生を知らせようという意図（これを「伝達意図」と呼ぼう）に基づいてこの文を発話しているだけでなく，その発話を通じて，自分が一定の伝達意図をもっているという事実に人々の注意を引き寄せることをも意図しており，さらにはまた，人々が発話者の伝達意図を知り，それを踏まえて火災が発生しているという情報を手に入れることをも意図している。発話者が何かを意味する際には，①相手に何かを知らせようという伝達意図，②自分がそのような伝達意図をもっていることを相手に知らせようという意図，さらに③相手に自分の伝達意図を知らせることで当の伝達意図を実現しようという意図の3つが交錯している。別の言い方をすれば，発話者の意味にとって本質的なのは，単に伝達意図があることではなく，その伝達意図が，《当の伝達意図が相手に知られることではじめて成就するような伝達意図》というような反射的な自己言及性をもっている点だ，というのがグライスの論点である。

グライスは発話者の意味に関する以上の分析に加えて，「言葉の意味」という概念が「発話者の意味」という概念へと還元可能だという見通しを述べている。それは意味論的な概念を心理的な概念へと還元し，さらには後者を物理的な概念へと還元しようという研究プログラムを示唆するもの

82　第4章 言　語

として，心の哲学にもまたがる多くの論議を呼んできた。

◆ 会話の含み

　発話者の意味と言葉の意味の関係をどう考えるにしろ，両者の間にしばしば不一致が生じることは明らかである。一例をあげれば，皮肉を言う人が意味することがらは，発話された言葉が意味することがらとは通常は正反対の内容をもつ。しかし，それでは発話された言葉の意味とは一致しない発話者の意味内容が特定される際の仕組みはどうなっているのか。この問題との関連でグライスがもちだすもう1つの理論が，「会話の含み」の理論である。

　この理論の骨格をなすのは次の2つの論点である。①日常の会話は見かけほど無秩序ではなく，一定の規範に従う合理的な活動である。②会話の含みは，会話の規範が意図的に侵害されることから生じる。

　①に掲げた「規範」の内実としてグライスがあげるのは，《その都度の会話の目的や方向性に適った発言を行うべし》という趣旨の「協調の原理」であり，またその細則に当たる一連の「会話の格率」である（「求められている情報を与えよ」「必要以上の情報を与えてはならない」「偽と思われることを言ってはならない」「多義的な言い方をしてはならない」等々）。

　これらの規範はつねに遵守されるわけではない。それは無自覚のうちに侵害されることもあれば，意図的に侵害されることもある。しかし，これらの規範が意図的に侵害される事例は，受け手に興味深い解釈上の課題を提起する。話し手は一連の規範に適った発言を行うこともできるはずなのに，なぜあえて逸脱的な言葉遣いをしたのか。その真意は何か。グライスがあげている例でいえば，哲学の教官職に応募する担当学生の推薦状を書く大学教員が，推薦状に「X君は日本語に堪能であり，個別指導にはいつも出席しております。草々」とだけ書き記すとすれば，それを受け取る側は，なぜ指導教官がX君の哲学的な能力に言及しないのか，不審に思って当然である。これは明らかに，求められている情報量に関する格率を侵害している。なぜそのような侵害をあえて行ったのか。この種の問いへの答えとして特定されるのが，「会話の含み」である。上の例の場合なら，X君が哲学的には無能だというのが，会話の含みに当たることになる。

32　意味と含み　　83

33 言語行為論——発言がさまざまに類別され論評の対象になる際のメカニズムはどのようなものなのか

◆ 行為としての発言

言葉の意味を問題にするとき，我々はつい，言葉を起点として世界内の事物やその性質を終点とするような意味作用ばかりに目を向けがちである。たとえば固有名は一定の個体を指示し，普通名詞や動詞や形容詞はある一般的な性質を指示するというふうに。しかし，それらの言葉を発することは，単に一定の個体や性質を指示することにとどまらず，同時に一定の社会的な行為を遂行することでもある。「窓を閉めろ」と言うことは，特定の窓やそれを閉める動作を指示することであると同時に，「依頼」や「命令」として類別される行為を遂行することでもある。言葉を発することがつねにこうした行為遂行の側面をもつことを視野に入れたうえで，言語の理論を人間の行為全般に関する理論の一環として位置づけること，それが言語行為論の出発点となる基本構想である（オースティン 1978）。

◆ 記述主義の誤謬

言語行為論の創始者であるオースティンが最初に行ったのは，「事実確認的発言」と「行為遂行的発言」の区別である。この区別の趣旨は，言葉を発する行為が《真か偽か》という評価にふさわしいかどうかの違いにある。大まかにいえば，「言明」や「主張」等と呼ばれる発言については真偽が問題となるが，「命令」「依頼」「約束」「契約」「命名」等々と類別される発言は真偽の評価を受けつけず，多様な観点から適切性・不適切性が問題になるだけである。オースティンは『言語と行為』（1962 年）の冒頭で，従来の言語論において事実確認的な発言ばかりが考察の的となり，行為遂行的発言の検討がないがしろにされてきた事情を，「記述主義の誤謬」と呼んで糾弾している。そして，行為遂行的な発言が適切に遂行されるための条件を明確化する仕事が，言語行為論の最初の課題となった。

しかし検討が進むにつれ，事実確認的な発言に関しても，単に真偽だけでなく，他の行為遂行的発言と同様に多様な意味での適否が問題となりうること，また行為遂行的な発言にしても，真偽の問題とまったく無縁では

ないことが明らかになる。それに伴い当初の二分法はしだいに重要性を失い，最終的にオースティンは，言明や主張の行為も約束や命令とともに行為遂行の一種とみなし，「発語内行為」という名称で一括するに至った。彼の最終見解では，言葉を発する行為は，分析の視点に応じて，①音声を発することで一定の語彙を発し，それによってある対象について何かを述べる行為（発語行為），②主張・約束等を行う行為（発語内行為），③主張や約束等を通じて相手にさまざまな結果をもたらす行為（発語媒介行為），という重層的な分析の対象となる。

◆ サールの理論

　オースティンは，ある発言が結婚の誓いや命名や契約などの発語内行為になるための条件として，一定の社会慣習の必要性を強調した。しかし，はたしてすべての発語内行為に関して，結婚や命名や契約の場合と類比的な「慣習」の存在を想定できるのかどうか。たとえば "Don't go." という発言が懇願，依頼，命令のどれに当たるかという問題は，「慣習」的な規則を杓子定規に当てはめるだけでは解決できず，むしろ複雑な状況証拠から発話者の「意図」を推測する形で解決されるのがふつうではないのか。

　こうした疑問に対してオースティンを擁護し，言語行為論をさらに進展させたのが，サールの理論である（サール 1986）。彼は発語内行為の理解が発話者の意図の理解と不可分であることを指摘する一方で，発話者の意図を確認して発語内行為をそれとして認定する際の手続きが，公共的に共有された一連の慣習的規則に準拠している点を強調する。たとえば，何かを依頼する意図をもって依頼の行為を行うには，相手が依頼内容を実行しうること，相手がそれを実行するかどうかは相手しだいであること，等の条件が不可欠である。それらは依頼という概念を構成する基本規則の一部である。サールはこの種の規則の性格を，ゲームの規則と類比しつつ「構成的規則」と呼ぶ。それは決して，礼儀作法の規則のような，規則に先立ってすでに存在している種類の行動を規制する「規制的規則」ではなく，むしろ新しい形の行動を創出する点を特色としている（野球の試合が，野球の規則があってはじめて存在できるように）。そして，その内訳を具体的に明らかにすることがサールの場合の言語行為論の主要課題である。

33 言語行為論

34 メタファー——言葉にその額面どおりの意味とは異なる意味を担わせること

◆ 言葉の転用とその種類

「メタファー」は広義には言葉の「転用」を意味し，アリストテレスの定義では，「あるものごとに対して，本来は別のものごとを名指す語を適用すること」（アリストテレス 1972）とされる。これは言葉をその基本的な字義から逸脱した形で用いること全般を包括する一般的な規定である。

狭義の「メタファー」は言葉の字義的でない使用の 1 つの種類を指し，「隠喩（暗喩）」と訳される。これは「直喩（明喩）」との対比を意識した訳語である。アリストテレスが『弁論術』であげている例でいえば，「アキレウスは獅子のごとく突き進んだ」というのが直喩であり，「獅子が突き進んだ」というのが隠喩である。アリストテレスは 2 つの言い方の違いは「わずか」だと述べ，直喩は隠喩の一種だと述べているが，両者の間には次の点で大きな違いが残る。つまり，隠喩を含む発言は文字どおりの意味に解するならば明らかに偽であるのに対して，直喩を含む発言は文字どおりの意味で真でありうる。

隠喩はまた，換喩や提喩といったさらに別種の比喩表現とも対比される。図式的にいえば，ある物をその隣接物の名で呼ぶのが換喩（たとえばレンブラントの作品を「レンブラント」と呼ぶ），ある物をその一部分の名で呼ぶのが提喩（たとえば文筆活動全般を「ペン」と呼ぶ），ある物をそれと類似した別のものの名で呼ぶのが隠喩である。比喩とは言葉の転用だという理解の枠内で，とくに類似性に基づく転用を隠喩と呼ぼうというのがこの分類の趣旨である。

◆ メタファーの問題

メタファーは意味変化のプロセスの一環として扱われることが多いが，それは意味変化の問題ばかりでなく，一連の哲学的問題とも関連する。

第 1 は，世界は言葉を文字どおりの意味に用いた表現だけで記述し尽くせるのかという問題である。メタファーは，それなしにも記述すべきすべての事実を記述できる原理的には無用の装飾品なのか，それとも事実を適

86　第 4 章　言　語

切にとらえるうえで不可欠の手段なのか。この問いを活気づけてきた論点として，文彩とは無縁と考えられがちな自然科学研究の中でじつは多くのメタファーが重要な役割を演じていることの指摘，また日常生活の中で用いられる言い回しの多くがじつは無自覚のうちに使われたメタファーにほかならないことの指摘などがある（ジョンソン 1991）。

　第2は，メタファーが伝える意味とは何かという問題である。メタファーは文字どおりに理解すれば明白な虚偽だが，適切なメタファー（「人生は旅だ」）は，単なる虚偽ではなく，やはり一定の真理をとらえていると思われる。だが，人生を「旅」と呼ぶことが文字どおりには虚偽だがメタファーとしては真だと言うとき，それぞれの場合に「旅」の意味はどのように変わるのか，あるいは変わらないのか。少なくともはっきりしているのは，この場合の2つの意味の関係が，"bank" が土手/銀行という互いに無関係な2つの意味をもつような単純な多義性とは異なることである。メタファー的な意味は，文字どおりの意味とは異なるが，それを突き止めるには文字どおりの意味の理解が不可欠であり，つまりは文字どおりの意味を内包している。正確な所，この2種類の意味の関係はどうなっているのか。この点についてはグライスやサールらにより多様な説明が試みられてきたが，議論を活気づけるうえで大きな役割を演じたのは，メタファー的な意味の存在を否定したデイヴィドソンの議論である（デイヴィドソン 1991）。

　第3の問題はとくに狭義のメタファー（隠喩）とかかわるものである。隠喩はよく対象の側の類似性に基づく比喩とされるが，単に類似性を述べるだけなら，わざわざ隠喩を使わなくとも，率直に「類似している」と述べればすむはずである。なぜ，たとえば「人生は旅に似ている」と言わずに「人生は旅だ」と言うのか。隠喩を原理的にはなくてもよい装飾品ととらえる考え方からすれば，この種の語法は単に修辞的な効果を狙った省略語法であり，隠喩は直喩の省略形とみなされる。他方，隠喩が他に代え難い独自の認知機能をもつことを主張する立場では，隠喩は異なるカテゴリーの間に新しい相関関係を樹立するものであり，その結果として生じる類似関係を事後的に述べたものが直喩だということになる（ブラックほか1986）。

第5章

行　為

▶人間は少なくとも朝起きてから夜寝るまでずっと行為をしているわけだから，「行為」が哲学の中心的トピックにならないはずがない。実際，人間の行為は古くから議論の対象となってきた。現代の哲学的行為論は，専門化と精緻化（「スコラ化」という人もいる）が進み，非専門家にはとっつきにくく感じられるかもしれない。しかし現代哲学の一分野として，行為論は，心の哲学や形而上学，倫理学など他の重要な哲学的分野とつながっているだけでなく，言語学，論理学，AI研究，意思決定論といった関連諸領域とも，広く，基本的な問題を共有している。本章では，哲学的行為論の独特のいわばコアの部分のいくつかを紹介することにしたい。

35 因果説/反因果説——意志や理由のありかとあり方をめぐって

　行為の因果説と行為の反因果説の対立があるといわれる。行為の理由の存在論的身分に関して，非常に異なる考え方があることは確かである。

　行為の因果説の基本的な主張はシンプルであり，行為の理由が行為の原因だというものである。行為の因果説によれば，「彼が倒れたのは彼女の気を惹きたかったからだ」といった説明は，「彼が倒れたのは横風を受けたからだ」と同様，真正の因果的説明であることになる。理由や動機，意志といった日常的な言葉でとらえられる心的出来事が行為を突き動かす原因であるという考え方には，自然なところがある。行為の反因果説はその常識的な考え方に対する哲学的挑戦の総称である。

◆ 意志や意図，あるいは理由の存在論的身分をめぐって

　古いタイプの因果説（古典的意志理論など）は，決意の意識や，意志する体験や現象といったものを行為の原因と同一視する傾向にあった。そのため，明白な事実に基づく反論にさらされていた。我々は理由をつねに意識して行為するわけではないからだ。習慣化された行為についてはとりわけそうであろう。これが古典的な反因果説の反論である。

　古典的な因果説の誤りはしかし，理由と理由の意識との混同にあるのであり，因果説の基本的主張にあるのではない。したがって，行為に先行する特定のタイプの意識状態が存在しないことを指摘する反論者は，それが反論になると考える点で，古典的な因果説論者と混同を共有している。より洗練された因果説の支持者は次のように述べるだろう。我々が心的語彙（「〜したい」「〜と思う」）を使って出来事を記述する仕方は多様である。行為の理由はむしろ，行為への欲求や信念の状態（または状態変化）とみなすべきである。それらの状態や状態変化は，成立や生起の時点で意識されなくても，日常的な心的語彙を用いて事後的に記述可能なものである。

　因果説によれば，理由による行為の説明は心的語彙を用いた行為の原因の再記述である。心的語彙の使用は説明に内包性や非法則性をもたらす。だがそのことは，理由と行為の間の個別的因果関係の存在を否定しない。

90　第5章　行　為

この論点はデイヴィドソンの1963年の論文「行為・理由・原因」において強力に擁護された（デイヴィドソン 1990b）。

　行為の因果説（といくつかの前提）からは，心身問題に関する興味深い見解が引き出される。手を動かす行為は手の動きを少なくとも重要な部分として含むと通常考えられよう。よって手を動かす理由は，因果説に従えば，その手の動きの原因である。しかし他方，手の動きは筋肉や神経や脳における生理学的原因によって引き起こされているとも経験上考えられる。手の動きが2つの独立した原因によって多重に決定されているという概念上の居心地の悪さを避けるため，ここから，手を動かすその理由が手の動きの生理学的原因の特定のどれかと同一であると結論することは，自然である。個別的な心的出来事と物的出来事のそのような同一性と，心的語彙を含む説明の本質的な非法則性とを同時に主張する立場は，非法則的一元論の名で知られている（⇨ *42*）。

　初期の反因果説の背景には，理由を純粋な言語的構成物とみなす気分があった。その後の議論の展開は，そうした種類の反因果説の主張が，それ自身，行為の理論としても十分でないことを明らかにした。たとえば逸脱的因果連鎖と呼ばれるケース（手を離そうという自分の決意に動揺して手がすべるようなケース）を行為から区別するものは，問題の動作がどう語られるかではなく，動作へと至る因果的経路がどうだったかなのである。

◆ **新しい反因果説としての消去主義とエピフェノメナリズム**

　因果説への真の脅威は，日常言語の擁護者からではなくむしろその破壊者によってもたらされる。民間心理学に関する消去主義が，今日脳科学をはじめとする自然科学の知見の哲学的帰結として主張されている（⇨ *48*）。それによれば「理由」の名が指示する適切な出来事のクラスは存在しない（チャーチランド 2004）。また形而上学の議論として，出来事の性質が因果的効力を担うのだとすれば，非法則的一元論は心的性質に因果的効力を与えそこない，心的述語を本質的に含む行為の説明は説明力をもちえないことになるという指摘がある（Kim 1989）。消去主義や随伴現象説は新しいタイプの反因果説になりうるだろう。それらが正しいなら，行為の因果説の基本的な要素を無化しかねないからである。

35　因果説/反因果説　　91

36 行為者因果説——我々がみな不動の第一動者であるというのは，奇妙であるどころか，行為の本性をとらえた考え方かもしれない

◆ 行為の自由

行為者因果説は異端的な学説である。それは前項で述べた因果説と反因果説のどちらにも本質的には属さない。しかし異端的といわれるのはこの学説の支持者には心外であろう。というのも，行為の自由に関する直観をある意味でもっとも重視するのが，行為者因果説だからである。

常識的な自由の概念は，決定論と折り合いが悪いが，同じくらい非決定論とも折り合わない。テイラーの比喩を借りれば，前者は我々をただの操り人形にし，後者はでたらめに動く機械人形にする（テイラー 1968）。責任について考えてほしい。行為がもし行為より前の，行為とは別の出来事によって決定されるのならば，行為者に責任を帰属させることがはたしてできるだろうか。あるいは，行為が何ものによっても決定されていないのであれば，我々は行為者に責任を帰属させられるだろうか。

◆ 行為者・世界・因果性

以上のジレンマに対し行為者因果説はドラスティックな解決策を与える。それによれば，行為は行為者が引き起こすのである。行為者因果説は「原因は私です」といった日常的な言い回しを額面どおりにとらえる。行為は，何らかの出来事によって決定論的に引き起こされるわけではなく，かといって，何ものにも引き起こされないわけでもなく，行為者によっていわば自己決定的に引き起こされるのである。

2種類の因果概念があることになる。出来事が出来事を引き起こす出来事因果性と，行為者が出来事（あるいは事態）を引き起こす行為者因果性である。行為者をして出来事を引き起こさしめる何かがあるわけではない。行為者因果説の現代における初期の唱導者であるチザムによれば，あらゆる行為者は「不動の第一動者」なのである（Chisholm 1964）。

「行為者因果性という余計な概念を持ち込んでいる」と述べる批判者に対し，行為者因果説は発想の転換を迫る。行為者因果説によれば，行為者因果性こそが我々にとって明確な因果概念なのであり，出来事因果性はむ

92　第5章　行　為

しろ二次的な概念なのである。「操作可能性」や「因果的な力」といった基本的な概念が行為者因果性によってより直観的にとらえやすくなるように思われる点が，そうした主張を補強するかもしれない。

「手を動かすにしてもその手の動きは何らかの脳の出来事に引き起こされているはずだ」という指摘も行為者因果説には脅威でない。というのも，手の動きの原因となるその脳の出来事もまた，行為者が引き起こした出来事だからである。じっさい我々はそうしたタイプの出来事を簡単に意図して「引き起こす」ことができる。ただ手を動かせばよいのである。引き起こされるべき脳の出来事が，手を動かそうという決意の意識に時間的に先行するとしても，行為者因果説の支持者は動じない。決意の意識という出来事と，原因としての行為者とを区別する必要がある。後者は出来事因果性が形成する時間的前後関係から本質的に自由である。この点で行為者は，時間化された世界に対し微妙な場所に位置することになる。

◆ 理由の問題

行為者因果説にとっての厄介の種はむしろ日常的な概念の中にある。すなわち，行為の理由や動機といったものは行為者因果説においてどう扱われるのだろうか。それらは，少なくとも常識的には，行為や行為者の選択を左右すると考えられる。密接に関連する問題として，行為者因果説の超時間的な行為者概念は時間的な行為の生起を説明できないのではないかという指摘がある。行為者がある行為をなぜそのときに引き起こしたかを説明するには，時間的に成立する理由や動機が行為者をそのときその行為へと駆り立てたとせざるをえない，というわけである。

この問題に対する行為者因果説の側からのひとつの答えは，理由から行為へと至る因果性を部分的に認めるというものである。つまり，理由は，行為者とともに，それ自体は非決定論的に，行為を引き起こすというのである（Clarke 1996）。他方，行為者の役割を行為の産出への「加勢」にとどめるそのようなアプローチを，妥協的で難点を含むものだと考える論者は，理由が行為を非因果的に説明する仕方を，行為者因果説の枠組みの中で探っていくことになる（O'Connor 2000）。

36 行為者因果説　93

37 行為の同一性と個別化——行為とは，正確には，どのような存在者なのか

◆ 行為とはどのような存在者か

存在論に関して，行為はかなり初歩的なところで問題を孕んでいる。正確に何を行為とみなすべきかについて少しもはっきりしていない，という問題である。たしかに我々は，たとえば正確に何を車とみなすべきかについてもそれほどはっきりと分かっているわけではない（カーステレオや車検ステッカーは車の一部だろうか）。だが行為という存在は，もっと基本的な部分ではっきりしないように思われる。

行為を出来事の一種ととらえることは出発点として自然であるかもしれない。行為は，他の種類の出来事と同様，いつどこで起こったか（なされたか）を問題にすることができ，また，因果連鎖の一部を構成しうると考えられるからである。しかし行為が出来事であるとして，いったいそれはどのような出来事なのだろうか。のろしを上げるという行為を考えてみよう。たとえばその行為とのろしが上がったという出来事との関係はどのようなものだろうか。後者は前者の一部だろうか。またのろしを上げる行為は，ある枯草の塊に火をつけるという行為やそのときの手の動きとはどのような関係にあるのだろうか。そもそもそれらは異なる出来事なのだろうか。さらに，のろしを上げることで攻撃開始の合図をしたかったのだとして，その合図の行為はここでどう関係しているのだろうか。合図しようという意図や決意はどうかかわっているのだろうか。さまざまな行為と出来事の間の時間的関係を形式的に表現したいと思ったとしよう。そのときに行為が，関連する結果や意図を出来事として含むのかどうかすら決まっていないとしたら，それはかなり頭の痛い状況である。1つの行為は，正確にいつ始まり，いつ終わるのだろうか。

◆ 行為の存在論の4類型

問題は，行為をどのように個別化し，どのような同一性の規準を与えるかである。我々はそれについて態度を決めなければならない。そしてそれに関しては複数の選択肢があることが知られている。

94　第5章　行　為

図1 矢印は因果関係を表し，また「M」は理由や意図などの心的出来事，「B」は行為者の身体運動や身体変化，そして「E」はその結果の出来事を表す。行為であるような出来事は太線の矩形，それ以外の出来事は細線の矩形で表される。

今日代表的な選択肢は図1のように分類される。

I型）行為を行為者の身体運動に時空的に限定するというのは明快な考え方である。そのように考えると行為の生起の場所と時間をシンプルかつ明確に特定することができる（デイヴィドソン 1990c）。だがこの立場は反直観的な帰結をもつ。この立場に従えば，たとえば銃殺という行為は引き金を引く指を曲げ終えたそのときに終了していることになるだろう（被害者の死亡が数時間後であっても）。

II型）それに対し，II型として図示した立場は，結果が起こるまで行為は終わらないという直観を重視する。殺害とは単に指を曲げる以上のことだというわけである（Thomson 1971）。しかしこの直観はどれだけ首尾一貫させられるだろうか。たとえばII型の立場は，そのままでは，行為者が死んでも行為が終了しないケースを許容すると思われる。直観をめぐるこうした事情は，行為の進行に関して体系的な常識が存在しないことを示している。

III型）内部説と呼ばれるIII型の立場は，行為を，身体運動の原因である何らかの心的出来事（意志することや試みること）と同一視する立場である。それによると行為は，皮膚の内側で生じ，身体運動開始時には終了していることが可能であるような出来事である。この一見奇抜な学説は，最初，行為全体の制御可能性という「直観」に基づいて唱えられた（Prichard 1949）。内部説に対して今日与えられるよりもっともな論拠は，身体運動の原因の生起を意図するような特殊なタイプの行為（前節で触れたような，手を動かすことを端的に意図することによって特定のタイプの脳内出来事を意図的に「引き起こす」といった行為）の説明において，時間に逆行する因果関

37 行為の同一性と個別化   95

係を認めるのを避けるため，というものである（Hornsby 1980）。この立場の難点は強い反直観性である。内部説に従えば，我々は通常の意味で行為を「見る」ことも行為に「失敗する」こともできなくなる。

Ⅳ型）内部説の問題解決能力を保存しつつ反直観的側面を取り除いたものが，Ⅳ型の立場である（Lewis 1986）。この立場はⅠ型の考え方と長所と短所を共有する。また，行為のどの部分についても観察によらないモニタリングが可能だとするのは自然な想定だと思われるが，しかしこのⅣ型の立場の行為の概念はその想定に合わない。たとえば筋肉細胞内の Ca^{2+} 濃度の変化を観察によらず知ることができるだろうか。同様の欠点は（身体運動の結果に関して）Ⅱ型の存在論にも存在する。

因果説と反因果説のどちらをとるかは，上に列挙した立場の選択から独立である（ただしⅣ型と反因果説の組み合わせは奇妙に思われるが）。もちろん反因果説では図の左の因果関係は認められない。よってたとえばⅡ型の反因果説バージョンは図2のように描かれることになろう。

なお，そもそも行為を出来事と考えないこともできる。行為者因果説はそれを可能にする。図3の考えでは，行為とは，世界の中の出来事ではなく，行為者が世界に出来事を引き起こすことである（フォン・ウリクト 1984）（⇨ *36*）。また，まったく別の仕方で行為を物的世界の出来事とみなさない道が，反因果説的な内部説のもとで開かれている。

◆ 単一説と多数説

以上に示した分類とは別に，いわゆる「単一説」と「多数説」の対立がある。単一説では次のように考える。マッチを擦ることによって枯草に火をつけ，それによってのろしを上げ，それによって攻撃開始の合図をしたとき，我々は4つの行為をしたわけではない。1つの行為が4通りの仕方で記述されているのである（アンスコム 1984）。多数説は単一説の否定である。たとえばマッチを擦ることとのろしを上げることを，何らかの理由で異なる行為とみなすならば，多数説の立場に立つことになる。

同一の時空間での生起を，行為の同一性の十分条件と考えるならば，Ⅰ型の行為論からは単一説が帰結する。またもしそれを行為の同一性の必要条件と考えるならば，Ⅱ型の行為論からは多数説が帰結する。

96　　第5章　行　為

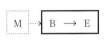

図2 破線は，事後的に（しかしそこに在ったものとして）構成される事実であるということを表す。

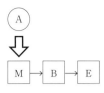

図3 「A」の円は行為者を，下向きの矢印は行為者因果の関係を表す。

　非常に極端な多数説が，出来事を主体，性質，時間という3つの構成要素からなる複合体（たとえばそれらの順序組）として一般に分析する立場（性質例化説と呼ばれる）からも導き出される。この立場において行為の同一性は，3つのすべての構成要素の一致として説明されることになる（キム 2006a）。ただし，この性質例化説とⅡ型の行為論との整合性はそれほど自明ではない（Lombard 1974）。

　極端な多数説と同一説の間に，より穏健な多数説が存在する。たとえば同一の時空間での生起が行為の同一性の必要十分条件であるとするならば，Ⅱ型の行為論からは，問題の状況でのろしを上げることと合図をすることを同一の行為とみなす多数説が帰結する（Davis 1970）。また，Ⅱ型の行為論のもとで，意図した結果を含む出来事のみを行為とみなす立場も可能だろう（野矢 1999）。この場合も行為の数は比較的少なくなる。

◆ 選択可能な概念的ツールとしての行為理論

　さまざまな考え方とそれらの組み合わせを目の前にして，当惑を感じるかもしれない。だがさしあたり重要なのは，どの考え方の組み合わせのもとでどれだけ整合的かつ自然に多くのことを語れるかである。今日の行為論ではその点についてかなり研究が進んでおり，その意味では冒頭の存在論的問題にも全体としてすでに「解答」が与えられているといってよい。

38 観察によらない知識——我々は自分に関するいくつかのことを独特の仕方で知る

　鏡に向かい修正ペンを顔に当てている女がいる。「何してるの」と聞かれた女は，自分の動作をしばらく観察したのちに「どうやら私は自分の顔のホクロをすべて白く塗っているみたい」と答えた。この女はおかしい。ホクロを白く塗るという行為よりもおかしいのは，彼女の答え方である。自分の行為についてそのような答え方をすることがおかしいのだ。

　自分自身に関することがらのうちのあるものは外的な観察を経ることなく知られる。自分が何をしているか，なぜそれをしているかに関する知識は，自分の肢体の位置に関する知識などとともに，典型的にそうしたタイプの知識である。他方，自分の血液型や髪の毛の数，誰と誰から嫌われているかといったことがらをそのような直接的な仕方で知ることはない。この直接性は不可謬性や私秘性と区別すべきである。自分の脚がベッドからはみ出ていると観察を経ずに思ったとしても，それは誤りでありうる。脚は知らない間に手術で切断されてしまっているかもしれないからである。また私の脚がベッドからはみ出ていることは，もちろん他人に知られうる。

◆ 意図的であることと行為であることの実践的規準

　アンスコムは，以上のような観察によらない知識（直接的な知識）の有無を手がかりにして，意図性に関する実践的な規準が構成可能であることを示した。その規準は次のようなものである（アンスコム 1984）。

　　[A₁] 主体 s のある動作が「φ すること」という記述のもとで s にとって意図的であるのは，「なぜあなたは φ するのか」という s への問いが，s によって拒否されないときであり，そのときに限る。
　　[A₂]「なぜ」の問いが拒否されるのは，s の答えが，「φ しているとは知らなかった」という場合，「φ していると観察して分かった」という場合，そして，原因を推測する形にならざるをえない場合である。

　「なぜ僕のケーキを食べる」と問われて「君のだとは知らなかった」と答えたとき，問いは拒否されている。また「なんでそんなででかいのを買っ

たの」に対し「届いた原物を見て分かったんだ」と答えたとき，そして「なぜ瞼をピクピクさせてるの」に対し「カルシウム不足だろう」と答えたとき，問いはやはり拒否されている。しかし「ただ何となく」という答え方は，ここでいう拒否ではない。拒否のケースがもし［A₂］の3種類に事実上尽くされるなら，［A₂］は必要十分条件の形にできるだろう。

アンスコムの規準は特定の仕方の行為の個別化を前提としている。たとえばいまの例でケーキを口に入れて咀嚼するという一連の動作（身体運動）は，「他人のケーキを食べること」という記述のもとでは意図的でないが，「ケーキを食べること」という記述のもとでは意図的であるだろう（冒頭の人物ならそれも怪しいが）。デイヴィドソンはこの論点に基づいて行為性に関する規準を明示化した（デイヴィドソン 1990c）。すなわち，

> ［D］sのある動作が行為であるのは，少なくとも1つの記述のもとで，sがその動作を意図的におこなったときであり，そのときに限る。

他人のケーキを食べてしまうことは，その記述のもとで意図的でなくても1つの行為であるだろう。瞼の痙攣は，いかなる記述のもとでも意図的でなく，それゆえ行為ではない。［A₁］，［A₂］，［D］を組み合わせることで，ある出来事が行為であるかどうかを判別するための，日常的実践に基づいた規準が得られる。もちろん別の仕方で行為を個別化するのであれば，［A₁］と［D］に多かれ少なかれ手を加えなければならない。

◆ 行為の生理学的規準は以上の実践的規準とどうかかわるのだろうか

ところで，人間の行為の外延が特定のタイプの生理学的出来事の存在によって決まると主張されることがあるかもしれない。だがその外延は上の実践的な規準が選び出すものとほぼ一致するであろう。人間が進化の過程で獲得した何らかの機構が，「なぜ」の問いに答える能力の背景にあると予想される限り，それは驚くべきことではない。哲学的な問題はむしろ，人間の行為がそもそもそのような意味で自然種(ナチュラルカインド)なのかどうかである。行為についての科学的な規準と常識的な規準が系統的にずれた判定を下すとき，我々はどちらを優先させればよいのだろうか。

38 観察によらない知識　99

39 意志の弱さ──すべきでないと思いながらしてしまうのはどうしたことか

◆ 自制の欠如と勇気の無さ

人はしばしば，すべきでないと思いつつあることをし，すべきであると思いつつそれをしない。前者のような自制の欠如と後者のような勇気の無さは，「意志の弱さ（weakness of will）」と呼ばれ，注目されてきた。

もし話が，何が善であるかをつねに意識せよとか，感情や欲望に流されないよう心がけよといった教訓で終わるなら，意志の弱さの問題はずっと簡単であっただろう。だが意志の弱さは，そうした教訓と切り離して論じうることが分かっている。我々はときに，すべきでないと思うことを意識された内なる善の声に従って，しかも冷静におこなってしまうのである。

意志の弱さは，道徳的弱さというよりもっと一般的に，人間の非合理性を示唆する現象の一種である。同じく非合理性の徴候とされる自己欺瞞が，主体の諸信念の間の衝突を含むようにみえるのに対し，意志の弱さは，主体の判断と行為（または意図）の衝突を含むようにみえる。意志の弱さの非常に一般的な定義は次のようなものになる。

> ［WW］可能な選択肢と思われる A と B について，すべての点を考慮して A ではなく B のほうを選択すべきだと判断したにもかかわらず，意図的に A を選択してしまうこと。

ここで「選択」とは行為とみなされる実行や差し控えを意味している。その語を使うのは自制の欠如と勇気の無さの両方を覆うためである。「意図的に」は，選択すべきだと思わないことを，誤って，あるいは不可抗力から，選択するケースを排除するための語句である。醬油でなくソースをかけるべきだと思ったにもかかわらず取り違えから醬油をかけてしまったケースや，とどまるべきでないと思ったにもかかわらず羽交い締めにされて動けなかったケースなどは，意志の弱さを示すケースではない。

◆ 意志の弱さはいかに（不）可能か

意志の弱さの問題はまず，［WW］で規定される現象が額面どおり可能

100　第5章 行　為

なのか，可能だとすればどのような仕方で可能なのかをめぐって生じる。

　［WW］に厳密に従う選択が不可能だとする答え方は古くからある（プラトンの『プロタゴラス』〔紀元前 380 前頃〕におけるソクラテスの答え方の中にその原型をみてとれるだろう）。ほんとうに B のほうをよいと判断したならば，B の選択を意図せざるをえないというわけである。この考えによれば，人は，「すべきでない」と言いつつあることをおこなう場合も，ほんとうはそれをすべきでないと思っていないことになる。その行為者はおそらく自分がどう判断したかに関して誤っているか，偽っているのである。もし，意志の弱さを示すかにみえるすべてのケースがこのタイプのものだとして無理を感じないならば，こう答えるのも悪くないだろう。

　判断から行為（意図）への結びつきを比較的弱いものとみなすのも，ひとつの可能な答え方である。ただちに血液サンプルを入手すべきであると判断されるにもかかわらず，自分の指先を針で突くことに踏みきれない人を想像するのはたやすい。判断から行為に至る間に，判断と対立する感情や欲求の介入を認めるこうした考え方も，伝統的なものである。

　だが，一般に，あることを意図的に為したならばそうすべきだと判断しそれを欲していたはずだということを認め，かつ，意志の弱さの存在も否定しない説明が存在する。デイヴィドソンは，意志の弱さを，単一の原理のもとに還元されない複数の理由づけの間での葛藤において生じる現象としてとらえる（デイヴィドソン 1990a）。対立するのは複数の判断である。デイヴィドソンは，無条件的な判断と，条件的な一応の判断とを区別する。彼の説明はこうである。ある人が意図的に A を選択したならば，それにはたしかに理由がある。つまりその選択（行為）に対する行為者の欲求と判断があるはずである。そしてその判断は行為へと至るような無条件なものである。しかし，A をすべきだとするその無条件の判断は，いかなる条件的な判断とも（すべての点を考慮して B のほうがよいという条件的判断とさえ）論理的に衝突しない。したがって，B が A よりもよいと（条件的に）判断しつつ，意図的に A をおこなうことが可能なのである。そのとき，行為者が実際に A を選択した理由は，考えられる理由の全体に照らせば合理的でないことになる（デイヴィドソン 2007 も参照されたい）。

39 意志の弱さ　101

40 傾向性（ディスポジション）——結局何が「幽霊」だったのか

傾向性〈ディスポジション〉は一種の性質である。たとえば脆いということも傾向性のひとつである。ある花瓶が脆いということは，標準的にはまず（もちろん異論はありうるが），適切な条件のもとである程度の強さの衝撃を加えたならばその花瓶が割れるだろうということを意味すると考えられる。より一般的に述べるなら，傾向性とは，x がそれをもつという主張が「C が成立したならば M が x に起こるだろう」という条件文と分析的に等値になるような，x の性質である。C は特定のタイプの状況であり，トリガーとなる特定のタイプの出来事 T（たとえば衝撃が加わること）の生起を含んでいる。M は当の傾向性の顕在化とみなされるタイプの出来事（たとえば割れること）である。定式化の条件文の「ならば」は，反事実的なものと理解される。よって C が成立するかどうかと x が当の傾向性をもつかどうかは論理的に独立である。傾向性の顕在化の非現実性を傾向性そのものの非現実性と混同してはならない。脆いという傾向性を現実にもつ花瓶が結局割れなかったということは可能である。他方，現実に脆くない花瓶について，かりにそれが脆かったならばと仮定することも可能である。

◆ ライルとそれ以降

傾向性の概念が行為の哲学や心の哲学にとって重要なのは，傾向性の顕在化が行為である場合に，その傾向性をある種の心的性質とみなすことができるからである。たとえば怒りっぽい性質をもつということは，比較的平凡な状況下で必ず怒るという行動に出ることだと考えられる。また，ある内容の信念をもつということは，特定のタイプの質問などの刺激に対し，特定のタイプの反応を示すことであるといえる。傾向性の持続は傾向性の顕在化の持続を必要としない。そのことは，メタンガスが燃焼しなくても可燃的であり続けられることと同様，キリスト教信者が眠っている間もキリスト教信者であり続けられることを，うまく説明するだろう。

以上の論点を哲学において最初期に展開したのがライルである。ライルは，人間のもつさまざまな心的特徴が傾向性のカテゴリーによって説明で

102　第 5 章　行　為

きることを示すことで，人間の内側にある私秘的な過程や，物的法則から
自由な領域といった「機械の中の幽霊」を消去しようとした。そのような
「幽霊」が背後で人間の心的特徴を支えていることはない，というわけで
ある（ライル 1987）。ライルの議論はその後の心の哲学に大きな影響を与
えたが，彼の議論からは 60 年が経過しており，その間に哲学も進歩した。
傾向性に関連していえば，哲学者が反事実的条件文をより適切に扱うため
の道具立てを手にしたことが大きな進歩のひとつである。よりマイナーで
あるが重要なもうひとつの進展は，傾向性に何らかの「基盤」が概念的に
必要なことを示す有力な議論が提出されたことである（プライアほか 2006）。
ライルは，状況と顕在化のみによって傾向性概念を説明しようとしている
かにみえる（機械の中の幽霊を退治するのにその戦略はたしかに有効であった）。
しかし，傾向性に関する「現象主義」と呼ばれるそのような立場が今日そ
のままの形でまじめに唱えられることはほとんどない。たとえば，傾向性
の顕在化の非現実性と傾向性そのものの非現実性という単純な区別を，現
象主義者は，傾向性の基盤に言及することなくどうやって説明するのだろ
うか。

◆ **因果的あるいは説明的な力と選言性の問題**

ようするに，心的性質を傾向的性質とみなすことによって，機械の中の
幽霊は消去できたとしても，機械そのものは消去できないということであ
る。じっさい，ある花瓶の脆さはある種の結晶構造やひびの存在によって
説明される。そうした結晶構造をもつことやひびがあることは，その花
瓶の性質であり，脆いという花瓶の傾向性の基盤とみなすことができる
（もっとも脆さのケースのように傾向性が基盤によって説明される必要はない。
たとえばある心的性質についてそれを説明する基盤が存在しないということはあ
りそうである。だが，心的性質に関する違いが，心的性質以外のいかなる性質
——たとえば物的性質——の違いとしても反映されないということは考えにくい
であろう。そうであるとすれば，心的性質の違いが必ず反映されるような性質の
クラスを，心的性質の基盤とみなすことができる。）

厄介な問題は，基盤となる性質と当の傾向性との間の関係を考えたとき
に生じる。両者が同一であることはありえない。自然法則が異なるために，

40 傾向性（ディスポジション）　103

現実に脆い花瓶と同じ結晶構造をもつ花瓶が脆くないような可能世界を考えよう。このとき，「脆いという性質と例の結晶構造をもつという性質は，現実世界では同一であるが，その世界では同一でない」と述べてはならない。その世界は，現実と同じ結晶構造をもつ花瓶が，脆いという性質をもたないような世界である。つまり，脆いということと，例の結晶構造をもつということは，現実世界においても異なる性質なのである。

　自然法則が必然的だと考える人に，上の議論は説得的でないだろう。しかし，同一の傾向性が非常に異なる複数の基盤をもちうることは認めざるをえないはずである。たとえば，ひびがあることと，ある種の結晶構造をもつことは，まったく異なる2つの性質であるが，ともに（この現実世界では）脆いという傾向性の基盤となっている。また，機能的に特定される1つの心的性質は，通常，非常に異なるシステムを基盤にして実現可能である。そういうわけで，同じ傾向性をもつもののクラスは，多くの場合，きわめて雑多な性質をもつものの寄せ集めでしかない。すなわち1つの傾向性の基盤全体は，1つの可能世界の中でも，多くの場合，根底的に異種的な複数の性質の選言としかいいようのないものなのである。

　1つの傾向性の基盤全体が以上のように異種的な性質の選言として述べられるという事態は，人々を不安にするかもしれない。もしそうならば，傾向性そのものが，傾向性の顕在化に対して説明を与えたり，因果的効力をもったりすることはないと思われるからである。つまりこういうことである。「カルボキシル基をもつがゆえにその物質は水に溶けた」と答えることは，少なくとも「水溶性という性質をもつがゆえにその物質は水に溶けた」と答えるよりは，ましな説明である。だが，その説明には，水溶性という傾向性の基盤を表す選言の他の選言肢に登場する「アミノ基」や「イオン結晶」といった語彙は，まったく関与しない。他の選言肢に対応する性質がもつ因果的効力も，この物質が溶けたことには，やはり関与しないだろう。だとすれば傾向性そのものが果たす役割とは何なのか。

　今度は傾向性が「幽霊」になる番である。傾向性は，機械の外側に不自然な形にへばりついた幽霊のようなものであり，我々の世界の必要不可欠な構成要素でないというわけである。もちろんそのことは心的性質につい

104　　第5章　行　　為

ても当てはまる。この問題は明らかに，1990年代以降さかんに論じられた心的因果性の問題（たとえば Kim 1993；キム 2006b）の一般形である（⇨ *48*）。傾向性や心的性質の因果的効力を奪う以上の結論が居心地悪く感じられるならば，それを和らげるための議論を考えておく必要がある。

◆ 能力と「アフォーダンス」

　行為者であるとはどういうことだろうか。「行為者」の重要な意味のひとつに，行為をなしうる者という意味がある（特定の行為の主体という意味ももちろんあるが）。すなわち，行為をする能力をもつ者という意味での行為者である。能力もまた一般に，傾向性的性質の一種とみなすことができる。そして能力の顕在化は，何であれ行為であるような出来事である。

　能力を傾向性としてとらえることによって，能力を失ってしまったケースと環境のせいで能力を発揮できないケースとの区別が説明しやすくなるだろう。この文脈でも傾向性一般に関する（比較的新しい）知見が含意をもつ。何人かの哲学者たちは，傾向性にはその相補的パートナーとなる他の傾向性が存在するという点を強調した（Martin 1997）。たとえば，砂糖が水に溶ける傾向性をもつとすれば，水は砂糖を溶かす（あるいは砂糖に溶け入られる）傾向性をもつわけである。ある傾向性と対をなすのは，その傾向性の顕在化のためのトリガーを構成する諸対象の傾向性である。第1の傾向性の定義から，第2の傾向性がどのようなものであるかは導き出せるだろう。以上の論点は，性質の本性を，概念的なネットワークのもとで理解しようとする理論家にとって重要なものである。

　我々にとって重要な含意は，行為者の能力に応じて，環境の側にもさまざまな行為可能性が傾向性として備わっているという事実である。環境は一般に，行為者が能力を発揮するためのトリガーとして利用できる諸部分に満ちているのである。環境の利用可能性は，とうぜん行為者ごとに異なりうる。と同時に，現実に利用するかどうかにかかわらず環境の側に備わっているという意味において，実在的なものである。主体をとりまく環境のこうした特性は，「アフォーダンス」といういくぶん曖昧な用語によって指示されてきたものの主要な部分をなしている。

40 傾向性（ディスポジション）

41 共同行為——1人でできないこともみんなでやれば……しかし「みんなで」とはどういうことか

◆ 言語と共同行為

ある種の述語は複数的な主語にのみ適用される。「警官たちが現場を取り囲んだ」とされるとき，1人ひとりの警官は現場を取り囲んでいない。個人にできることは現場の包囲に参加することである。対照的に「ファンたちが裏出口へ走った」とされるとき，ファンの1人ひとりが裏出口へ走っている。前者の文に用いられている述語は，「警官たち」に関して，「分配不可能」であるといわれる。論理学的観点からは，分配不可能な述語がいくつの座をもつのかが気になるところだろう。「太郎と花子が競走する」を「競走する(太郎) & 競走する(花子)」と整式化するのはまずいが，「競走する(太郎，花子)」とすることにも問題がある。次の競走に次郎が加わったとしよう。そのとき標準的な一階の述語論理でそれを「競走する(太郎，花子，次郎)」と表現することはできない。「競走する」はすでに2座述語として導入されたからである。この問題に対する，自然で，特別な拡張を必要としないひとつの解決法は，「競走する」を諸競走参加者のメレオロジカルな和（つまりそれぞれの参加者を部分とする1つの個別的な全体）に対する1座述語と考えることである。そのように考えれば問題のケースは，「競走する(太郎＋花子)」，「競走する(太郎＋花子＋次郎)」と，同じ述語を用いて表現することができる。

以上のことがらは，我々の言語の形式がすでに共同行為や共同行為主体の存在を前提とすることを示すものであると解されるかもしれない。だが言語的特徴にのみ注目することで共同行為を定義できると考えるのは早計である。「小さな島々が本島を取り囲んでいる」という文はいかなる共同行為の存在も含意しないし，共同行為として何人かで「走る」ことも（まさに競走がそうであるように）可能だからである。

◆ 共同行為の規準

しかしその一方で我々は日常的に何が共同行為かを知っているようにみえる。それゆえ，共同行為性の実践的な規準を明示化することも不可能で

ないだろう。興味深いことに，観察によらない知識の概念がここでも役に立つ。すなわち意図性と行為性を見いだすための規準（⇨ **38**）と類比的な規準が，共同行為性に関して構成可能なのである。

　そのためにまず副詞句「共同で」を導入しよう。それによって修飾されることで動詞（句）は分配不可能な述語になる。さらにこの副詞句は，その使用によって共同行為の存在を示すためのものである。また共同行為が存在する場合にはこの副詞句を使用することができるものとする。副詞句「共同で」の実際的な適用条件は，以下のようになるだろう。

　　　［CA$_1$］複数の主体 s_1，……s_n の諸動作の和である出来事が「ϕ すること」という記述のもとで $s_1 +$ …… $+ s_n$ にとって共同でおこなったものであるのは，「なぜあなたたちは ϕ するのか」という彼らへの問いが，s_1，……s_n の誰からも拒否されないときであり，そのときに限る。

　「つまずくこと」が「意図的につまずくこと」と修飾されることにより行為性を含意する出来事の記述になるのと同様，「走ること」は「共同で走ること」と修飾されることで共同行為性を含意する記述になる。よって共同行為性は次のように規定できる。

　　　［CD］複数の主体 s_1，……s_n による諸動作の和である出来事が共同行為であるのは，少なくとも 1 つの記述のもとで，$s_1 +$ …… $+ s_n$ がその出来事を共同でおこなったときであり，かつそのときに限る。

　［CA$_1$］に関してどのような答え方が問いの拒否になるのかを述べる必要がある（［CA$_2$］として）。① まず［A$_2$］にあげられた答え方は［CA$_1$］にとっても問いの拒否になるだろう。「なぜきみたち夫婦は貯金をおろしてまでこんな古い家具を？」という問いに，夫が「家具を買うとは知らなかったんだ」と答えたならば，夫婦はその家具の購入を共同でおこなっていない。② より［CA$_1$］に特徴的な拒否の仕方として，主語の複数性の否定がある。「こいつらといっしょにしないでくれ」といった答え方がそうである。③ さらに「あなたたち」と呼ばれた集団の成員の自分以外に関しては観察によって意図を知らざるをえないというケースがある。「な

ぜあなたたちはここで降りるのですか？」に対し「私は花火を見るためです，他の人もきっとそうでしょう」と答える場合などがそうである。この場合も問いは拒否されており，人々は共同でこの駅で降りてはいない。

◆ 協 調 問 題

いまの第3の例は示唆的である。その例は，ある集団が互いに成員の意図を知りつつ全員同じタイプのことをおこなっているとしても，彼らが共同でそのことをおこなっているとは限らないことを示している。集団の諸行為が共同行為であるためには，単に他の行為者の意図を知ることに尽くされない，何らかの仕方での意図の「共有」が必要なのである。そのためには少なくとも次のことが成立していなければならない。たとえば車内のスペースを空けるために，私を含む数名の乗客が相談して（つまり共同で）ある駅で降りたとしよう。このとき私は，いっしょに降りた他の乗客の意図をもちろん知っているが，それだけでなく私の意図が彼らに伝わっていることをも知っている。さらに私は，彼らもまた自分の意図がいっしょに降りた他の人間に伝わっていることを知っている，ということを知っている……等々。他の成員も同様の知識をもっているだろう。つまり私たちがこの駅で降りるつもりなのを，私も他の成員もみな知っているのである。単なる「私」を超えた「私たち」に関する観察によらない知識を可能にしているのは，まさにこのような仕方での知識の共有である。

共同で行為するために必要な知識の共有をいかに達成するかは，もとよりすぐれて実践的な問題である。そしてそれは，協 調 問 題 として知られるより一般的な古典的難問とかかわっている（Lewis 1969）。いわゆる協調問題は，今日，哲学を越えた幅広い分野において研究が進められている。

◆ 全体論と個人主義

別の古典的な難問とかかわるもうひとつの問題は，共同行為主体の諸個人への還元可能性に関する疑問である（⇨5）。メレオロジカルな外延性を認めるのであれば，共同行為主体は諸個人以上の（以外の）存在者ではない。それは通常散在的で個人よりは大きな個体にすぎない。しかし問題は，共同行為主体による出来事に対する合理的な説明が，諸個人の意図へ

の言及のみで可能なのかどうか（つまり，存在論だけでなく，行為の合理化に関しても個人主義の立場をとれるかどうか）である。

それに対し否定的に答えるギルバートは次の例をあげる。ティナとリーナが2人で歩いていた。30分いっしょに散歩する話だったのだが，途中でリーナが「私帰る」と言い出した。するとティナも「私もじつはもう歩きたくない」と打ち明けた。すでにティナにもリーナにも散歩をする理由がなかったわけである。2人の個人はしばらく，散歩をしたいという当初の欲求を失ったまま歩いていたことになる。そのようなことがどうして可能なのか。「私たちは散歩する」という共同行為主体に固有の——個人の意図に分解できない——意図が2人を歩き続けさせたと考えなければ，このケースは合理的に説明できないのではないか（Gilbert 1990）。このように考えると，たとえば，集団による「暴走」を，1つの共同行為主体による行為とみなせるようになる。そのことは，個人のレベルに還元しにくいような責任のケースに対する簡潔な説明を可能にするだろう。つまり，参加者がみな個人的にはすべきでない，したくないと思いつつ，止められる状況になかったために，おこなってしまったことも，まさしく彼らの意図に沿った行為であり，彼らの責任を問えるわけである。

もちろん話はそれほど単純でないかもしれない。たとえば，ティナとリーナの動作の後半は共同行為ではない，と個人主義の側から反論することもできるだろう。たしかに例の状況でティナはもっぱら，リーナが2人で歩こうと思っていると思ったから，2人で歩こうとしばらくは思ったのである。2人で歩こうと自分も思うからこそ2人で歩こうと思うという自己反射的な欲求は，ティナの理由の基底部分にはみられない。リーナについても同様である。よって，共同行為の成立要件を欠いているため，例の状況は共同行為が途中で解消されたケースにすぎない（Bratman 1993）。こうしたパターンの反論は，全体論（集団主義）者と個人主義者との間に，そもそも何を共同行為とみなすかに関する対立を生じさせる。したがって，議論を単なる「共同行為」の命名論争に縮退させないためにも，対立する立場は，責任や規範，自由といったトピックに関する諸問題に対し，それぞれ，具体的な解答を与えるものでなければならないだろう。

第6章

心 の 哲 学

▶心とは何だろうか。心は身体，とくに脳とどのような関係にあるのだろうか。心には，物にみられない独自な特徴があるように思われる。すなわち，志向性（物事を表象する働き）とクオリア（意識的な知覚・感覚経験に備わる独特の感覚的な質）である。志向性やクオリアを物的なものによって説明し，心を物的世界に位置づけること，すなわち「心の自然化」は可能だろうか。また，認知科学では，古典的計算主義，コネクショニズム，環境主義のような認知観が唱えられているが，どの認知観が心のとらえ方として妥当なのだろうか。心に関する科学的な探究は，心の哲学的な考察に何をもたらすだろうか。

42 機能主義——さまざまな批判にさらされながらも機能主義は心の本性をめぐる議論の中心的位置を占め続けている

◆ 心 身 問 題

心の本性を明らかにするためには，何よりもまず，心が物（ないし身体）とどのような関係にあるのかという心身問題に取り組むのが最善である。この問題は，デカルトが心と物を異なる実体とする心身二元論を唱えて以来，近世哲学を一貫する大問題となり，物的一元論（唯物論）や心的一元論（唯心論）など，さまざまな立場を生み出した。

現代哲学において心身問題が活発に論じられたのは，20世紀半ば頃から興隆してきた英語圏の「心の哲学」においてである。そこでは，自然科学的な世界像が支配的になりつつある時代状況と呼応して，心を物的な世界の中に位置づけようとする「心の自然化」が真剣に試みられた。まず，ライル（1987）が心的状態を行動傾向からとらえる「行動主義」を提唱し，続いてスマートやファイグル（1989）らが「心脳タイプ同一説」を，そしてさらにパトナム（1994）やアームストロング（1996）らが「機能主義」を提唱した。

◆ 機 能 主 義

心脳タイプ同一説では，たとえば痛みという状態タイプは脳のC繊維の興奮という状態タイプと同一だとされる（タイプとは一般的・普遍的なものを意味し，その個々の事例はトークンと呼ばれる——たとえば，人間一般が人間のタイプであり，個々の人間がそのトークンである）。したがって，痛みのいかなるトークン（＝個別事例）もC繊維の興奮のトークンであり，その逆も成り立つ。しかしそうすると，C繊維に代えてある人造神経繊維を脳に埋め込まれた人は，たとえば足を踏まれたときに，人造繊維の興奮によって顔をしかめたり，「痛い」と叫んだりするにもかかわらず，痛みを感じていないことになる。また，C繊維を脳から取り出して試験管の中で興奮させても，そこに痛みが生じることになる。

このような難点を回避するために，機能主義では，心的状態をその機能によって定義される機能的状態とみる。痛みは，足を踏まれるとか，手が

112　　第6章　心の哲学

傷つくとかいった原因によって生じ，痛みを和らげたいという欲求や，顔をしかめるといった振る舞いを結果として引き起こすが，このような因果的役割（刺激や他の心的状態および行動に対してもつ因果的機能）によって定義される状態が痛みだというわけである。

心的状態が機能的状態だとすれば，心的状態はさまざまなタイプの物的状態によって実現可能だということになる（多型実現可能性）。痛みはＣ繊維の興奮だけでなく，人造繊維の興奮によっても実現可能である。なぜなら，人造繊維の興奮も，痛みの機能を実現できるからである。したがって，人造繊維を埋め込まれた人も，人造繊維が興奮するときに，痛みを感じることになる。また，Ｃ繊維を脳から取り出して興奮させても，それは痛みの機能を実現しないから，痛みは生じないことになる。

◆ 心脳トークン同一性と法則性

心的状態がさまざまなタイプの物的状態によって実現可能だということは，心的状態がある特定のタイプの物的状態と同一ではないことを意味するが，その一方で，心的状態の個々のトークンはそれを実現する物的状態のあるトークンと同一だということも意味する。Ｃ繊維をもつ太郎の痛みのトークンは，そのＣ繊維の興奮のトークンと同一であり，人造繊維をもつ次郎のそれは，人造繊維の興奮のトークンと同一である。機能主義によれば，心的状態と物的状態の間には，タイプ同一性は成立しないが，トークン同一性は成立する。この点に関しては，機能主義はデイヴィドソンの非法則的一元論（⇨ *43*）と同様である。

しかし，非法則的一元論が心的状態に法則性を認めないのに対し，機能主義はそれを認める。つまり，心的状態は他の心的状態や物的状態と法則的な関係をもつとされる。心的状態のもつ因果的役割（機能）は，そのような法則的連関によって規定される法則的役割でもある。

トークン同一性と法則性を特徴とする機能主義は，トークン同一性を否定する全体論的実現説（心的状態は個別にではなく，全体として脳状態のある集まり全体によって実現されるとする説）や，法則性を否定する非法則的一元論と鋭く対立しているが，心的状態を機能的にとらえる見方は相変わらず重要な洞察であり続けている。

42 機能主義

43 心的なものの非法則性——心的状態が織りなす合理的秩序は法則性とは異なる秩序であり，そこに心的なものの独自性がある

◆ 解 釈 主 義

心的状態は，他の心的状態や行為と理由関係で結ばれた合理的な連関を形成する。太郎は風邪をひいていると思うがゆえに，彼は学校を休むだろうと考えたり，減量したいがために，ジョギングをしたりする。心的状態が形成するこのような合理的連関は，物的状態にはみられないものである。そうだとすれば，それは物的状態が形成する法則的な連関とは異なるものであろうか，それとも機能主義（⇨ *42*）が主張するように，じつは法則的連関に還元されるものであろうか。

デイヴィッドソン（1991）やデネット（1996）が唱える解釈主義によれば，心的状態が織りなす合理的秩序は法則性には還元されない独自の秩序であり，そのような秩序を形成する点にこそまさに心的状態の本質がある。解釈主義では，心的状態は行為を合理的に解釈するために行為者に帰属させられるものだとする。ある人がある信念や欲求をもつということは，その人にそのような信念や欲求を帰属させれば，その人の行為が合理的に理解できるようになるということにほかならない。

デネット（1996）によれば，我々は人間に対して物理的態度，設計的態度，志向的態度の3種の態度をとることが可能である。志向的態度は，人間に心的状態を帰属させることにより，人間の振る舞いを合理的に理解しようとする態度であり，そのような態度のもとで，人間は心的状態をもつ合理的な行為者として姿を現す。このように解釈主義では，心的状態は徹頭徹尾，合理性の観点から把握される。

◆ 心的なものの文脈依存性

では，合理性はなぜ法則性に還元されないといえるのだろうか。デイヴィッドソン（1990）は心的状態に関して法則性が成立しないことを，閉じた体系と開いた体系の区別によって説明しようとする。物理学の体系のように，閉じた体系においては，外部からの干渉がないため，厳密な法則が成り立つが，気象学の体系のように，開いた体系においては，外部からの

114　第6章　心の哲学

攪乱があるため，大まかな一般化しか成立しない。合理性に従う心的状態も閉じた体系を形成しておらず，それゆえ合理性に服さない物的状態の影響を受けるため，厳密な法則が成立しないというわけである。

しかし，このような説明では，非法則性は合理性に従う心的状態に特異的なものではないことになる。合理性とは無縁の気象学の諸状態も非法則的となる。もっと合理性に即した非法則性の説明はないのだろうか。

チャイルドによれば，合理性に従う心的状態はその文脈依存的な性格において絵を構成する諸要素と類比的である（Child 1994）。絵の各要素は，どの絵に現れてもつねに同じ美的貢献をなすわけではなく，現れる絵に応じて貢献の仕方が異なる。つまり，絵の構成要素はそれ固有の一定不変の美的価値をもつわけではなく，文脈依存的な価値をもつ。それと同様に，心的状態も，他の心的状態や行為との合理的連関において，つねに同一の合理的貢献を行うわけではなく，その時々に応じて異なる貢献を行う。心的状態が非法則的なのは，各心的状態がそれ固有のある一定不変の合理的貢献を行うのではなく，文脈に応じて可変的な貢献を行うからである。

◆道具主義

心的状態が合理性に従うものだとすると，心的状態は脳状態といかなる関係にあることになるだろうか。デイヴィドソンは，心的状態が脳状態と違って非法則的だとしても，心的状態は脳状態とトークン的に同一であり，他の心的状態や物的状態と因果関係をもつという非法則的一元論を唱える。

これに対してデネット（1996）は，心的状態は行為を合理的に説明するために措定された便利な道具にすぎず，重心や赤道のように，実在的なものではないという道具主義の立場をとる。彼によれば，心的状態は，タイプ的にはもちろん，トークン的にすら脳状態と同一ではない。ただし，デネットは心的状態に道具としての価値を認める点で，消去主義とは一線を画する。消去主義では，脳科学が発展すれば，心的状態はいずれ脳状態に取って代わられ消去されるとする（⇨ *48*）。心的なものの非法則性は，このように心的状態の実在性の問題に深く関係する点でも，たいへん重要である。

43 心的なものの非法則性　　115

44 志向性——世界のあり方を表象する心の働きは，もはやそれ以上分析できない原初的なものではなく，心の生物学的な機能から説明できる

◆ 指示の魔術説

地球がまるいことを信じるということは，地球がまるいことを表象し，それに対して信じるという態度をとることであり，体重が減ることを欲するということは，体重が減ることを表象し，それに対して欲するという態度をとることである。心的状態の中には，何らかの事態を表象する働き，すなわち志向性をもつものがある。

心的状態はいかにして志向性をもちうるのだろうか。心的状態のメルクマールを志向性に求めたブレンターノは，志向性をそれ以上説明不可能な心の独自な働きとみなしたが，パトナム（1994）はあるものにそれの内在的な本質として端的に志向性を認めるような考えを「指示の魔術説」と称して批判した。心的状態に心的であるがゆえに志向性を認めるのは，心的状態に関する指示の魔術説であり，そのような考えに陥らないようにするためには，心的状態の志向性を何らかの仕方で説明しなければならない。

◆ 誤表象問題

心的状態の志向性を説明しようとする初期の試みとして，ドレツキやフォーダーらによる因果関係に基づく説明がある。それによれば，心的状態がどのような表象内容をもつかはその心的状態を引き起こす原因によって特定される。たとえば，トマトの知覚はトマトによって引き起こされるから，トマトを表象し，晴天だという信念は晴天によって引き起こされるから，晴天を表象するというわけである。

しかし，このような因果的説明では，誤った表象というものが不可能になる。トマトの知覚がリンゴによって引き起こされても，その知覚はリンゴを表象することにもなるから，誤った知覚にはならない（つまり，リンゴが誤ってトマトに見えたということにはならない）。その知覚は「トマトまたはリンゴ」という選言的なものを表象し，それゆえリンゴによって引き起こされても，正しい表象となるのである。

誤った表象が可能であるためには，トマトの知覚は単に事実としてトマ

トによって引き起こされるだけではなく，トマトによって引き起こされる「べき」状態でなければならない。心的状態の志向性を説明するためには，このような規範的な側面が何に由来するかを明らかにする必要がある。この要求に応えようとするのが「目的論的機能」による説明である。

◆ **目的論的機能**

生物の各器官や形質は，生物の生存に役立ち，それゆえ進化の過程でそれらが選択され存続することになるような機能，すなわち目的論的機能をもつ。たとえば，心臓は血液を体内に循環させることにより，生物の生存に役立ち，それゆえ進化の過程で選択されるから，血液を体内に循環させるという目的論的機能をもつ。ミリカン（2007）によれば，心的状態の形成機構と利用機構もそのような目的論的機能をもつ。心的状態の形成機構は，たとえばイチゴが赤いときに，イチゴが赤いという信念を形成するといった目的論的機能をもち，また利用機構は，そのような信念をたとえば熟れたイチゴを食べたいという欲求と組み合わせてイチゴを食べるという行動を産出するといった目的論的機能をもつ。

心的状態は，その形成機構や利用機構と違って，進化の過程で選択され存続するようなものではないから，それ自体としては目的論的機能をもたないが，形成機構と利用機構から導き出される「派生的な目的論的機能」をもつ。イチゴが赤いという信念は，イチゴが赤いときに形成され，さまざまな欲求と組み合わされて適当な行動を産出するという派生的な目的論的機能をもつ。この信念の表象内容はその派生的な目的論的機能から説明される。すなわち，その信念がイチゴが赤いことを表象するのは，それがイチゴが赤いときに形成されることをその機能の一部として含むからである。また，その信念がイチゴが赤いときに形成される「べき」だということも，それがまさにその信念の機能（の一部）だということによって説明される。

目的論的機能による志向性の説明には多くの解決されるべき問題が待ちかまえているが，その説明が志向性の説明に重要な洞察をもたらしたことは間違いない。

44 志 向 性　117

45 双子地球——心的状態の表象内容は，脳のあり方だけで決まるのだろうか，それとも環境のあり方にも左右されるのだろうか

◆ 双子地球の思考実験

まずは，パトナムが展開した双子地球の思考実験をみてみよう（Putnam 1975）。いま，宇宙の彼方に地球と瓜二つの惑星があったとしよう。この第2地球は，何から何まで本当に地球とそっくりであるが，ただ1つだけ異なる点がある。第2地球上の水は，その表面的な性質については地球上の水と同じであるが，分子構造は異なる。地球上の水が H_2O という分子構造をもつのに対し，第2地球上の水は XYZ と略記される分子構造をもつ。

さて，地球上の太郎が「水は透明だ」と主張するとき，仮定により，第2地球上の第2太郎も「水は透明だ」と主張する。しかし，太郎の言う「水」は H_2O を表すのに対し，第2太郎の言う「水」は XYZ を表す。したがって，両者の主張によって表明される信念も異なる。太郎の信念は H_2O が透明であるときに真となるような表象内容をもつのに対し，第2太郎の信念は XYZ が透明であるときに真となるような内容をもつ。

ところが，太郎と第2太郎は，仮定により，脳のあり方がまったく同じである。したがって，彼らは脳のあり方が同じであるにもかかわらず，異なる内容の信念をもつ。こうして，パトナムによれば，心的状態の表象内容は，脳のあり方だけでは決まらず，環境のあり方にも依存するということになるのである。

◆ 内在主義と外在主義

伝統的には，心的状態の内容は主体の内在的なあり方（とくに脳のあり方）だけで決まると考えられてきた。脳のあり方が同じなら，心のあり方も同じだというわけである。この立場は内在主義と呼ばれる。これに対して，心的状態の内容が環境のあり方にも左右されるとする立場は外在主義と呼ばれる。双子地球の思考実験は，伝統的な内在主義よりも，外在主義のほうが正しいことを示唆している。

しかし，行為の説明などの場面では，内在主義のほうが有利だとされる

118 　第6章　心の哲学

ことがある。太郎と第2太郎は，たとえ心的状態の内容が異なるとしても，脳のあり方が同じだから，まったく同じ行為をする。したがって，環境のあり方によって異なるような内容は，行為の説明には役立たない。行為の説明に関係するのは，環境のあり方に依存する「広い内容」ではなく，脳のあり方だけで決まる「狭い内容」である。

このような考えに対してはしかし，反論が可能である。太郎と第2太郎は脳のあり方が同じだからといって，行為のあり方も同じとは限らない。のどが渇いたとき，太郎は水すなわち H_2O を飲むのに対し，第2太郎は水すなわち XYZ を飲む。そうだとすれば，両者の行為の説明にはやはり，環境のあり方に依存する広い内容が必要である。

◆ 心的内容は言語的環境にも依存する

双子地球の思考実験は心的状態の内容が自然的環境に依存することを示すが，バージ（2004）はさらに「関節炎」の思考実験を用いて，心的状態の内容が言語的環境にも依存することを示そうとした。

いま，我々の言語共同体に属する花子が，「自分は長年関節炎を患っている」とか，「自分の手首と指の関節炎は足の関節炎よりもつらい」といった文によって表されるような内容をもつ通常の信念と並んで，「自分の関節炎は腿まで広がっている」という文によって表されるような内容をもつ奇妙な信念をももっていたとしよう。この信念は，いかに奇妙とはいえ，関節炎とは別の病気についての信念ではなく，あくまでも関節炎についてのひどく誤った信念とみなされよう。さて，ここで，「関節炎」という語が腿の炎症にも適用される別の言語共同体（そしてこの点でのみ我々のとは異なる共同体）を考えてみよう。もし花子がこの共同体に属していたとすれば，花子のその信念は関節炎とは別の病気（手首や指の炎症だけではなく腿の炎症をも同じ病気として含むような病気）についての正しい信念だということになろう。こうして花子がどちらの共同体に属するかによって，彼女の信念の内容は異なることになる。

このバージの思考実験も，パトナムの双子地球の思考実験と並んで，外在主義を支える重要な柱となっている。

46 クオリア——心の自然化にとって意識は最大の障壁となるが，はたして意識を物的世界に位置づけることは可能だろうか

◆ 意識のハードプロブレム

意識的な経験には，さまざまな感覚的な質が現れる。赤いトマトが見えるときには，赤の感じが意識に現れ，歯が痛いときには，痛みの感じが現れる。意識に現れる感覚的な質は「クオリア」と呼ばれる。心を物的世界に位置づけようとするとき，もっとも抵抗を示すのはこのクオリアである。

クオリアを物的なものに還元することは不可能なようにみえる。赤いトマトが見えるとき，意識に現れる赤のクオリアは一見，実物のトマトに備わる赤色であるように思われる。しかし，目を閉じると，赤のクオリアは消失するのに対し，実物のトマトは赤いままである。また，赤のクオリアは赤いトマトを見る人の脳の状態と関係しているだろうが，赤いトマトが見えるからといって脳のある部位が赤くなるわけではない。このように赤のクオリアを物的世界の何らかのものと同一視することはきわめて困難である。

チャーマーズ（2001）は，クオリアが物的なものに還元可能かどうかという問題は意識に関する科学的な探究だけでは解決できない哲学的な問題であるとして，それを「意識のハードプロブレム」と呼んだ。彼はこの問題に対して還元不可能という答えを与えている。

◆ 知識論法

クオリアが物的なものに還元できないことを示すいくつかの思考実験があるが，そのうちの1つがジャクソンの「知識論法」である（Jackson 1982）。

いま，メアリーという天才的な神経科学者がいたとしよう。彼女は生まれたときからモノクロの部屋に閉じこめられて育ち，赤や青の色を見たことがない。それでも彼女はモノクロのテレビを通じて神経科学を学び，赤や青を見たときに，網膜がどのように興奮し，それが視覚中枢に伝えられてどのように処理され，そして最終的に「赤い」や「青い」といった言葉が発されるに至るのかを完全に理解する。つまり，彼女は色彩知覚に関す

120 第6章 心の哲学

るあらゆる物理的なことがらを知るのである。しかしそれでも，彼女がモノクロの部屋から解放されて，青い空をはじめて見たとき，彼女はそれまで知らなかったことを知るだろう。すなわち，青く見えるということがどのようなことか（つまり青のクオリア）を知るだろう。そうだとすれば，青のクオリアは物的なものではないことになる。

このジャクソンの知識論法に対しては，いくつもの反論が可能であるが，それでもそれはクオリアの物的な還元を阻む強力な議論であることは間違いあるまい。

◆表 象 説

一方，クオリアの物的な還元を可能にする有力な見解として，ハーマン（2004）らによる表象説がある。この説によれば，赤いトマトが見えるとき，この知覚経験はトマトが赤いことを表象するが，この表象される赤が意識に現れる赤のクオリアにほかならない。

一般に，表象には，表象それ自体に備わる「内在的特徴」と，表象される内容に備わる「志向的特徴」が区別できる。たとえば，「犬が走る」という文は，3語からなるという特徴や，主述形式をもつという特徴を内在的特徴としてもち，犬性や走るという特徴を志向的特徴としてもつ。

表象説によれば，赤いトマトの知覚経験に伴う赤のクオリアは，この経験の内在的特徴ではなく，その志向的特徴である（内在的特徴は，この経験を実現している脳状態の特徴，すなわちニューロンの発火パターンや発火頻度などである）。つまり，赤のクオリアはその経験の表象内容に備わる特徴である。そうだとすれば，経験の表象内容が物的なものによって説明できるとすれば，クオリアは物的なものに還元できることになる。

心的状態がいかにして表象内容をもつか（つまり志向性をもつか）ということについては，目的論的機能による有力な説明がある（⇨ *44*）。そして目的論的機能に関しては，進化の観点から物的に理解することが可能である。そうだとすれば，結局，クオリアを物的なものに還元することは可能だということになる。

表象説にはさまざまな難問が待ち受けているが，それはクオリアの還元可能性に道を開く唯一見込みのありそうな説としてたいへん貴重である。

46 クオリア　121

47 ゾンビ——意識をもつ人と物的には同じあり方をしていながら意識を欠く人はたしかに思考可能だが，本当にそのような人が存在しうるのだろうか

◆ ブタは空を飛べるか

我々は意識をもち，我々の意識には色や音，味など，さまざまなクオリアが現れる。しかし，我々と物的にはまったく同じあり方をしていながら，意識を欠く人（いかなるクオリアも備えていない人）を考えることが可能であるように思われる。その人は赤い色を見ると「赤い」と言うが，この知覚経験には赤のクオリアが伴っていないし，足を踏まれると顔をしかめるが，この感覚経験には痛みのクオリアが伴っていない。その人の経験はすべて無意識的であり，機能的にのみクオリアを伴う経験と同じであるにすぎない。意識をもつ人と物的には同じあり方をしていながらクオリアを一切欠く人を「ゾンビ」と呼ぶ。

ゾンビが存在することは思考可能である。しかし，そこからゾンビの存在が本当に可能だといえるかどうかには疑問の余地がある。

我々はブタが空を飛ぶことを容易に考えることができる。しかし，ブタが空を飛ぶことが思考可能だからといって，本当にそれが可能だとはいえない。ブタは重い。ブタのような重いものが地球の表面のように大きな重力が働いているところでゴム風船のようにプカプカと宙に浮くことは，じっさいには不可能である。可能なのは，ブタではなく，ブタもどきが空を飛ぶことである。たとえば，ブタの形と色をした大きな風船が空を飛ぶことは可能である。

ブタが空を飛ぶことが不可能であるにもかかわらず，それを考えることが可能であるのは，我々がブタについてその形や色しか特定的に考えておらず，重さについては漠然としたままになっているからである。このようなブタの概念のもとでは，ブタが空を飛ぶことに概念的な矛盾はない。それゆえそれは，金髪が赤いというようなことと違って，思考可能なのである。しかし，このような思考可能性はブタという事物そのものに備わる可能性（事物的可能性）を保証しはしない（信原 2002）。

122　　第6章　心の哲学

◆ア・ポステリオリな必然性

クリプキ（1985）によれば，我々は事物そのものに備わる必然性を必ずしもア・プリオリに知りうるわけではない。水が水素を含むことは必然的だが，我々はそれを水の経験的な探究によってア・ポステリオリに知る。水の日常的な概念のもとでは，水が水素を含むことは水の概念からは出てこず，したがって我々はその必然性をア・プリオリに知ることはできない。

水が水素を含むことの必然性がア・プリオリに知られないということは，水が水素を含まないことが思考可能だということである。水の日常的な概念のもとでは，水が水素を含まないことは十分考えられる。しかし，じっさいには水が水素を含まないことはありえない。思考可能性は事物的可能性を保証しないのである。

◆ゾンビは事物的に可能か

我々の現在のクオリア概念からすれば，ゾンビが存在することはたしかに概念的に可能であり，それゆえ思考可能である。目下のクオリア概念には，クオリアと物的なものの必然的なつながりを示すものは何もない。したがって，クオリアをもつ人と物的には同じあり方をしながらクオリアを欠く人という想定には，何の概念的な矛盾もない。しかし，だからといって，そのような想定が事物的に可能だとは限らない。クオリアについての経験的な探究が進むにつれて，クオリアと物的なものとの必然的なつながりが見いだされ，そのような想定は事物的に不可能だということになるかもしれない。

現在の我々のクオリア概念を形づくっているのは，クオリアに関する内観的な知識である。しかし，そのような内観的なクオリア概念がクオリアの適切な概念であるとは限らない。水の経験的探究によって水のより適切な概念（分子構造を含む概念）が形成されるように，クオリアの経験的な探究によってクオリアのより適切な概念が形成されるかもしれず，そのような概念のもとで，ゾンビの存在が事物的に不可能であることが知られるかもしれない。ゾンビはたしかにいまのところ思考可能だが，それによってゾンビの事物的可能性が保証されるわけではないのである。

48 民間心理学——心に関する日常的な知識はどのような種類の知識であり，それは科学的心理学が形成されたあとにも生き残りうるだろうか

◆ 理論説 vs. シミュレーション説

我々はふつう自分や他人の行動を信念や欲求などの心的状態によって説明する。このような日常的な行動の説明を支える心についての常識的な知識の体系は民間心理学と呼ばれる。

民間心理学は心に関するどのような種類の知識なのだろうか。この点については，まず，理論説とシミュレーション説の対立がある。理論説によれば，民間心理学は心に関する経験的な理論である。我々は，たとえば，幸せな人を見るとねたましくなるといったような心理法則を経験的に知っており，このような経験的な知識の集まりが民間心理学だというわけである。そうだとすれば，民間心理学による行動の説明は，力学による物体の運動の説明と同じく，法則に基づく理論的な説明だということになる。

これに対して，シミュレーション説では，民間心理学は心に関するシミュレーション能力の集積にほかならない。我々は他人が何を思い，どう行動するかを，自分がかりにその他人の状況にあったとすれば，何を思い，どう行動するかを考えてみることによって知ることができる。心に関する日常的な知識とは自分を他人の状況に置いて考えてみる能力，つまり他人をシミュレートする能力にほかならないのである。

我々は心についての法則的な知識を明示的な形ではほとんどもっていない。このことからすれば，シミュレーション説のほうが有利にみえるが，法則的な知識なしにはたしてシミュレーションが可能なのかという難問もある。この論争に決着がつくにはもう少し時間がかかりそうである。

◆ 経験的理論 vs. 規範的理論

民間心理学の本性に関してはまた，それを経験的な理論とする見方と規範的な理論とする見方の対立がある。経験的とする見方は，すでに述べたように，民間心理学を諸々の心理法則に関する経験的な知識の集まりとみる。それに対して，規範的とする見方では，民間心理学は心的状態や行動の間の合理的連関に関するア・プリオリな知識の集まりとされる。心的状

態は他の心的状態や行動と一定の理由関係にあり，かつそのような関係にあるべきものとして存在する。このような心的状態の規範的なあり方をとらえたものが民間心理学だというわけである。

経験的か規範的かという対立は，そもそも心の本性をどうみるかという対立に起因する。民間心理学を経験的理論とする見方は，心的状態が他の心的状態や行動と因果的，法則的な関係にあるとする考え（心脳タイプ同一説や機能主義）に由来するのに対し，規範的理論とする見方は，心的状態を合理的なものとする考え（解釈主義）に由来する。したがって，この対立に決着をつけるには，そのもとにある対立に決着をつけなければならないだろう。

◆消去主義

民間心理学が心に関する経験的な理論だとすると，民間心理学で語られる信念や欲求のような心的状態は，行動を説明するために措定された理論的存在だということになる。したがって，行動が脳状態によってもっと精密に説明されるようになると，民間心理学は根本的に誤った理論として脳科学によって取って代わられ，それゆえ信念や欲求はじつは存在しないものとして消去される可能性が出てくる。

チャーチランド（2004）は，民間心理学の理論的不毛さを指摘することにより，いずれ信念や欲求はかつてのフロギストンやカロリックのように消去されるだろうと主張する。彼によれば，民間心理学は我々の行動の多くを説明できず，また何千年来まったく進歩しておらず，さらに隣接諸科学との折り合いも悪い。このような理論は，脳科学による行動の説明が可能になれば，それに還元されるよりもむしろ取って代わられ捨て去られることになるだろう。つまり，民間心理学で措定される信念や欲求は，何らかの脳状態に還元されるよりもじつは存在しないものとして消去されるだろうというのである。

このような消去主義（消去的唯物論とも呼ばれる）の主張は一見，途方もないようにみえるが，それでもそれは十分，真剣な吟味に値する重要な主張である。

49 古典的計算主義/コネクショニズム——心は記号を処理するコンピュータか，それともニューロンの興奮パターンを変形する神経ネットワークか

◆ 古典的計算主義

現在，認知科学においては，古典的計算主義とコネクショニズムという2つの有力な認知モデルがある。両者はいずれも認知を表象の処理とする見方（表象主義）をとるが，どんな表象を措定するかに違いがある。

古典的計算主義では，心的状態は構文論的構造をもつ表象を含むとみなされる。地球がまるいという信念は，地球がまるいことを表す表象を含み，この表象は「地球はまるい」という文と同じく，地球を表す要素とまるいを表す要素を主述関係で組み合わせた構造をもつ。信念形成や意思決定などの心的過程は，心的状態に含まれるこのような表象をその構文論的構造に即して分解・再結合することにより信念や意思などを形成する過程である（ピリシン 1988）。

認知を構文論的に構造化された表象の処理とする考えは，心をコンピュータとする見方から生まれた。コンピュータはまさに構文論的に構造化された記号を処理する装置である。このようなコンピュータに人間並みの知能をもたせることができるのではないかという考えのもとに誕生したのが人工知能研究であるが，この人工知能研究の根底には，心もまた一種のコンピュータだという見方がある。古典的計算主義の認知観は，そのような「コンピュータメタファー」から生まれたのである。

◆ コネクショニズム

古典的計算主義が構文論的構造をもつ表象を措定するのに対し，コネクショニズムはそのような構造をもたない表象を措定する。コネクショニズムにおいて表象の役割を果たすのは，ニューロン群の興奮パターンである。たとえば，トマトが赤いことを表す興奮パターンは，トマトを表す部分パターンと赤いを表す部分パターンに分かれておらず，いずれもニューロン群全体にわたって表象され，それらが重ね合わされた形をとる（このような表象は「分散表象」と呼ばれる）。

126　第6章　心の哲学

ニューロン群の興奮パターンは次のニューロン群に変形されて伝達される。どのような興奮パターンに変形されるかは両ニューロン群の各ニューロンを結ぶシナプスの重みによって決まる。シナプスの重みは学習によって変わる。したがって，十分に学習を積んだ神経ネットワークでは，たとえば入力層のニューロン群に人の顔が入力されると，それを次々と変形し，最終的に出力層において誰の顔かを示す興奮パターンを形成するといったことが可能である。コネクショニズムでは，このようにニューロン群の興奮パターンを変形する過程が心的過程である（ラメルハートほか 1988）。

◆ 認知能力の体系性

　古典的計算主義とコネクショニズムはいずれが認知モデルとして妥当であろうか。フォーダーとピリシンは，認知能力には体系性があり，したがって古典的計算主義が妥当だと論じる（Fodor and Pylyshyn 1988）。

　たとえば，トムがジェーンを愛すると考えることができる人は，ジェーンがトムを愛すると考えることもできる。一方の思考を形成できるのに，他方の思考を形成できないということはない。我々の思考能力にはこのような体系性がある。

　古典的計算主義では，思考能力の体系性が容易に説明できる。トムがジェーンを愛するという思考は，トム，ジェーン，愛する，を表す各要素を一定の構文論的関係で結合した表象を含み，ジェーンはトムを愛するという思考は，同じ要素を順序だけ変えて同じ構文論的関係で結合した表象を含む。したがって，一方の思考を形成できる人は当然，他方の思考も形成できる。これに対して，コネクショニズムでは，表象が構文論的構造をもたないため，思考能力の体系性を説明するのは困難である。

　体系的な認知能力に関しては，たしかに古典的計算主義が有利である。しかし，すべての認知能力が体系的であろうか。たとえば，知覚能力は体系性を欠くようにみえる。走っているイヌと眠っているネコを知覚できたとしても，眠っているイヌや走っているネコを知覚できるとは限らない。このような体系的でない認知能力には，コネクショニズムが妥当であろう。結局，認知能力には，古典的計算主義が妥当なものもあれば，コネクショニズムが妥当なものもあるというのが実情だと思われる。

49 古典的計算主義/コネクショニズム

50 環境主義——認知は頭の中だけで遂行されるのではなく，環境をも巻き込んだ過程であり，主体と環境の相互作用によって成立する

◆ 反表象主義

認知科学では，現在，古典的計算主義とコネクショニズムという2つの認知モデルが有力であるが，それらに代わる第3の認知モデルとして「環境主義」と総称しうる立場がしだいに台頭しつつある。古典的計算主義とコネクショニズムがともに認知を主体内部の表象処理とみなすのに対し，環境主義では，主体内部の表象処理を認めないか，あるいはそれを重視せず，むしろ環境内の過程や，主体と環境の相互作用を重視する。

環境主義の源流となったのはギブソン（1985）の生態学的知覚論である。彼によれば，たとえば椅子を知覚するとき，椅子からの刺激を脳の中で表象処理して椅子の知覚が形成されるのではなく，直接，椅子が知覚される。環境の中には椅子を特定するのに十分な光情報が存在しており，それを取り出しさえすれば，椅子が知覚されるのであり，脳の中で表象処理を行う必要はない。

この直接知覚論と並んで，ギブソンはまた同じく脳内の表象処理を不要とする「アフォーダンスの理論」も提唱した。椅子を見てそれに座るとき，我々はまず椅子を知覚し，そこからそれが座れるものであることを推論し，そのうえで椅子に座るのではなく，端的に座る。椅子は我々に座れることをアフォード（供与）し，我々はその座れるという椅子のアフォーダンスを知覚して，端的に座るのである。

◆ 生態学的アプローチ

ギブソンの知覚論は，認知において脳内の過程よりもむしろ環境内の過程に重きを置く生態学的アプローチを生んだ。この見方によれば，たとえば筆算で掛け算を行うとき，掛け算は脳の中で行われるというよりも，むしろ紙の上で行われる。紙の上で数字を書き並べることが掛け算を行うことにほかならない。むろん，そのようなことが可能なのは，脳がしかるべき活動を行うからであるが，そうだとしても脳の中で掛け算が行われるわけではなく，掛け算はあくまでも紙の上で行われるのである。

そろばんで計算するときも，そろばんの珠を動かすことが計算することであり，ジグソーパズルを解くときも，ピースをいじることが考えることである。認知は環境の中で行われ，脳内の過程はそれを支える一要因にすぎない。

◆ 力学系アプローチ

生態学的アプローチが認知にとって環境内の過程の重要性を強調するのに対し，力学的アプローチは主体と環境の相互作用の重要性を強調する。ヴァン・ゲルダー（2002）によれば，認知はワットの調速機をモデルにしてとらえられるべきである。ワットが蒸気機関の速度を一定に保つために発明した調速機は，蒸気機関の実際の速度とあるべき速度の差から蒸気の増減量を計算するといった過程を含まない。そのような計算過程を経ずに，巧みな仕方で蒸気機関の速度を絞り弁の開閉（＝蒸気量の調整）に結びつけ，速度を一定に保つ。この過程は表象の処理としてではなく，「アトラクタ」のような力学系理論の概念を用いて記述されるべきものである。

ワットの調速機は蒸気機関と密接な相互作用の関係にある。蒸気機関がそれへの負荷によって速度を変えれば，それに応じて調速機も絞り弁の開き具合などを変え，調速機がそのあり方を変えれば，蒸気機関の速度も変わる。このような密接な相互作用によって生じる調速機の内部過程は，表象の処理という比較的自律した過程としてとらえることはできず，調速機と蒸気機関の「カップリング」によって生じたものとして力学系理論の諸概念によってとらえられるべき過程である。

ヴァン・ゲルダーによれば，認知も脳と身体と環境の相互作用から生じるものであり，脳の内部の表象処理という比較的自律した過程とみなすことはできない。認知は，脳と身体と環境という３つの力学系のカップリングによって生じる過程であり，したがって力学系理論の概念でとらえられるべきものである。

このような反表象主義的な力学系アプローチに対しては，認知には表象が不可欠なものもあるという反論もあるが（クラーク/トリビオ 2002），認知にとって主体と環境の相互作用が重要であることは疑いないだろう。

50 環境主義　129

51 フレーム問題——課題の遂行に関与することがらとそうでないことがらをその都度の状況に応じて素早く区別するにはどうすればよいだろうか

◆ 問題の原型

フレーム問題を最初に提起したのはマッカーシーとヘイズ（1969）である。たとえば，電話番号の分からない人に電話をかけたいとしよう。そのためには，おそらく電話帳で番号を調べて，その番号を押せばよいだろう。しかし，この方法でうまくいくと確信できるためには，当然のことながら，電話帳で調べている間も，電話は動かないといったことが分かっていなければならない。つまり，ある行為をしたときに，それによって変化することがらだけではなく，変化しないことがらも分かっていなければならない。しかし，天井の高さや窓の位置など，変化しないことがらは膨大である。それらを逐一取り上げていたのでは，とても電話をかけるには至らない。ある行為によって変化しないことがらをその行為の「フレーム」と呼ぶが，フレームを逐一取り上げることなく効率的に扱う方法はないであろうか。

これがマッカーシーとヘイズが最初に提起したフレーム問題である。この問題には一見，容易な解決があるようにみえる。それは変化することがらだけを取り上げることである。そうすると，取り上げられないものは自動的に変化しないものとされる。しかし，この「スリーピングドッグ法」はうまくいかない。変化することがらが状況に応じて異なるからである。電話の位置も，電話帳で調べている間に，誰かが電話を持っていくことがあるとすれば，変化しうる。したがって，変化することがらとしないことがらをいかにして迅速に区別するかが重大な問題となる。フレーム問題の根は，変化の状況依存性にある。

◆ 一般化されたフレーム問題

マッカーシーとヘイズが提起したフレーム問題は，その後，哲学者たちによって一般化され，課題の遂行全般にかかわる問題としてとらえ直され，そのうえで人間の知性のもっとも奥深い謎を示すものとみなされるようになった。

いま，台所からリビングへコーヒー入りのカップをソーサーに載せて運

ぶ課題が与えられたとしよう。この課題をうまく遂行するためには，急い
で運ぶとコーヒーがこぼれるとか，ソーサーを手に持って運べばカップも
一緒に運ばれるとか，等々，この課題の遂行に関与することがらを漏れな
く考慮しなければならない。では，課題の遂行に関与することがらとそう
でないことがらをいかにして効率的に区別することができるだろうか。

　ここでも問題の根は，何が課題の遂行に関与するかが状況に応じて変わ
るところにある。天井の高さはふつうコーヒーを運ぶ課題にとって関与し
ないが，大男が運ぶ場合には，関与してくる。また，床の滑りやすさもふ
つう関与しないが，床にオイルを塗った直後では，関与する。このように
何が課題の遂行に関与するかは状況依存的である。したがって，各状況に
おいて，それぞれのことがらについて，それが課題の遂行に関与するかど
うかを吟味していく必要があるように思われる。しかし，そのようなこと
をやっていては，膨大な時間がかかってしまい，課題の遂行にとりかかる
ことさえできない（デネット 1990）。関与性の吟味を経ずに，課題の遂行
に関与することがらとそうでないことがらを瞬時に区別して，関与する
ことがらだけを考慮するようにするにはどうすればよいだろうか。これが一
般化されたフレーム問題であり，今日，フレーム問題の名で呼ばれている
ものである。

◆ 解決の方向

　課題の遂行に関与することがらはその課題のスキームと呼ばれる。フ
レーム問題を解決するためには，それぞれの状況において適切なスキーム
を迅速に形成することが可能でなければならない。コネクショニズムでは，
さまざまなことがらの間の関連度をあらかじめ設定しておくことにより，
それぞれの状況において適切なスキームを迅速に形成することが試みられ
ている。しかし，ことがらの数が膨大になると（じっさいの状況ではそうで
ある），それらの間にいちいち関連度を設定することができるのかどうか
疑わしい。フレーム問題の解決には，むしろ注意能力の解明，すなわち各
状況においてある特定のことがらにのみ注意を向けることがいかにして可
能なのかの解明，および注意能力と密接な関係のある情動や感情の働きの
解明が鍵となるだろう。

第**7**章

科　学

▶現代の科学哲学の基本的問題は，論理実証主義によって設定された。科学の中から浮かび上がってきた方法論的問題の哲学的探究というその伝統は，現在に至るまで営々と継承されている。他方で「正当化の文脈」を重視するその規範的なアプローチは，1960～70年代に，より記述的な側面を重視するクーンを嚆矢とする「新科学哲学派」による批判を受け，この流派もその後，科学社会学派やSTS（科学・技術・社会論）など社会的文脈を重視する科学論によって不徹底なものとみなされるようになる。その意味で現代の科学論・科学哲学は二極化の方向にあるといえるだろう。本章ではこの点を踏まえ，論理実証主義，新科学哲学派や科学社会学，そして現代科学の只中から出現してきた哲学的問題に関連したキーワードを，バランスを考慮して取り上げた。

52 因果性——「原因」という形而上学的概念を用いずに因果的主張を分析するというヒューム由来の還元主義的プログラムははたして遂行可能だろうか

◆ ヒュームの問題提起

近代の因果性をめぐる議論はヒュームに始まる。彼によれば，我々はあるタイプの出来事に，空間的・時間的に近接した別のタイプの出来事が規則的に継起するという「恒常的随伴（constant conjunction）」の経験を重ねると，この2種類の出来事の観念の間に必然的な結合を想定するよう習慣づけられ，一方を観察すれば他方が必ず生じるという期待を抱くに至る。必然的因果の観念は，出来事の継起に関するこの我々の内なる期待感が，誤って外なる世界の出来事の間に成り立つ形而上学的な関係とみなされるようになったことの帰結にすぎない。

◆ 現代におけるヒュームの遺産

現代の，とくに英米系哲学における因果性をめぐる考察は，「因果性」という形而上学的な負荷を帯びた概念を用いずに個々の具体的な因果的主張を分析する方途を確立するという還元主義的な研究プログラムを，上述のヒュームの問題提起から継承している。その1つに「因果規則性説（regularity theory of causation）」がある。これは，「C が E を引き起こすと言えるのは，(1) C が E に先行し，(2) E のタイプの出来事がつねに C のタイプの出来事に継起するときである」という形で，「引き起こし（causing）」の概念を「規則的継起」の概念に置換ないし還元するものである。しかしこの理論には以下の難点がある。第1に，因果関係は結果が原因に必ずしも100%規則的に継起しなくとも成立しうるという問題。「喫煙は肺ガンを引き起こす」という因果性の主張は，すべての喫煙者が必ず肺ガンに罹るわけではなくとも，真でありうる。第2に A と B の規則的な随伴現象は，必ずしも A と B の間に真正の因果連関が成立していなくとも生じうるという問題。たとえば「気圧計の水銀柱の降下」に「降雨」が規則的に継起するという現象が観察されたとしても，必ずしも前者が後者を引き起こしているわけではない。この場合低気圧の接近という第3の

134　第7章　科　学

要素が両者の〈共通原因〉となっているのである。

　同様な還元主義的プログラムを追究する別の立場が，論理実証主義の流れを汲む科学哲学者によって開拓されてきた「因果性の確率理論」である。その中心的な発想は「原因はその結果が生起する確率を増大させる」というものであり，これによって規則性説が直面した第1の問題がクリアーされる。つまり「喫煙は肺ガンを引き起こす」という因果性の主張は，喫煙者は非喫煙者よりも肺ガンに罹患する確率が高いという意味だと解釈するわけである。統計学的には，これは喫煙と肺ガンの罹患との間に「正の相関」が存在することと同義である。

　しかしこの確率理論も，規則性説の第2の問題に直面する。AとBの間に正の相関が存していても，必ずしもAとBの間に真正の因果関係が存在するとは限らないからである（上記の気圧計の例を参照）。さらに，確率的相関によって関連づけられた項Aと項Bの関係は対称的であるため，現実の因果関係における原因と結果の非対称性を表現できないという問題も生ずる。この2つの問題の体系的に一貫した解決が現在の因果性の確率理論の中心的な課題であるが，ヒュームの還元主義的プログラムの最終的な実現の見通しはいまだ立っていない。

◆ 単称因果関係と因果法則

　ところで因果性の主張には，「健二の狙撃が宏の死を引き起こした」というような時間・空間的に個体化可能な出来事間の関係を述べた「単称因果関係の主張」と，「インフレは失業を抑制する」といった出来事のタイプについての一般的な因果関係を述べた主張（因果法則）とが存在する（もっとも，前者は出来事〔events〕でなく事実〔facts〕の関係としてみなすべきだという主張もある）。規則性説や確率理論は因果法則の分析により適したものであるため，それに代わって単称因果関係の分析に適した道具として発展させられてきたのが，1970年代以降のルイスの可能世界意味論を援用した「反事実的条件法（counterfactual conditional）」による因果性の分析である（ルイス 2007）。その基本的発想は，「出来事Cが出来事Eを引き起こした」という単称因果言明を「もしCが起こっていなかったら，Eも起こらなかっただろう」という形で分析するというものである。

52 因果性　135

5.3 検証と反証——論理実証主義の意味の検証理論をカルナップは確証の理論へと緩和化したが，ポパーは反証主義によってこれを全面的に置換する

◆検証主義

初期の論理実証主義者は，その論理的形式のみによって真偽が決定される数学や論理学の命題（トートロジーと矛盾命題）と，観察事実との照合によってその真偽が検証可能な経験科学の命題のみが有意味な科学的命題を構成し，形而上学や美学など検証手段を欠いたそれ以外の命題は無意味な擬似命題であるとする「意味の検証理論」をもって，科学と非科学（疑似科学や形而上学）の境界設定基準とした（エイヤー 1955）。しかし経験科学の命題の多くは「すべてのPはQである」という全称命題の形をとるので，その時々の個別の観察事実を記述する，「あるPはQである」という形の単称命題（「プロトコル命題」ないし「基礎言明」）をいくら積み上げても，その完全な検証は不可能である。そこでカルナップは，オール・オア・ナッシング的な「検証（verification）」の概念に代え，経験的テストにより命題の蓋然性を徐々に高めていくという「テスト可能性」ないしは「確証（confirmation）」の概念を導入し，そうした蓋然性の定量的評価を可能にする帰納論理の構築をめざした。カルナップ以降のこうした緩和化された論理実証主義の研究プログラムは，ときに論理経験主義と呼ばれる。

◆反証主義

これに対してポパーは，帰納論理の構築を不可能な企てとして切り捨て（⇨ *55*），あくまで論理的必然性を要求しうる演繹論理に基づいた科学と非科学の境界設定基準を提供しようとする。すなわち，全称理論命題の有限個の観察事実による検証は不可能でも，前者から演繹された観察可能なテスト命題が経験的に反証されれば，否定式（P → Q, ¬Q ⇒ ¬P）によって，もとの全称命題もただちに反証される（検証と反証の非対称性）。そこから彼は，どのような観察事実がじっさいに得られたら理論が反証されるかをあらかじめ明示している理論が科学的であり，逆にいかなる観察事実が発生しようともアド・ホックなその場しのぎの仮説の導入によってその反証

を回避しうる理論は非科学的であるという「反証可能性（falsifiability）」の基準を提起した。その際，科学者のなすべき仕事は，所与の現象を説明しうる仮説をできるだけ大胆な推測によって提示し，そこから観察可能な帰結を演繹し，然るのちにその帰結の反証に全力をあげる，というものとなる。こうした絶えざる「推測と反駁」の過程によってのみ科学は進歩する。反証テストをパスした仮説は暫定的に「確認（corroboration）」されたものとして当座の棄却を免れるが，ポパーは帰納論理を放棄しているので，これを仮説の真理性・蓋然性の増大とはみなさない。また，より多くのテスト可能な帰結を含意する仮説——つまりより大きな危険に身をさらす大胆な仮説——のほうがより反証可能性が高く，より優れた科学的仮説である（ポパー 1971-72）。

◆ 反証主義の問題点

ポパーの反証主義の問題としては，第1に仮説から導出された観察可能なテスト命題を反証する際の基礎となる「基礎言明」（直接経験を記述した単称命題）の受容に関して，ポパーが科学者の「決断」という規約的要因を認めている点が指摘される。基礎言明もあくまで命題であり，直接経験から論理的に帰結するわけではない以上，その認識論的地位はいぜん仮説的なものにとどまらざるをえず，他の理論的仮説と同様反証を免れない。しかしこの点を認めることは，理論選択における反証可能性基準の，論理的強制力をもった合理的アルゴリズムとしての地位を危うくしかねない。

第2のより重大な問題は〈補助仮説〉にかかわる。一般に高度に理論的な命題からは，測定対象に関する初期条件や測定装置の動作原理などの補助仮説を前提したうえではじめて，何らかの観察可能なテスト命題を導出しうる。したがって否定的なテスト結果が得られた場合でも，それを中枢的理論自体の反証とみなすべきか，それとも補助仮説の一部が不適切だったと判断して中枢的理論を温存すべきなのかは，一義的には決定されない。この〈決定不全性〉の問題はポパーの反証主義の枠組みを超え出るものであり，デュエム – クワイン・テーゼ，クーンのパラダイム論，そしてラカトシュのリサーチ・プログラムの方法論などにおいて，主題的に取り組まれることになる（⇨ 55，56）。

54 演繹/帰納——演繹法が論理的必然性を特徴とするのに対し，経験
科学の実践と不可分な帰納法は蓋然性をその特徴とする

◆ 演繹と帰納

推論は大別して演繹と帰納に分類される。演繹は，推論の前提と帰結との関係が論理必然的な——すなわち前提が真なら必ず帰結も真となる——あらゆる推論を指す。それに対して帰納とは，広義には前提と帰結との関係が蓋然的にとどまる推論を意味し，狭義には個別的事例からの一般化（後述する枚挙的帰納法）を指す。演繹においては，帰結に含まれる情報はあらかじめ前提に含まれていた範囲を超えないのに対し，帰納は前提から帰結へと至る過程で情報量が増える「拡充的（ampliative）」推論である。演繹的推論の諸規則は論理学の扱う対象であり，経験科学の方法論に深く関係してくるのはおもに帰納的推論である。

◆ 古典的帰納法，仮説演繹法，アブダクション

帰納法は 17 世紀にベーコンが新しい科学の方法として位置づけ，その後ニュートンが自らの成功の鍵として喧伝したことにより，広範な支持を獲得した。そして 19 世紀に J.S. ミルが『論理学体系』（1843 年）において明示的な方法論として定式化した。ただしミルが定式化したのは，多数の事例を比較対照して，問題となっている現象の因果関係の理解に非本質的な要素を除去し本質的な要素を見いだしていく「消去法」と呼ばれる方法である。他方古くから知られている帰納法の型として「枚挙的（enumerative）」帰納法がある。これは「ＰはＱである」という事例を数多く経験するほど，「すべてのＰはＱである」という一般化された命題の蓋然性が増すという考えである。これらの〈古典的な〉帰納法の唱道者は，ニュートンの「我は仮説をつくらず」の言葉に端的に表れているように，〈仮説〉と〈帰納〉を対立させ前者を形而上学的な思弁とみなす傾向があった。

しかし 19 世紀に入ると単純な帰納の限界が自覚され，ヒューエルやジェボンズが唱えた仮説演繹法——仮説から具体的に観察可能な予測を演繹し，その予測が成立するかどうかを検証するという方法——のほうが，現実の科学の実践をより忠実に反映しているとみなされるようになる。し

ばしば所与の経験の範囲を超えて観察不可能な実体（重力，電子など）について推論をめぐらす科学の実践は，起こったことをただひたすら記述する帰納では説明できないからである。この考えでは，所与の現象を統括的に説明するために試行錯誤的に仮説を発案することは一種の帰納だとみなされており，〈帰納〉と〈仮説〉を分離する上述のニュートン的な立場は背景に退いている。さらに後になると，枚挙的帰納法は〈量的〉帰納，仮説発案は〈質的〉帰納として区別する見方も生まれてくる。

　仮説演繹法は「発見の文脈」に相当する第1段階の仮説発案と，「正当化の文脈」に相当する第2段階の演繹・検証からなる。パースがカントの「超越論的理念の統制的使用」にヒントを得て提唱し，科学的推論過程の記述として広く受け入れられるようになった「アブダクション」の概念，そして現代の英米系の科学哲学でそれに代わってより頻繁に言及される「最善の説明への推論」は，この第1段階の仮説発案に相当する。

◆ 確率論的帰納法──ベイズ主義

　帰納法と確率論との関係も重要である。そもそも帰納とは，手持ちの限られたデータをもとに一般化された仮説を導出あるいは正当化しようとする便宜的・実用的な推論であることからして，「帰納の原理それ自体は正当化しうるか」というヒュームの原理的かつ基礎づけ主義的な問題意識（⇨ *55*）よりも，帰納の本質的な不確実性を認めたうえで，その不確実性（または確からしさ）の程度を計量するというプラグマティックな観点のほうが，科学の方法としての帰納を扱うにはふさわしいといえる。確率論は19世紀のいわゆる確率・統計革命以降本格的に科学的方法に導入されたが，これを経験的仮説の帰納的確証に応用するのがベイズ主義である。その基本的な発想は，確率を〈信念の度合い〉として主観的に解釈したうえで，真（確率1）と偽（確率0）との両極間に，可謬的な仮説の〈確証の度合い＝その仮説を信ずることの合理性の程度〉を位置づける。そして，ある経験的証拠を得る前後においてこの確証の度合いがどの程度更新されるかを条件つき確率の理論に基づいて計算することによって，証拠による仮説の確証というアイデアに定量的な表現を与えるというものである。

54 演繹/帰納　139

55 理論の決定不全性——決定不全性のテーゼは，反合理主義，相対主義，ホーリズムといった 20 世紀後半の科学哲学の諸思潮に棹差した

◆ 古典的な決定不全性

「決定不全性」もしくは「過小決定性（underdetermination）」とは，一般に理論の正当化ないし合理的選択の際の経験的証拠の不十分性の主張を指す。これは歴史的にはすでに，帰納法の妥当性に対するヒュームの懐疑にみられる。彼はまず，過去に得られた多数の観察事実（証拠）によって未来の経験をも含む普遍命題（理論）を正当化する帰納法が（論理的必然性はもたないとしても）妥当性を有するためには，未来と過去との同型性に関する「自然の斉一性原理」が前提されねばならないと分析した。そのうえで彼は，この原理自体が帰納的にしか正当化できないゆえに，帰納論理の企て全体は論点先取に立脚しており，ゆえに理論は決定不全なままにとどまるとしたのである（⇨ 54）。ポパーはこのヒュームの論点を認めたうえで，しかしただ 1 個の観察事実によって全称命題「すべての P は Q である」の否定となる存在命題「ある P は Q でない」が与えられれば理論を反証するには十分であるとして「検証と反証の非対称性」を唱え（⇨ 55），理論を帰納的に検証する「肯定的決定実験」は不可能でも，それを反証する「否定的決定実験」は可能だと主張した。

◆ デュエム-クワイン・テーゼ

だがこの「否定的決定実験」の概念さえ無効にするよりラディカルな決定不全性のテーゼが，フランスの物理学者デュエムがすでに 20 世紀初頭になしていた議論を復活させる形で 1950 年代にクワインによって提起され，のちに「デュエム-クワイン・テーゼ」と呼ばれるようになる。デュエムの主張は，科学的仮説は単独では経験的テストにかけられず，一群の仮説群全体が一群の実験事実と照合しうるのみだというホーリズム（全体論）の主張と，仮説をそこから導かれた観察可能な予測によってテストする際，必要な実験装置の動作などに関する補助仮説も同時に前提せねばならないので，たとえ予測が経験によって反証されても，それが当の仮説自体に対する否定的決定実験とみなされるべきか否かは一義的には決定でき

ないという決定実験の不可能性の主張に集約される（デュエム 1991）。

クワインは影響力のあった論文「経験主義のふたつのドグマ」（クワイン 1992）においてこのデュエムの議論を援用し，あらゆる理論命題に対して，他の理論命題と無関係に，それを検証ないし反証する観察命題ないし「直接経験」を指定しうるという考えを「還元主義のドグマ」と呼び，カルナップ流の観察命題と理論命題の二分法に基づく意味の検証理論をまずは斥ける。そのうえで彼は，物理理論の内部に限定されていたデュエムの論点を知識や文化一般へ拡張し，科学もその一部として含む我々の言説構造の総体を，その周縁でのみ経験と接する１つのネットワークを形成するものとして見，かりに何らかの否定的な経験に遭遇したとしても，その内部のどの部分に修正や再調整を施すべきかということは一義的には決定されないとする。いかに周縁的な命題であっても体系の他の部分の再調整によってそれを温存することがつねに可能であるし，他方で論理や数学のように我々の知識の核となるようにみえる命題（論理実証主義者が「分析的ア・プリオリ」と呼んだもの）であっても，場合によっては改訂可能である。

◆ **現代科学哲学への含意**

デュエム‐クワイン・テーゼは，のちにハンソンが流布させる「観察の理論負荷性」のテーゼ（ハンソン 1986）を実質的に先取りしている。理論（言説ネットワーク）の側の再調整によりいかなる観察事実をもそれと両立可能にできるということは，いかなる理論からも中立的にその妥当性を裁定する観察命題——さらにはいかなる文化/社会的文脈からも独立に報告される〈事実〉——なる概念が無効となることを意味するからである。こうして「決定不全性」のテーゼは，20世紀中葉以降の科学哲学を特徴づける，理論選択の合理的アルゴリズムへの懐疑，非論理的要因（直観や社会）への注視，ホーリズム，相対主義といった諸思潮の影響力の増大に一役買うこととなる。たとえば科学知識の社会学は，証拠によっては決定されない間隙を〈社会〉で充塡しようとし，パスカル的な（「幾何学の精神」に対比される）「繊細の精神」を称揚したデュエムや，「暗黙知」を唱えたポランニーは，それを〈良識〉もしくは〈直観〉で充塡しようとしたといえる（⇨ **57**）。

55 理論の決定不全性　141

56 パラダイム論争——華々しいデビューを飾ったクーンだが，その後〈右派〉実在論者と〈左派〉反実在論者双方からの挟撃に見舞われる

◆ 論理実証主義と反証主義への挑戦

論理実証主義の科学観では，科学理論は，理論から中立な観察命題による検証ないし帰納的確証を経ながら，真の実在を反映する究極の体系に向かって累積的に進歩していくものであった。また科学哲学は，理論の「正当化の文脈」において真の科学をその逸脱形態から区別する論理的判定基準を提供することによって，科学の規範的審判者としての役割を担うものと考えられた。ポパーは帰納論理を否定し，理論の妥当性評価は検証でなく反証に立脚すべきだとして検証主義を批判したが，累積的進歩観，正当化の文脈の重視，科学哲学の規範的役割といった諸前提は，論理実証主義者と共有していた（⇨ *53*）。これに対しクーンの『科学革命の構造』（1962年）は，パラダイムという，認知的・論理的要因には還元できないある種の社会学的準拠枠が，実際の科学研究活動に先行しそれを方向づけているという論点を提起することによって，彼以前の科学哲学にみられる上記の諸前提を解体する起爆力を有していた（クーン 1971）。

◆ クーンのパラダイム論

クーンによればパラダイムとは，「一定期間，科学に従事する者に対して，モデルとなる問いや答えを提供する普遍的に認められた科学的業績」のことであり，科学の成熟した段階である「通常科学（normal science）」の研究を領導しその達成目標を提示する理論的諸前提（古典力学におけるニュートンの〈運動の三法則〉など）や，それらを個別の問題に適用する際の規則やテクニック（学生が実験室で学ぶノウハウなど）を含む。しかしそれは公理体系の公理のようなものとは異なり，明示的な定義を許さない一種の〈暗黙知〉的側面をもつ。一見百家争鳴のごとく活発な議論が繰り広げられてはいても研究の基本方針に関する確固としたコンセンサスのない未成熟な「前科学」よりはむしろ，パラダイムに忠誠を誓った科学者集団がそれによって設定された明確な研究課題——パラダイムを精緻化しその説明能力を増大させること——へと沈潜する通常科学の段階こそが，成熟

142　第7章　科　　学

した科学研究の名にふさわしい。たしかにクーンは通常科学の営みを「パズル解き」の作業にたとえてはいる。しかし彼は必ずしも，それを陳腐なルーティン・ワークとして戯画化しているのではなく，むしろ研究の前線を推し広げる「魅力ある掃討戦」とみなしているのである。

パラダイムによっては解決できない「パズル」が発生した場合，──ポパーの反証主義ならそれを理論を棄却するに十分な理由とみなすだろうが──クーンはそれを「変則事例（anomaly）」と呼び，いずれ解決されるであろう問題の暫定的なストックの中に棚上げする。けれども変則事例の数が無視できないほど増大し，そのうちのあるものがパラダイムの基礎を直撃するようになると，当該のパラダイムは不安定になり「危機」の徴候を呈する。そして競合するパラダイムが形成され始めると危機はより深刻になり，あるとき突如相転移のように旧パラダイムから新パラダイムへのシフトが出来する（「科学革命」）。このようにクーンは，科学の理論変化を連続的進歩ではなく断続的転換として描写する。この点が，科学の単線的な進歩を奉じたクーンに先行する科学哲学との相違である。

科学革命の前後においては，新旧パラダイムの優劣を合理的に決定する基準は存在せず（「通約不可能性〔incommensurability〕」），科学者がそのどちらを選ぶかという点が，心理学的・社会学的要因に依存する。それどころか彼は，パラダイム転換を世界観の変革，宗教的改宗ないし政治革命にさえなぞらえている。この通約不可能性は，パラダイム論争を通じてもっとも物議を醸した論点であり，クーンは科学の客観性や合理性を否定しそれを「群集心理」に還元する非合理主義者・相対主義者として論難された。

◆ パラダイム論争

パラダイム論の影響力の増大とともにそれに対する批判も熾烈化していき，1965 年ロンドンで開かれた「国際科学哲学コロキウム」（「ポパー派によるクーンの袋叩き」と称されることもある）において，クーンは大御所ポパーも含めたポパー派の論客との対決を迫られた。このコロキウムにおけるクーンとポパーの対立点をあらためて明確化しておこう。①ポパーは，既存の誤謬理論の棄却と新規の仮説の発案のプロセスこそが科学活動の本質的契機であるとみなす点でクーン以上に〈革命的〉である。しかしクー

56 パラダイム論争　143

ンの観点では，こうしたダイナミックな理論転換が起こるのは，通常科学が危機に瀕するという例外的な局面においてのみであり，科学の歴史の大半の時期を占める通常科学においてはむしろ，その基本前提であるパラダイムに対する反証は極力回避される。また科学革命の時期においてすら，ポパーが想定するような単一の「決定実験」によって既存の理論が全面的に棄却されるというシナリオは，史実として疑わしい。②他方ポパーにとっては，科学者たるもの反証事例に直面すれば自説を撤回するだけの〈潔さ〉をもつべきであり，自ら帰依するパラダイムを墨守しようとして目前の反証事例に目をつむるのは真に科学的な態度ではない。

　この両者の主張の開きは，クーンが現実の科学者がとる行動の〈事実〉を記述するのに対し，ポパーは科学者がとるべき行動の〈規範〉を語っていると考えれば理解可能となる。あるいは，〈哲学者〉ポパーが「正当化の文脈」において真正の科学が満たすべき条件を提示しようとしたのに対し，〈科学史家〉クーンは現実の科学者の生態を記述する「発見の文脈」にも正当な地位を与えようとしたといってもよい。こうしたポパーの〈批判的＝規範的合理主義〉は，歴史的事例に訴えて「科学はあくまで事実として合理的に進歩してきた」と主張するラカトシュやローダンなどのいわゆる〈歴史的合理主義者〉とも，鋭い対照をなしている。

　このコロキウムの記録は1970年に『批判と知識の成長』として出版され（ラカトス/マスグレイブ 1985），70年代に最盛期を迎える本格的な「パラダイム論争」の幕開けを告げるものとなる。この論争を通じ，ラカトシュやローダンなどのより合理主義的な論調と，ファイヤアーベントや科学知識の社会学者などのより相対主義的な論調とが二分されていく。たとえばファイヤアーベントは，最初ポパー派に属していたがのちに決別し，クーンとほぼ同時期に「通約不可能性」の概念に到達し新科学哲学派の代表的論客の1人となるが，クーンがその後「相対主義者」というレッテルを嫌って「通約不可能性」の概念を穏当化する方向に進んだのに対し，彼は逆にそれをますます先鋭化した「知のアナーキズム」を唱えるに至った。

◆ ラカトシュのリサーチ・プログラム

　この論争の過程で生まれた最良の成果の1つは，上述したポパーの高弟

ラカトシュの「科学的リサーチ・プログラムの方法論」であろう。これは
ある意味でポパーとクーンの理論の折衷の産物だが，現実の科学の営みに
より忠実な，洗練された方法論となっている。

　ラカトシュは，科学を記述する基本単位を個々の「仮説」にではなく，
「リサーチ・プログラム」（以下 RP）という組織化された構造体に求め，
理論転換を RP の全面的な交代として描写することによって，ポパーから
離れてクーンに歩み寄る。RP は，プログラムの基本仮説からなる「堅い
核（hard core）」と，それを保護する補助仮説からなる「防御帯（protec-
tive belt）」とから構成される。前者はクーンのパラダイムに相当し，プロ
グラム全体がうまく機能している限りこの「堅い核」自体を反証したり修
正したりしてはならないという方法論的規則（「否定的発見法」）によって
守られており，見かけの反証事例が発生した場合は「防御帯」に付加や修
正を施すことによって処理される。しかし他方で彼は，ある RP が新たな
現象の予測や説明を継続的にもたらしているかどうか——すなわちそれが
「前進的（progressive）」であるか「退行的（degenerative）」であるか——
によってその RP の生産性・豊饒性を客観的に評価できるとし，それに
よって異なる RP の合理的比較も可能になると考えた。この点でラカト
シュは，科学の合理性を信じた師ポパーの立場を継承し，異なるパラダイ
ムの間の通約不可能性を唱えたクーンと一線を画すのである。

◆ 論争の余韻

　クーンのパラダイム論の影響は，科学史・科学哲学や自然科学はいうま
でもなく，心理学，社会学，経済学，政治学などの人文・社会諸科学にも
広く及んだ。同時に「パラダイム」の概念もその後クーンの手を離れ，
「物の見方」「考え方の枠組み」といった希釈化された意味でますます人口
に膾炙していった。他方，クーンが重視したパラダイムの社会学的側面や，
科学者集団の産物としての科学的知識という論点に触発され，「科学社会
学」という分野がその後隆盛となる。しかしクーン自身はこうした潮流か
らは一歩距離を置いたため，これら〈左派〉陣営からはクーンの不徹底さ
に対して不満の声が漏らされた（⇨ *57*）。

56 パラダイム論争　145

> *57* 科学社会学——科学活動における社会的・文化的要因の構成的関与
> を強調した科学社会学は，やがて過激な相対主義へと傾斜していく

◆〈科学者集団の社会学〉と〈科学知識の社会学〉

　科学社会学とは，科学を単に自然を対象とする認知活動としてでなく社会的・文化的営為としてとらえ，科学と社会との相互作用を分析する学問分野として，1930年代にアメリカの社会学者マートンが創始したものである。マートンによれば，科学は「普遍主義」「公有性」「利害の超越」「系統的な懐疑主義」といった科学者が従うべきノルム（規範）に具体化される独自のエートス（倫理観）によって支えられた自律的なシステムであり，その点で他の社会システムと比較して健全であり，その所産である科学知識は客観的・普遍的である（マートン 1961）。マートンの科学社会学は，科学知識をすでに確証された所与とみてその成立機序を問うことはせず，自らの課題を科学者集団の構造や機能の分析に限定する点にその特徴と限界があり，科学の独自性を強調するあまり幾分それを理想化する傾向があった。

　これに対しクーンが，研究の規範ないしモデルとしてのパラダイムが科学活動に果たす構成的な役割，さらにパラダイム転換における科学者集団の心理的・社会的要因の寄与を説得的に論じたことに触発され（⇨*58*），マートンにあってはブラックボックスの中に囲い込まれていた科学知識生産の局面にまで踏み込んで，科学研究における外的な要因の関与を究明しようという機運が高まり，それまで知識社会学の一部として比較的マイナーな扱いを受けていた科学社会学が一躍脚光を浴びるようになる。1970年代以降おもにヨーロッパの研究者を中心に勢力を得る科学社会学のこの流派は，先述のマートンを中心とするアメリカの社会学者によって唱道された〈科学者集団の社会学〉と区別して，〈科学知識の社会学（sociology of scientific knowledge：SSK）〉と呼ばれる。科学を社会的・経済的・制度的視点から論ずる伝統はすでにマルクス主義科学論にもみられたが，これがともすると唯物史観のテーゼを科学の実践の中に再確認するという「為にする」議論に陥りがちであったのに対し，SSK はよりきめ細やかに科

146　第7章　科　　学

学知識の生成の過程を分析するところに特徴がある。

◆ ストロング・プログラム

SSK の最盛期を象徴するのが，エディンバラ学派のブルアが提唱した「ストロング・プログラム」である。彼は「知識の存在被拘束性」というマンハイムの知識社会学のテーゼを，論理学や数学や自然科学のように従来その適用対象外とされていた知識形態にまで等しく及ぼす。さらに彼は，たとえばルイセンコ学説という〈誤謬〉理論が一時期流布した理由が，スターリン体制下の政治状況という科学外的な要因によって説明されるべきであるなら，同様に正統派メンデル遺伝学が〈正しい〉とされるゆえんについても，単に「自然との一致」という認知的な理由以外の，何らかの社会的・文化的な要因に基づく説明が試みられるべきだという，説明の「対称性」のテーゼをはじめとする SSK の研究綱領──ストロング・プログラム──を立ち上げた（ブルア 1985）。

SSK の他の動向としては，歴史的な科学論争における科学者の言説を分析しそこに文化的・社会的要因の影響を読み取る〈言説分析〉や，研究の現場である実験室を〈フィールド〉として人類学者のまなざしで科学者の実践をつぶさに記述する〈参与観察〉──これは日常会話などを分析しその基礎にある規範的ルールを再構成しようとする現象学的社会学由来のエスノメソドロジーの手法の科学論への応用といえる──などがある。

◆ 相対主義の隘路

SSK 的な議論の特徴は，科学の客観性や価値中立性の否定，理論と実在との対応を否定する反実在論，理論の経験的証拠による〈決定不全性〉（⇨ *55*）のテーゼなどから，科学知識の特権性を疑問視し，あらゆる知識形態の本質的同等性を主張する相対主義を導く点にある。これに対し，SSK の思想的影響が強まるにつれそれを脅威と感じた科学者の側から1990 年代に入って反撃が開始され，いわゆる〈サイエンス・ウォーズ〉が勃発した（⇨ *10*）。この論争によって SSK の側もかなりの痛手を被りその後急速に影響力を喪失していくが，その基本的な学統は現在 STS（科学・技術・社会論）や科学のカルチュラル・スタディーズへと継承されている。

57 科学社会学

58 科学技術と倫理——人々の生活に深甚な影響を及ぼすようになった現代の科学技術は，従来の倫理学の枠組みを越え出た問題を突きつけている

以下では科学技術をめぐる倫理的問題を，便宜的に3つのカテゴリーに分けて説明していく。それは第1に「科学者の社会的責任」として従来語られてきた〈古典的な〉科学者の倫理，第2に生命倫理や環境倫理などの応用倫理，第3に事故や不祥事の発生の際に問われる技術者倫理である。

◆ 古典的な科学者の倫理

これは主として基礎科学研究にかかわるもので，科学者の研究成果が深甚な社会的影響を及ぼしうるとき，もしくは科学外的なイデオロギーと結びついて悪用される懸念があるとき，科学者はそれに対してどこまで自覚的であるべきかという問題である。その典型的な事例は20世紀前半の遺伝学と優生学をめぐる問題，核兵器開発への物理学者の関与の問題，そして遺伝子組み換え技術の安全性をめぐって1975年のアシロマ会議で提起された問題などである。これは，科学の目的や価値は社会的文脈とは独立な知識の獲得それ自体にあるとみなされるべきか，それともそれは科学によって社会にもたらされる成果や影響によって測られるべきかという，科学の価値中立性の問題の一形態であるといえる。その場合もし後者の立場をとるとすれば，研究段階では必ずしも予期できない将来の社会的影響に対しても，科学者の責任が問われうることになる。

◆ 先端技術と応用倫理

他方で，先端技術がますます新たなフロンティアを開拓していくことに伴い，従来の倫理学の概念枠では対処しきれない——場合によってはその原理的な再考を迫るような——新たなタイプの倫理的問題が発生してきた。これらは一般に「応用倫理」と呼ばれる分野にかかわるものである。たとえば生命倫理においては，人工呼吸器の発明が脳死状態というものをつくり出し，それによって「脳死ははたして人の死か」というまったく新しい倫理的問題が生み出された。またヒトゲノム解読技術の発展は，個人の遺伝子情報を保険会社や雇用者がデータとして利用することに伴うプライバ

148　第7章　科　　学

シーの侵害の問題，あるいは生まれてくる子どもの属性をその遺伝子情報に基づいて選別する優生学的応用（デザイナー・チャイルド）の懸念などを生み出している。他方環境倫理に関しては，地球規模で自然を破壊しうるほど高度に発達した現代の科学技術文明への一種の歯止めとして，自然の生存権，世間間倫理，地球全体主義といった論点が提起され，それによって共時的に直接対面可能な人間諸個人の間の〈契約〉として成立した近代の自由主義的・個人主義的倫理は見直しを迫られている。さらに情報倫理に関しては，急速に発達した IT 関連技術は，インターネット上の不正アクセスや個人のプライバシーの侵害，デジタル出版物に関する不正コピーなどの新規の諸問題を生み出した。

◆ 技術者の倫理

近年の薬害エイズ事件，動燃や JCO の原発関連事故，雪印乳業食中毒事件にみられる杜撰な技術管理や情報隠し，また相次ぐ医療過誤などにより，科学技術と社会の界面に位置するエンジニアや科学技術政策担当者の職業倫理があらためて問われている。この文脈で最近よく言及されるのが，技術を行使する専門家がそれを受容する社会に対して，その必要性や潜在的リスクに関する情報を開示し承認を得るべきだとする「アカウンタビリティ」（説明義務）の概念である。これが医療技術に適用されたものが「インフォームド・コンセント」である。その背景には，国費で運営される科学研究や危険度の高い技術の導入の決定においては，権限を委譲された専門家集団の専決だけでは不十分で，いわば「クライアント」ないし「エンドユーザー」である議会や消費者の外部評価が不可欠だという認識がある。

こうした流れに呼応し，技術者のモラルを高めるためのさまざまな制度改革も試みられている。たとえば日本の主要な技術系学協会は，技術倫理の先進国アメリカにならい倫理綱領の策定や倫理教育に組織的に取り組み始めた。また大学における工学教育に関しても，「日本技術者教育認定機構」（JABEE）が 1999 年に発足し理工系高等教育の国際的な品質保証のための認定活動を開始したが，その審査項目において，技術者倫理すなわち「技術が社会および自然に及ぼす影響・効果，および技術者が社会に対して負っている責任に関する理解」の涵養が重視されている。

59　社会生物学論争——人間行動の進化論的・自然主義的説明を試み
た社会生物学は，激しいイデオロギー論争を巻き起こすことになる

　社会生物学とは，生物の集団・社会行動の進化論的な理解をめざす進化
生物学の研究プログラムで，その呼称はウィルソンの 1975 年の著書『社
会生物学——新たなる総合』に由来する（ウィルソン 1999）。自然界の生
物の生態の研究としては行動生態学とほぼ同義であるが，人間に適用され
た場合とくに「人間社会生物学」と呼ばれる。

　◆ 利他行動の進化の問題

　社会生物学の元来の出発点は，動物の利他行動の進化というダーウィン
以来の難問の解決であった。たとえば社会性昆虫における不妊の階級（働
きバチなど）は，自分自身の子孫を残す見込みがないにもかかわらず「献
身的に」集団のために奉仕するが，これはあらゆる生物の生存目的を自ら
の直系の子孫数の最大化であるとみなすダーウィン流の個体選択主義では
説明できない。この問題に解決の道筋をつけたのが，ハミルトンが提唱し
た「血縁選択」の概念である。すなわち生物個体の利他行動は，そうした
行動をコードする遺伝子が，血縁者を経由するルートも含めたその「包括
適応度（inclusive fitness）」（コピーの増殖率）を最大化させる行為として，
適応的価値を有しているというわけである。さらに，人間社会では血縁者
だけでなくいわば「赤の他人」どうしの間でもある種の協力行動が行われ
るが，これはメイナード・スミスらが経済学のゲーム理論を援用して発展
させた「互恵的利他主義（reciprocal altruism）」の理論によって説明される。
それによれば，相手の出方に応じて自らの対応を決定する条件つき利他主
義が，進化的にもっとも安定的な戦略であるということになる。

　◆ ウィルソン・プログラム

　ウィルソンと彼の後継者は，こうした〈遺伝子の目〉からみた進化の理
解を，人間の社会行動や社会制度——そこには育児における役割の性差，
人種差別，レイプ，嬰児殺し，同性愛，近親相姦忌避なども含まれる——
の由来の説明に適用した。その基本戦略は，これらの行動や制度が人類の
進化の途上で何らかの適応的価値を有していたために自然選択によって維

150　　第 7 章　科　　学

持されてきたというものである。さらに社会生物学者の一部は，そこから
そうした（倫理的には問題を含むこともある）行動や制度の不可避性と，そ
の社会的矯正の努力の不毛性を導いた。これに対し人権擁護団体やフェミ
ニズム運動家は，社会生物学は現存する差別や不平等を自然的所与として
合理化しその変革を阻害する，科学の衣を纏った悪しきイデオロギーだと
批判した。また文化人類学など人文・社会科学の研究者は，本来文化の産
物である人間の行動や制度を，生物学的観点のみから説明しようとするの
は誤った生物学的決定論だと主張し，激しい論争が繰り広げられた。

◆ **社会生物学をめぐる論争**

　この論争が不幸だったのは，上述のように社会生物学の一部の擁護者が
実質的に生物学的・遺伝的決定論に基づく不用意な議論を展開し，それに
対抗する批判者が環境決定論という逆の極端を対置したことによって，社
会生物学論争は生物学的・遺伝的決定論をめぐる論争だというレッテルが
貼られ，人間本性の自然主義理解というそれ自体は健全な意図が背景に霞
んでしまったことである。しかし社会生物学は必ずしも遺伝的決定論であ
る必要はない。我々がある種の行動をとる遺伝的な傾向性を有していると
いうことは，その行動が不可避であることを含意してはいない。

　社会生物学に対する他の批判としては，第1にレイプなど元来人間の志
向性と不可分な概念を不用意に動物の社会に適用し，そのうえで，それが
後者において一定の適応的価値を有しているという理由から，人間社会に
おいてもそれが自然なものだと正当化する「擬人主義」を衝くもの，第2
に最初から自然選択以外の説明の可能性を排除してしまう「適応万能論」
を批判するものなどがある。さらにその後，個々の人間行動がそれ単独で
適応的価値を有する原子論的な選択の単位だという社会生物学の前提が疑
問視され，むしろ人間行動を，より包括的な問題対処能力を有した「心理
メカニズム」の個々のケースへの適用の結果としてみる可能性が注目され
るようになった。そしてこの「心理メカニズム」の獲得の経緯やその機能
をあらためて進化論的に説明しようとする進化心理学が，現在新たな注目
を集めている。

60 目的論と機械論——機械論による目的論の超克を物質・生命・精神の分野で貫徹するという近代科学の目標はどこまで達成可能だろうか

◆ 目的論と機械論

　たとえば，なぜ雨が降るのかという問いにどう答えたらよいか考えてみよう。現代の私たちになじみの答え方は，「上空で冷却され凝結した水蒸気が重力によって落下するから雨が降る」というように，降雨という説明されるべき現象を，結果として引き起こす先行原因を特定することによるものであろう。しかし他方で，「地上の動植物に必要な水分を供給するために雨が降る」というように，降雨という現象によって引き起こされる結果を，降雨が手段としてその実現に奉仕している目的としてとらえ直し，この目的を特定することによって問いの解答が与えられたとみなす〈結果からの説明〉も——上記の例自体は現在では通用しないものであるが——文脈によっては一定の説得力を有しうる。前者を機械論的説明，後者を目的論的説明と呼ぶ。17世紀以降の近代科学の歩みは，古代・中世の趨勢であった目的論的説明が，まず物質の領域で，次に生命の領域で，最後に精神の領域で次々に機械論的方法によって置換されていく道程であるといってよい。しかしそれがどこまで実現されたか，あるいは今後どこまで完遂可能かについては，いぜん議論が分かれている。以下ではとくに生命科学に重点を置いて，この問題の展開を歴史的に概観してみよう。

◆ アリストテレスの目的論

　最初に目的論的思考を本格的に導入したのは，古代ギリシアのアリストテレスである。存在論において彼は，自然界における変化や運動を，未規定な素材たる質料が「目的」としての形相を徐々に実現していく目的論的なプロセスとしてとらえ，さらに自然学において自然現象の生起を説明する「4原因」として，「質料因」「形相因」「作用因」に加え，運動をそれが行き着くべき終着点から牽引する力としての「目的因」を導入し，それを自らの創見として重視した。そして生命論においては生物の成長を生命体にとっての形相である「プシュケー（魂）」の実現過程としてとらえ，生物学においては，たとえば「鹿の角は防衛と攻撃のためにある」という

152　　第7章　科　学

ように動物の器官をその機能・目的から説明し，さらに生物界全体を最終的に人間に奉仕するための有機的システムとみる人間中心的目的論を展開した。

◆ キリスト教のデザイン論

目的論の起源を考えるうえで——とくに進化論との関係で——もう1つ触れておかねばならないのがキリスト教のデザイン（設計）論である。たとえば生物が目のような高度な機能をもった器官を有しているのは，神があらかじめそうした目的を込めてそれを設計し創造したからである。それはちょうど，時計のような人工物が時を精確に計測するという機能を果たすことができるのは，それを製作した時計職人があらかじめそうした目的を込めてそれを設計したからであるのと同様である。それゆえ時計の存在がその製作者の存在を前提するように，生物の高度な器官の存在はその設計・創造者たる神の存在を要請する。この論法は，たとえば19世紀の自然神学者ペイリーが，いかなる意図も介在しない自然的原因の偶然的な継起だけでこの自然界が形成されてきたというモーペルチュイ，ディドロら18世紀啓蒙主義時代の無神論者の機械論的自然観を論駁する際に用いたものだが，のちにキリスト教創造論者によってダーウィンの進化論を論駁するために活用された。

◆ 物理学における機械論の成功と，その生物学への浸透

他方，機械論の側は，物理科学の領域においてはガリレオやデカルトといった17世紀科学革命の担い手たちによって，自然の数学化，自然現象の説明における擬人的・知性的要素の排除という形で成功のうちに推進され，その結果アリストテレスの4原因の中の形相因と目的因は切り捨てられ，質料因と作用因（物質と力）という計量可能な要素のみに基づく自然記述の路線が敷かれることになる。そしてニュートン力学の成功によって，機械論は自然支配のための実践的な方法論として一応の完成をみる。

では生命科学の領域での事情はどうだろうか。物質界が成功裡に機械論化されたあとの18世紀頃の生物学は，たとえば発生や生殖など当時としてはいまだ神秘的な現象を機械論的に説明することの困難から，いぜん機械論と目的論の間で揺れ動いていた（たとえば「前成説」や「先在胚種説」

60 目的論と機械論　153

はこの過渡期の産物）。しかしその後，19世紀のダーウィンの自然選択説に
よって生物進化を機械論的に理解する大筋がつけられたこと，メンデル学
派によってダーウィンにとってはブラックボックスであった遺伝のメカニ
ズムが定量的に解明されてきたこと，さらに20世紀の分子生物学の展開
によってミクロ・レベルの還元主義的な手法で生命現象にアプローチする
ことが可能になったことにより，生物を単なる精巧な機械としてみるデカ
ルト主義的機械論，ないしは生命現象をより下位のレベルの物理過程の随
伴現象としてとらえる還元主義的な生命観が主流となってくる。

　しかし現在においても生命現象の機械論的説明のプログラムは，物質科
学におけるように極限まで完遂されたわけではなく，むしろ「この路線で
今後も探究を推進していくのが望ましい」という発見法的な指針にとど
まっているともいえ，その基礎にあると想定される物質過程への還元を現
時点で拒んでいる生命現象が，はたして将来的には成功裡に還元されうる
のか否かをめぐって，いぜんとして論争が継続している。そこで最後に，
生命現象の機械論的理解をめぐるこうした現代の係争点を概観しておこう。

◆ 現代の係争点

　まず進化のメカニズムとしての自然選択の位置づけであるが，たしかに
自然選択説によって生物進化の機械論的説明が原理的に可能になったとは
いえ，ダーウィンの自然選択説がニュートン-ラプラス流の決定論的機械
論と同一のレベルで機械論的であるわけではむろんない。たとえ物質のレ
ベルでは，ある時点における世界の状態によって未来の任意の時点におけ
る世界の状態が決定されていると考えることができたとしても，そしてた
とえ生命現象は物質過程に「付随する（supervene）」ものだとしても，
我々が目にする巨視的な生物進化のプロセスは，──グールドが「進化史
の偶然性」を唱えたように──隕石の衝突や火山の噴火などの歴史の偶発
事に敏感に反応し，その後の進化の道筋はカオス的に変動する。これとは
別に，自然選択説が「形質が選択されるのはその形質のもつ有利な機能の
ためである」という〈結果からの説明〉を伴わざるをえないことから，
ダーウィンの進化論は──神学的ないし生気論的なものではないにせよ
──「自然主義的な目的論」だと主張する論者も存在する。

154　　第7章　科　学

またこれと関連して，現代の生命科学や社会科学でしばしば用いられる「機能的説明（functional explanation）」をどう解釈すべきかという問題がある。たとえば「心臓の機能は血液循環の促進である」という機能による説明は，目的論的な〈結果からの説明〉とどう違うのか。それは，〈本質的な〉機能と〈副次的な機能〉——心臓の機能はあくまで血液循環であって，たとえばノイズを立てることではない——をどうやって識別するのか。この問題に対する現代の生物哲学における1つの有力な解答は，機能自体を，それが過去の自然選択によって獲得された歴史的経緯から説明することによって脱目的論化する，機能の「起源論的説明（etiological explanation）」である。上の例に即していえば，心臓はノイズを立てるという無意味な機能ではなく，血液循環の促進という有利な機能を有していたために，たまたまそうした器官を獲得した生物が自然選択により選ばれて現在まで生き残ってきたという歴史的な事実によって，「心臓の機能は血液循環である」という言明の共時的意味を定義しようというわけである。

生物が食物獲得，求愛，天敵からの逃亡などの「目標志向的」な行動をとる有機的なシステムであるという事実は，自然選択による歴史的・起源論的な説明が与えられてもなお，共時的にあらゆる現象を物理学の言語で記述することをめざす現代の還元主義的機械論者にはいぜんとして解明すべき課題である。これに対してマイアのような機械論寄りの生物哲学者は，そうした生物の目標志向性を暫定的に「テレオノミー（目的律）」と呼び，デザイン論や生気論の刻印を帯びた「テレオロジー（目的論）」の概念から区別することを提案する。すなわち，コンピュータ・プログラムは一種の目標志向的な機能を有しているが，その製作過程や動作原理は完全に機械論的に説明できる。そこで，生物の目標志向行動をある種の機能的な〈プログラム〉によって維持されているものとみなすことにより，——その厳密な動作原理はとりあえずブラックボックスとみなさざるをえないとしても——過去の自然選択の産物としてのこのプログラム自体の獲得や動作は，超越的な原理に訴えなくとも，原理的には因果的・機械論的な分析に耐えるものだという立場を維持しうる，というわけである。この便宜的な立場はマイアの「プログラム科学」とも呼ばれている（マイア 1994）。

60 目的論と機械論　155

61 複雑系の科学——カオスや自己組織化論を取り込み，いまや複雑系
の科学は近代の還元主義的科学に対する批判的対抗勢力となりつつある

◆ **複雑系の科学とは？**

「複雑系（complex system）」——欧米では complexity（複雑さ）という
ほうが一般的だが——とは，システムを構成要素に分解し，その特性を分
析したうえでそれを再び合成する〈分解と綜合の方法〉によって，もとの
システム全体の挙動が把握できるとする要素還元主義が適用しえないシス
テムのことである。生命システムや経済システムなど，構成要素間の相互
作用がシステム全体の挙動を決定するうえで無視できないほど強力な場合，
もはや太陽系や気体分子集団のように「全体は部分の総和」という前提が
成立しなくなる。もっとも厳密には，後者のような例においてさえ要素間
の相互作用はゼロではなく，たとえばニュートン力学の模範的成功例であ
る天体力学においても，3個以上の天体が相互作用する多体問題の解析解
を得ることは原理的に不可能である。このように自然界の現実のシステム
は元来大なり小なり複雑系なのだが，従来の力学モデルでは，〈非本質的
な〉擾乱因子を近似的に無視する〈理想化〉のフィルターで掬い取れる限
りにおける自然の単純な局面にその考察を限定することによって，実用的
には多大な成功を収めてきた。それに対して複雑系の科学は，従来「複雑
すぎて対象化不可能」と切り捨てられてきた部分にも目を向け，複雑な世
界を複雑なままに扱うことを目標として掲げる。その点で「複雑系」は，
諸要素が見かけ上複雑に絡み合ってはいるがそれらを分解していくことに
よって最終的には単純さに到達することが可能な単なる「込み入った系
（complicated system）」からは，概念的に区別される（⇒**5**）。

◆ **複雑系とカオス**

複雑系の科学では，1970年代以降ブームとなったカオス研究がその重
要な部分をなしている。カオスとは「決定論的かつ非線形的な力学システ
ムにおける予測不可能な非周期的挙動」のことであり，その予測不可能性
は，システムの変化を記述する位相空間上の軌跡の大域的な挙動が「初期
条件のわずかな差異に対する鋭敏な依存性」を有する点に由来する。これ

156 第7章 科　学

はたとえば正確な天気予報を困難にする主な原因であり，比喩的に「北京でのチョウの羽ばたきが翌日フロリダに竜巻を引き起こしうる」という〈バタフライ効果〉として知られている。カオスはあくまで「決定論的なシステム」にかかわっているため，上記の「予測不可能性」は存在論的なものではなく，人間の認知・計算能力の限界に起因する――したがってラプラスの魔（⇨ 68）にとってはそもそも存在しない――ものであるとみるのが一般的であり，この点がそうした限定のない複雑系一般をカオスから区別する1つの基準となる。

◆ 複雑系研究の主要テーマ

複雑系研究のその他の主要なテーマとしては，「自己組織化」「内部観測」「人工生命」「複雑適応系（complex adaptive system：CAS）」などがある。プリゴジンが開拓した「自己組織化」問題は，デカルト以来〈不活性な延長〉としてもっぱら受動的な客体の地位に置かれていた自然の「能動性の回復」をめざすものと解釈することができる。観測者と観測対象との分離不可能性に伴う認識論的問題を扱う「内部観測」問題は，いわゆる近代科学の「主観 – 客観図式」の破棄につながる。遺伝的アルゴリズムを設定しサイバースペース上で選択と進化の過程をシミュレートする「人工生命」は，核酸とタンパク質をその構成要件とする従来の生命の定義の再考を迫る。経済システム，生態系，神経ネットワーク，インターネットなどの諸システムが――それらの見かけ上の多様性にもかかわらず――「自己組織化」「ネットワーク」「創発」「進化」といった概念でとらえうる一定の共通性を有している点に着目する「複雑適応系」研究は，複雑系の科学を真に学際的なものたらしめる。

複雑系の科学のキーワードの1つが「創発（emergence）」である。これは哲学史において，「創発的進化」といった形で機械論と生気論の中道を指すものとして用いられてきた概念だが，複雑系の科学ではいまのところ，明確に規定された構成的概念というよりは一定の研究動向を示唆する統制的概念として重宝されているにすぎない。しかし「複雑系の科学」自体が現時点では明確には定義できない研究動向の束といった趣を呈している以上，これは複雑系の科学を括るにふさわしいキーワードといえよう。

第 **8** 章

時間と形而上学

▶我々は，生まれ，成長し，年老い，死んでいく。我々の周りの事物は，造られ，機能し，古びて，廃棄される。生あるものもそうでないものも，みな時間的変化を免れることはできないようにみえる。だから，時間について考えることは，ずっと昔から，人や人を取り巻く物のありさまと意味について考えることにほかならなかった。科学時代の現代においても，この時間をめぐる哲学的思索は，もちろんさまざまな形で続けられている。時間と空間はどのように関係しているのか。時間の現実性を否定する論証は成り立つのか。出来事の生起は以前から必然的に決定しているのか。時間的変化の中にあって，同一にとどまるものとは何か。──時間をめぐる謎は深く，かつ広い。

62 純粋持続——ベルクソンが最初の主著『意識に直接与えられたものについての試論』（1889 年）で導入した彼の哲学の鍵概念

◆ 空間とは異なる時間の本性

　我々は，ふつう，時間を１本の直線としてイメージすることによって，空間的な座標に類似したものと考えている。しかし，ベルクソンによれば，常識や科学の基礎を形づくっているこうした想定は，時間の本性を見誤り，時間を空間化してしまっていて，そこから多くの哲学的難問が生み出されてくるのである。空間と時間の本性的相違は，以下の２点で示される。

　（1）質と量　　たとえば，右手に１本のピンを持って，それで左手をしだいに強く突き刺してみると，まずくすぐったい感じがして次に接触感があり，突き刺す感じが続く。感覚の時間的変化は，このように本来異質なものの連続であって，等質な単位の量的増大ではない。ところが，ピンがしだいに深く進む空間的な変化は，量的に確定することができるので，我々はこの空間的・量的増大を安易に感覚の質的変化に対応させてしまう。空間的・量的単位は等質なもので加算していくことができるが，異質な感覚の連続には，それを加算量として計測するための等質な単位などは本来存在しないのである。彼がとらえようとしたのは，空間化によって量化される以前の，このような質的変化・質的多様性としての時間であった。

　（2）継起と同時性　　時間的変化を数の増加として把握しようとするなら，空間化はすでに始まっている。というのも，数が増加していくためには，先立つ単位があとにくる単位に付加されるのをいわば「待って」いなくてはならず，それゆえ，それらの単位が同時的に並置されなければならないからである。このような諸単位の同時性は空間の特性であり，時間の本質である純粋な継起性を損なってしまう。また，運動体の軌跡をもって時間的変化を表そうとする場合もそうで，我々は運動体のいまの位置と記憶における過去の位置を同時的に並置し，それらを滑らかな線につなげて，それが時間的変化を表すと思い込む。しかし，このように表象された諸位置はあくまで同時的に把握されているので，それが時間の継起性を表しているとはいえない。さらに，純粋な継起性においては時間を以前・以後に

区分することもできない。それもまた両者の同時的並置だからである。

ベルクソンが「純粋持続」と呼ぶのは，このように同時的な諸部分からなる系列へと空間化され，量的なものとされる以前の，純粋に継起的な質的変化のことである。

◆ 思考による把握から直観へ

我々が時間を空間化してしまうのは，時間的変化を思考によって把握しようと試みるからである。たとえば，先ほどまで満たされていた紅茶のカップの様子を過去のものとして思い浮かべるや否や，その想起されたイメージはカップの現在の様子と並置され，同時的な系列へと空間化されてしまう。それゆえ，純粋持続は，想起や予期，あるいは言葉による概念的把握や記号的表象といった，空間化へ導く思考能力による把握を一切排除し，「直観」によってとらえられねばならないとされる。

◆ 自由の問題とのちへの影響

人間の思考や行動もまた自然科学が明らかにしてきた物理的法則に従って決定されているとすれば，人間は自分の意志で自由に行動しているという我々の確信は虚妄だということになるので，自由をどう考えるかという問題は，近代科学の成立以降哲学上の難問の１つであった。純粋持続の概念は，『意識に直接与えられたものについての試論』において，物質のあり方とは区別された我々の意識状態の特性として記述され，それによって意識という領域において人間の自由を保障するものであった。すなわち，物理的状態については因果法則が成立し，そこでは原因と結果の連鎖や，さらにそれらが位置づけられるべき線的時間表象が前提されているが，純粋持続においては，この線的な時間の存立そのものが否定されるのである。以前・以後に分離せずに継起する意識の諸状態については，因果関係を語ることはできず，未来を予見することも本来できないから，決定論は成立せず，そこに我々の自由が保障される（⇨ **68**）。

のちのドゥルーズは，ベルクソンのこうした持続概念を，自己自身との間に「差異」を生じるものとして独自に解釈し（ドゥルーズ 1974：1992），この「差異」概念を彼の哲学の一主題として展開したが，それによって純粋持続の概念はのちのフランス思想に少なからぬ影響を与えることになる。

62 純粋持続　161

63 ゼノンの運動のパラドクス——古代ギリシア，エレア派のゼノン（紀元前5世紀）が提出した，運動が存在することを否定する逆説

◆ 運動や変化は存在しない⁉

このパラドクスは，以下の4つからなり，アリストテレスが『自然学』で論じてから現代に至るまで2000年以上にわたって議論されている。

（1）二分割　君は競技場をわたり切ることはできない。君は有限の時間内に無限の点を横切ることはできない。君が全体を横切る前に，与えられた距離の半分を横切らねばならない。そしてそれを横切ることができる前に，その半分を横切らねばならない。これは際限なく続く。したがって与えられた場所には無限の点があり，君は有限の時間内に1つひとつ無限な数に触れることはできない。

（2）アキレスと亀　足の速いアキレスが亀を追いかけても，彼は亀を決して追い抜くことはできない。アキレスは，亀の出発点にまず達しなければならない。達するまでに亀は，いくらか前進している。そこでアキレスはそこにたどり着かねばならないが，亀は再び進んでいるであろう。彼はたえず近づいてはいるが，追い抜くことはできない。

（3）飛ぶ矢　飛んでいる矢は，静止している。なぜならば，どのようなものも，自らと同じ大きさの場所を占めているときには静止している。そしてまた飛んでいるものは，与えられたどの瞬間にあっても，つねに自らと同じ大きさの場所を占めている。だから，それは動くことはできない。

（4）競争場　半分の時間はその時間の倍に等しい。3列の物体を考えてみるとよい。すなわち静止している列（A）と，等速で反対方向に運動している2列（B・C）がある（図4）。一定時間ののちに，3列がすべて同じ位置にくるとする（図5）。このとき，Bの先頭が通過したCの数（4）は，それが通過したAの数（2）の2倍であろう。したがって，Cを通過するのにかかる時間は，Aを通過するのにかかる時間の2倍である。しかしBとCが，Aの位置にくる時間は同じである。よって2倍の時間は，半分に等しい。

以上の定式化は伝統的なものによったが（バーネット 1975，表現を一部修

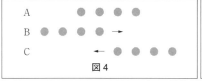
図4

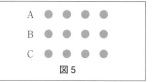
図5

正),第4のパラドクスでは,通過される各々の単位(図の●)が,一定の大きさの,それ以上分割できない時空の原子と解釈されており,各単位を通過するのに要する時間が時間の最小単位となっている。Bの先頭は列Cを通過するのに4単位時間必要であり,一方Aを通過するのに2単位時間必要だが,これらは同じ時間であるはずだから,パラドクスが生じるのである。ゼノンは,このように運動が種々の矛盾を含むことを示して,運動が存在することを否定しようとしたものと考えられている。

◆ さまざまな解決法と時間・空間論

第1と第2のパラドクスには,無限級数の和を求めるという数学的解決法がある。たとえば,アキレスが亀の出発点に到達する時間を t とし,アキレスと亀の速度の比を r とすれば,アキレスが亀に追いつく時間は,無限級数 $t+\frac{t}{r}+\frac{t}{r^2}+\cdots\cdots+\frac{t}{r^{n-1}}+\cdots\cdots$ の和として計算できる。しかし,この解決法は,もしアキレスが亀を追い抜くとすればそれはどの地点かという問題に正確に答えようとするだけで,追い抜くこと自体を否定するゼノンへの答えにはなっていないという反論がある。また,この解決法は,第3,第4のパラドクスには適用されないので,それだけでパラドクスの全体を解くことはできない。

もちろん,現実にはアキレスは亀を追い抜くはずだし,飛ぶ矢は飛んでいる。問題は,常識的な前提から出発しているゼノンの論証のどこが間違っているかである。そうした考察を通じて,我々の常識とは異なる時間・空間論の可能性が現在も模索され続けている。ベルクソンは,このパラドクスがまさに時間の空間化によって生じると考えているし,運動や静止という概念の再定義や,時空を分割する際の量子論的限界の想定など,このパラドクスを契機としてさまざまな時間・空間論が提起されているのである(ズワルト 1980:第11章)。

64 マクタガートのパラドクス──見かけとは異なり時間は現実的な ものではないことを示そうとした，イギリスのマクタガートによる論証

◆2種類の時間──A系列とB系列

マクタガートによれば，時間が我々に姿を現しているとき，出来事が時間の中で占める位置は，ただ2種類に分けられる。すなわち，彼がA系列と名づける過去-現在-未来という系列と，B系列と名づける以前-以後という系列の2つだけである。このうち，時間にとって本質的なのはA系列であり，B系列が時間的なものであるのは，A系列に依存してのことである。なぜなら，変化というものがなければ時間はありえないが，A系列抜きのB系列だけでは変化は成立しないからである。たとえば，出来事M（姉の誕生）のあとに出来事N（妹の誕生）が生じたとすると，Mが以前でありNが以後であるという関係は変化せず，恒常的である。一方で，出来事Nはかつて未来だったが，やがて現在になり，いずれ過去になる。A系列を形成するこれらの特性のみが変化するのであり，したがって時間が存在するとすればそれはA系列に基づかなくてはならない。

◆A系列の含む矛盾と時間の非現実性

ところが，A系列は重大な矛盾を含んでいる。なぜなら，A系列を構成する3つの規定は相互に排他的であるのに，どんな出来事もこの3つの規定をすべてもつからである。出来事Nが現在であれば，それは未来でも過去でもないし，それが過去であれば，それは未来でも現在でもない。しかし，同じ1つの出来事が，やがて未来-現在-過去という3つの規定すべてをもつことは明白である。

しかし，そのことがどうして矛盾なのだろうか。というのも，出来事が相互に排他的な3つの規定すべてをもつといっても，それらを同時にもつわけではないからである。出来事Nが「未来であり現在であり過去である」ならばたしかに矛盾であるが，時制表現を正しく用いて，出来事Nは「かつて未来だったが，いま現在であり，やがて過去になるだろう」等々と述べれば，矛盾はないのではなかろうか。

164　第8章　時間と形而上学

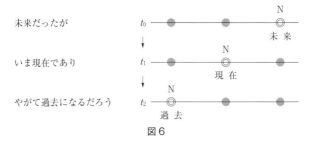

図6

　ところが，マクタガートによれば，それでも矛盾は消えないのである。というのも，上記の表現が意味するのは，出来事Nが「過去時の瞬間（t_0）において未来であり，現在時の瞬間（t_1）において現在であり，未来時の瞬間（t_2）において過去である」ということだからである（図6参照）。

　すると，出来事Nについての矛盾は，そのままこの「瞬間」についてもいえることになる。というのも1つの瞬間は，過去時の瞬間でもあり，現在時の瞬間でもあり，未来時の瞬間でもあって，A系列の3つの規定（過去－現在－未来）すべてをもつことになるからである。この矛盾を同じ方法によって，つまり「瞬間」についても時制を用いて語り，「ある瞬間は未来であり，現在や過去になるだろう」等といって回避しようとしても循環するだけである。だから，我々は決して矛盾を脱出できない。

　したがって，矛盾を含むA系列は存在しえず，それゆえA系列を本質とする時間は現実的なものではありえないことになる。

◆のちへの影響

　以上の論証にはすでに多くの疑問が提起されている。たとえば，マクタガートがそう考えたように，A系列とB系列では本当にA系列のほうが時間にとって本質的なのだろうか。また彼が想定しているように，過去から現在を通って未来へと移動していく「出来事」や「瞬間」というものが本当にあるのだろうか。彼の論証のすべてが正しいと考える人はむしろ少なく，そのどこに誤りがあるのかという考察を通じて，時間に関するさまざまな議論を引き起こした点が重要だともいわれるが（入不二 2002），彼が提案したA系列とB系列の区別は，今日でもとりわけ英語圏の哲学において時間が論じられる際の基本的枠組みの1つとなっている。

65 過去把持/未来予持——フッサールが『内的時間意識の現象学』（1928年）で導入した現象学的時間論の基礎概念

◆ 時間の構成ということ

ふつう，時間は遠い過去から遠い未来へ向かって直線的に無限に進むと考えられている。しかし，少し振り返ってみると，我々がじっさいに意識している時間の区域は，現在を中心とするわずかな部分にすぎず，遠い過去や遠い未来の部分は抜け落ちているようにみえる。そうとすると，宇宙の歴史を貫く無限の時間というイメージは，我々が直接意識している部分に遠い過去や遠い未来の部分が何らかの仕方であとから付加されてできた概念的構成物だということになるだろう。我々がふだん，自明なものと考えている無限の時間直線は，それを構成する意識の働きに基づいていると考えることができるのである。

◆ 根源的時間直観の構成契機

しかし，構成されるのは，そうした遠い過去や未来の部分のみではない。我々が直接知覚していると考えられる部分（根源的時間直観と呼ばれる領域）もまたそうなのである。たとえば，「ドレミ」というメロディを聴くとき，たったいま過ぎ去った音（ドやレ）がその都度完全に消失してしまえば，そもそもメロディの知覚は成立しない。また現在の音と同様に残存しているのなら，メロディではなく複数の音の和音が知覚されるだろう。メロディの知覚が成立するためには，過ぎ去った音が何らかの変様を受けて現在の音とともに認識されねばならない。それゆえ，フッサールの師であるブレンターノは，その都度のいまの音に，過去の音の記憶表象が直接的に連結すると考え，それを想像（想起）の働きによるとした。想像は，過ぎ去った音を再生し，それに過去という契機を付加するというのである。

しかし，フッサールは，たったいま過ぎ去った音をいまの音に連結する働きは想像によるものではありえないと指摘する。なぜなら，想像された内容（彼はこれをファンタスマと呼ぶ）は現在にあるからである。たとえば，昨日の出来事（友人とお茶を飲んだこと）を想像（想起）するとき，この想像されたもの（お茶を飲む情景）は，現在において表象されている。した

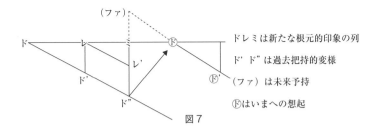

図7

がって，それはたったいま過ぎ去った音がもつような根源的な過去性はもちえないというのである。こうして，彼は，根源的時間直観が，新たな印象の源泉点である「根元的印象」と，それに連続する，想起とは厳密に区別された「過去把持」および未来の部分でのその対応物である「未来予持」からなるとした（図7）。図の横線は，新たな根元的印象（ドレミ……の各音）が次々に登場してくる連続を表している。たとえば3番目のミの音が現れたとき，先立つレの音はレ'に変様されて過去に沈み込み，いっそう変様されているド"とともに把持され続ける。その一方で我々はミの後に来るであろう音を予め把持できるが，この未来予持（ファ）も予期という仕方でファの音を想像することとは異なる（縦線の連続）。また，これらに対して，我々が過去に沈んでいる音（ド"）を想起する場合には，我々はそれを現在の地平にまで呼び戻す（Ⓓ）のである。

◆ 問題点と批判

フッサールは，あらゆる認識問題を，現象学的還元という方法によって開かれる意識経験の領域から解明しようとしたが，我々の意識経験はつねに時間的な様相において現れるから，この経験がどのような時間構造をもっているかという問題は，フッサール現象学にとっては非常に重要な問題であった（⇨ **66**）。つまり，あらゆる認識の根源は，最終的には一切の変様を免れている根元的印象の「いま」という点に求められるのである。しかし，幾何学的に点的な「いま」は存在しえず，具体的なものはすべて過去把持的変様を伴わなければならないという事態は，「いま」という「現前」がそもそも過去把持という「非-現前」を含まざるをえないので，現象学の最終的基盤は崩壊してしまうとも批判される（デリダ 1970）。また，『内的時間意識の現象学』における過去把持／未来予持の概念規定には不整合な点もみられ，解釈上なお議論の余地を残している。

65 過去把持／未来予持　　167

66 生き生きした現在——フッサール晩年の時間考察の中心テーマ。我々が認識しつつ生きるときの最終的立脚点

◆ 世界を構成する主観性の最深層

　フッサールの現象学は，我々の認識する対象をつねに意識との相関関係においてとらえ，その関係を志向性という概念を用いて記述する。たとえば我々が1本の樹を知覚するとき，樹は一定の表面だけを見せているが，我々は樹を無限に多様な現れを見せるものとして見ている。我々の意識の働きは，樹の一面にすぎないものにいわば生気を吹き込み，1本の樹という対象を構成する。このように我々の主観的な体験に汲み尽くせない客観が，しかもなお主観の働きに依拠して成立するというこの構造こそフッサールの志向性概念の特徴であり，このことは想像や理念的対象の把握といった知覚以外の別の意識経験についてもいえる。つまり，あらゆる認識対象は意識による構成の働きに基づいて存在しているのである（⇨ *80*）。

　ところで，こうした意識経験は，一種の時間的な流れの姿をもっており，その時間的な構造の分析は，現象学が開始された当初から難問の1つだった（⇨ *65*）。とはいえ，この意識の流れがあらゆるものの最終的基盤だということはできない。ドレミというメロディの知覚を例に考えてみよう。ド・レ・ミのそれぞれの音およびドレミというメロディ全体は，時間的変化の中で1つのまとまりをもっている。こうした対象のまとまりは，それぞれの音をまとまりとして構成する意識によって支えられている。つまり，一方ではド・レ・ミという各音（およびその統一としてのメロディ）があり，他方にはそれらを構成する意識がある。しかし，対象ドを構成する意識は対象レを構成する意識に先立ち，さらに対象ミを構成する意識が続くのだから，各音を構成する意識のほうは，これはこれでやはり同様に流れの様相を示している。つまり，時間的対象を構成する意識もまた，それぞれの時間位置をもった流れなのである。つまり，意識経験の流れは，それ自体が構成されたまとまりとして，より根源にあるものから出来ていることになる。そして，メロディの流れもそれを支える意識流も，音を聞き取っていく「現在」から発生するのだから，あたかも川の流れの湧出点のよう

168　第8章　時間と形而上学

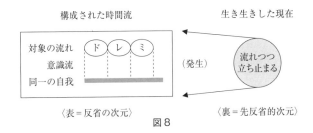

図8

に，時間の中でまとまりをもつものすべては，この「現在」に源泉をもつのである。晩年のフッサールはこれを「生き生きした現在」と呼んだ。

◆生き生きした現在は特異な性格をもつ

この「現在」は，通常の時間の流れが構成される以前のものだから，「先時間的」なものである。また，この「現在」は「先反省的」である。なぜなら，ドレミという各音を現在の音として把握していくとき，我々は心の視線を，登場する音に差し向けており，それによって音の対象性を確立するのだが，「生き生きした現在」はこうした時間的対象性が構成される以前のものだからである。この「現在」はすべてがそこから産出される源泉として「流れる」性格をもつが，しかし，それが時間位置的に展開される以前のものだから「立ち止まる」性格ももつ。この「流れつつ立ち止まる現在」という根源的なまとまりは，自我の構成的働き以前のものだから「原受動的」である。また，この「現在」が先反省的だということは，反省のまなざしにとって，それはあくまで裏側に潜んでおり，無名のまま本質を現さないということを意味する（ヘルト 1997）。

◆謎

しかし，反省の視線が届かない，この最根源的次元について我々が語りうるのはなぜなのか。この次元は，その存在が論理的要請として推論されるものにすぎないのだろうか。それとも我々は，何らかの非反省的な仕方でこの次元に関する知をもっているのだろうか。「生き生きした現在」をめぐるこうした謎は，反省という現象学的方法の限界の問題ともかかわって，現象学および現象学的時間論の重要な主題の1つとなっている。

67 現存在の時間性──ハイデガーの『存在と時間』（1927 年）において，「ある」ということの意味と時間との関係が探究される際の中心的論題

◆ 存在についての問いと時間

　自分がこの世に生をうけ，いま存在していることを不思議に感じたことのある人は多いだろう。同じことは，宇宙についても当てはまる。全世界がまったくの無ではなく，何かが存在するのはなぜだろうか。そもそも何かが「ある」とはどういうことだろうか。じつは，この「ある」を解明することは，古代ギリシア以来，哲学の根本問題の１つであった。

　ハイデガーは，このような「存在」の解明に生涯を傾けたが，その際，「存在者（存在しているもの）」と「存在（ある）」とを明確に区別した。たとえば，目の前にある１つのコップや私がいま耳にした１つの音は「存在者」である。それらを「存在者」たらしめているものが「存在（ある）」であるが，コップや音といった「存在者」について問うことは，存在者の「存在（ある）」について問うこととは区別しなければならない（この相違はのちに存在論的差異と呼ばれる）。

　そのうえで彼は，「存在」を時間とのかかわりから理解しようとした。というのも，たとえば，自然界の事物は時間的変化のもとに存在するが，数学的法則は非時間的であるといった具合に，昔から存在者の領域を区分するために時間が基準とされてきたからである。ハイデガーはしかし，こうした素朴さを抜け出て，時間を正しく解釈することによって，「存在」の多様性と，それら多様性を超えた普遍的統一としての「存在」一般が，時間とのかかわりから理解できるはずだと考えるのである。

◆ 手がかりとしての現存在

　ハイデガーは，存在についての問いを進めるために，現存在の存在を手がかりとする。現存在とは，存在の問いを問う者としての人間である。そもそも，人間以外のあらゆる存在者は存在について問わないのに，人間はなぜ存在について問うことができるのだろうか。それは，我々が存在者と存在の相違を了解しつつ存在について問うとき，漠然とではあれ，存在に

関する何かをすでに了解しているからである。その意味で現存在は特殊な存在者である。また，我々が問うことのできる存在であるということも，存在についての問いを可能にする根拠となっている。つまり，存在についての問いが可能になるのは，現存在の存在構造（我々のあり方）に基づいてのことなのである。それゆえハイデガーは，現存在の存在構造（⇨ *81*）を分析し，その存在了解を解明しようとした。

◆ **現存在の時間性**

その際，彼は，現存在の本来的態度と非本来的態度とを対置し，それぞれに固有の時間概念と存在概念を対応させようとした。我々は，ふだんなにげなく暮らしているとき，その時々の世間のあり方に流されて自己を失いがちであるが，それが非本来的態度である。これは時間的にみれば，日常に埋没し，いま現在，現前しているものに心を奪われる態度である。また，こうした態度では，自分が投げ入れられ，立ち向かうべき状況は忘却され，自分が配慮している物事の出来不出来からのみ将来の自己を予期する。この〈予期－現前－忘却〉が現存在の非本来的時間性の構造であり，これには「臨在性（その場にあること）」という存在概念が対応する。

一方，本来的態度とは，我々が死すべき存在であるということを自覚し，自らの死へと先駆けるあり方で，そこでは圧倒的に将来に重点が置かれている。死へと先駆けてそれを引き受ける決意をすることは，また，いまの瞬間を大事に生きることであり，さらに，はるかな未来を夢想するのではなく，おのれの置かれた状況を新たに受け取り直すことでもある。この〈先駆－瞬間－反復〉が現存在の本来的時間性の構造にほかならない（また，非本来的・本来的時間性は〈将来－現前－既在〉という共通構造をもつ）。

とはいえ，この本来的時間性と当然対応しているはずの存在概念については，『存在と時間』では語られることはなかった。というのも，この書は，前半部が出版されただけで中断され，存在を現存在の時間性から解明するという企図は，ついに完遂されることはなかったからである。未完部分の内容を推測し，再構築する試みも行われているが（木田 2000），当初のプログラムのどこに難点があったかを検討することは，ハイデガーのその後の思索の歩みを理解するうえでもたいへん重要である。

67 現存在の時間性　171

68 決定論と自由――人の心の動きも含め，すべての出来事があらかじ
め決まっているとする決定論は，我々が自由であることを否定するのだろ
うか

◆**すべてはあらかじめ決定されているという考え**

　人間や自然界が何らかの法則によって支配されており，次々と生起する
出来事はあらかじめすべて決定されているという考えは古くからあった。
この考えに直面したとき，すべてが「運命」や「神の摂理」によって決定
されていることと，自分の自由意志によって行動しているという我々の日
常的確信とがどのように整合するかが問題となった。近代以降は，すべて
を決定するものの候補として自然法則が加わり，今日ではこの自然法則に
基づく科学的決定論と人間の自由との関係が議論されることが非常に多い。
また，すべてが決定済みだとすれば，どのように振る舞おうとも，行為者
に責任はないように思われるから，この問題はしばしば道徳的責任の問題
と関連させて論じられている。

◆**物理的決定論と自由**

　19世紀初頭の数学者・物理学者であるラプラスは，ある与えられた瞬
間におけるすべての力とすべての物質の力学的状態を知り，かつそれを解
析できる知性が存在すれば，この知性にとって不確実なことは何もなく未
来を予知できると考えたが，このような知性はのちに「ラプラスの魔」と
呼ばれて，物理的決定論を象徴するものとなった。20世紀に成立した量
子力学は，ミクロのレベルではそうした古典力学的因果律（⇨ *52*）が成
立しないことを示したが，こうしたミクロレベルの非決定論を根拠として
通常のマクロレベルでも非決定論を主張できるとする立場と，非決定論が
成立するのはミクロレベルのみで，マクロレベルでは決定論が成り立つと
する立場（準決定論と呼ばれる）とで解釈が分かれている。

　かりに物理的世界について決定論が成立するとした場合，次に問題にな
るのは，①心的事象を含む人間の行為もまた，そのような厳密な因果律に
従っているのかどうか，②決定論が真である場合，それは人間の自由を否
定することになるのかどうか，という相互に絡み合った問題である（ホン

172　第8章　時間と形而上学

デリック 1996）。①の問題には，最終的には物理法則に従うはずの脳を中心とする神経システムの物質的組成と心的状態の関係，すなわち心身問題が関係してくる（⇨第6章「心の哲学」）。たとえば両者を同一とみなせば（心脳同一説），心的状態の変化もまた因果的に決定されていることになるが，何らかの形の二元論をとるなら，そのように考える必要はない。また，かりに心的事象を含むすべてについて決定論が成立したとしても，必ずしもそこから私たちの自由の否定が導かれるわけではない。それが決定論の帰結ないし含意をめぐる②の問題である。もちろん，たとえば18世紀フランスのドルバックのように決定論によって人間の自由を否定したり，さらには道徳的責任を否定したりする者もあるが，多くの哲学者は両者を整合するものと考えようとしている（W. ジェームズは前者を「堅い決定論」，後者を「柔らかい決定論」と呼んだ）。

　決定論が自由を排除するという立場は，今日では「非両立論」と呼ばれることが多い。非両立論の立場には，上でみたように自由を否定するものと，逆に自由を擁護して決定論を否定するものがある。それに対して両者が整合するとみる立場は「両立論」と呼ばれ，17世紀のホッブズやヒュームにまで遡ることができる。彼らによれば，自由とは意志の決定に従って行為したり行為を差し控えたりすることにほかならず，我々の経験に具体的に与えられているこうした事実は，たとえ決定論が真だとしても完全に可能なのである。両立論と非両立論の論争は，形を変えながら現代に至るまで活発に行われている（⇨第5章「行為」）。

◆ 問題の根を掘り崩す試み

　こうした論争とは別に，世界の全事象に関する原理的予言可能性という概念の空虚さを指摘する議論（大森 1971）や，因果作用の基盤となっている時間概念の批判を通じて自由を確保する議論（⇨ *62*）など，決定論の問題を根本から再考する試みも提起されている。

68 決定論と自由　173

69 必然性/偶然性——世の中に必然的なものがあるとすれば，それはどのようなもので，どこからやってくるのだろうか

◆ 必然的なものとは何か

常識の立場では，人の日常の行動や出来事はみな偶然的（たまたまそうなっている）で，必然的（必ずそうなるはず）なものではない。世の成り行きがすべて必然的に決定されているとする運命論は古くからあったが，必ずしも一般的に信じられていたわけではなかった。その一方で，たとえば矛盾律のような論理法則がもつ必然性は，誰もが認めざるをえないほど強いものにみえる。我々が本当に必然的と呼べるものは何であり，またその必然性はどこから来るのだろうか。必然性をめぐるこうした問題は，古代から哲学者たちの興味を強く引いてきた。

◆ 自然の必然性と論理の必然性

近代になると，科学的決定論（⇨ *68*）の影響のもとに，我々の日常の経験や出来事もじつは必然的なものであるという見方が有力となった。つまり，出来事の生起はすべて自然法則によって因果的に決定されており，偶然にみえるのは，知的限界によって因果連関の詳細について我々が無知なことによる，というのである。しかし，今日の昼食のメニューが過去からの因果連鎖によって決定されているとしても，それは本当に必然的といってよいのだろうか。というのも，そもそも現在のような世界そのものが存在しない可能性もあるからである。それゆえ，ライプニッツは，そのような自然に関する真理と論理的必然性とを厳密に区別した。すなわち，たとえば矛盾律が示すような論理的必然性はその反対が不可能なもので，「思考の真理」あるいは「永遠の真理」と呼ばれ，一方，自然界に成立する真理は反対が可能で，「事実の真理」あるいは「偶然的真理」と呼ばれたのである。

また，ヒュームは，自然法則における原因と結果の「必然的結合」は，結局，2つの出来事がつねに伴って生じるときに人間によって想像されたものにすぎないとしたが，この立場は現代の因果規則性説に引き継がれる（⇨ *52*）。こうした見方では，物理的決定論は厳密な意味での必然性には

かかわらないことになる。さらに，量子力学によって古典力学的因果律が
ミクロのレベルでは成立しないことが明らかになったこともあって，現代
においては，必然性をめぐる議論は，論理的必然性に関するものが中心と
なった。

◆ 論理的必然性の探究

カントは，必然的なものはア・プリオリな（経験に由来しない）ものと
考えた。論理的真理ももちろんそれに含まれたが，カントはそれをライプ
ニッツに倣って分析的なものとする。「日本人は人である」のように，主
語概念のうちにあらかじめ含まれている述語概念を分析して取り出すだけ
の分析判断は必然的に真であるが，これは主語に新たな概念を加える総合
判断とは異なり，我々の知識を拡張しないとしたのである。

20世紀になると，論理実証主義者たちは，このような分析判断のもつ
必然性は言語的規約によって説明可能であると考えた。なぜなら，分析判
断が真であるのは，そこで使用される語（「日本人」「人」「である」等）の
意味によってであり，語の意味は，その使用規則を定める規約によって決
定されるからである。彼らは，必然性を人間の定める規約に基づけること
によって，いわば必然性の神秘を解消しようとしたともいえるだろう。

これに対しクワインは，そのように論理的真理を規約に基づけることに
反対し，また分析的/綜合的という区別そのものに異議を唱えた（クワイ
ン 1992）。すなわち彼は，必然的真理と偶然的真理とに原理的な差異を認
めず，論理法則でさえ改訂の可能性をもつという。我々の知識や信念は全
体的体系を形づくっていて，この全体が経験によって検証ないし反証され
ると考えるのである。しかし，ホーリズム（全体論）と呼ばれるこのよう
なクワインの立場には，彼の論証に対する疑義や，それが不斉合を含むと
いう指摘がすでに提起されている。

また，これとは別に，現代の様相論理学において，必然性を「可能世
界」というライプニッツ由来の概念を用いて規定する試みも行われている。
それによると，必然的真理はあらゆる可能な世界において成立する真理と
なるが，可能世界の身分をどのようなものと考えるかなどの点については
立場が分かれている。

69 必然性/偶然性　175

70 同一性と変化──同じ物，同じ人，同じ出来事など，「同じ」は我々の生活の基盤になっているが，この同一性の概念とはどのようなものだろうか

◆ 質的同一性と数的同一性

たとえば，双子がまったく同じだというときに考えられているのは，2人の性質の同一性である。これは質的同一性と呼ばれる。しかし，2人は別々の人間であり，その限りでは異なる。このとき考えられているのは，対象としての同一性であり，これは数的同一性と呼ばれる。双子は質的には同一かもしれないが，数的にはそうではない。

◆ 不可識別者同一の原理

ライプニッツは，「すべての性質を共有する個体は同一である」という不可識別者同一の原理を主張したとされる。この「同一」は，もちろん数的同一性のことである。しかし，この場合の「性質」を上記の双子の性質のように考えるとすれば，この原理が成立しないことは明白である。かりに完全に等しい性質をもった双子がいて，我々が2人を識別できないとしても，そのことから双子が同一人物であることは導かれないからである。ただし，空間的位置づけをも個体の性質に含めるとすると，事態は違ってくる。その場合，双子は，空間的に別の位置をもつというだけで異なる性質をもち，すべての性質を共有することにはならないので，数的に同一ではないことになって，これは現実に合う。しかし，空間的位置も含めてすべての性質を共有するものとは，その個体ただ1つであるから，この原理は，結局，自然のうちには性質の同じ2つの個体はないという主張を意味することになる。すると，たとえば同種の原子2つも位置が異なるだけで質的同一性をもたないことになろう。これはライプニッツの立場であったが，空間的規定を個体の性質に帰すことについては当時から論争（ライプニッツ─クラーク論争）があり，また今日では支持を得にくいものと思われる。

◆ 同一者不可識別の原理

「数的に同一のものは，すべての性質を共有する」は，上記の原理を逆

にしたもので同一者不可識別の原理と呼ばれる（これはしばしば誤って「ライプニッツの原理」と呼ばれるが，ライプニッツ自身は主張していない）。この原理ならば，成立するだろうか。

たとえば，スーパーマンが昨日の正午，東京スカイツリーにいたとする。佐藤氏はそのとき，別の場所にいて東京スカイツリーにはいなかった。もし，スーパーマンと佐藤氏が同一人物だとすれば，「昨日の正午，東京スカイツリーにいた」という性質を共有しているはずだが，事実はそうではない。したがってスーパーマンは佐藤氏ではないことが分かる。ここでは，同一者不可識別の原理は，我々の日常的経験とうまく合致しているようにみえるが，この事例には「昨日の正午」という限定があることに注意しなくてはならない。というのも，性質の時間的変化を視野に入れると，困難な問題が生じるからである。

非常に単純な例で考えてみよう。粘土の塊で何かの像をつくる場合，我々は，ふつう，昨日粘土の塊であったものと，今日像であるものとは同一だと考える。しかし，それらは明らかに異なる性質をもっている。同一者不可識別の原理に従えば，同一のものはすべての性質を共有していなければならないが，日常的経験ではそうではない。このことは，何であれ，時間的に性質を変化させながら存続するものについてはいえることである。

こうした困難を回避するために，同一性に何らかの限定を加える方策が提案されている。その1つは，通時間的に成立する絶対的同一性とは別に，ある一定の時刻に限定された同一性（tensed identity）を考える方法である（Lewis 1983）。この立場では，上記の粘土塊と像とが同一であるといえるのは，像が形成された時刻以降のみである。また，絶対的な同一性を否定し，一定の観点についての相対的同一性（relative identity）のみが成り立つとする主張もある（Geach 1973）。この相対的同一性の立場からは，粘土塊と像とは絶対的に同一なのではなく，同じ粘土である限りで同一だということになる。

71 人格同一性——現在の自分は，過去の自分や未来の自分と同じだといえるだろうか。いえるとすれば，どのような条件によってだろうか

◆ 人格同一性と変化

人格同一性の問題は，同一性の問題（⇨ *70*）の一部であり，「時間的変化を通じての人格の同一性は何によってもたらされるか」「そもそも人格とは何か」という問いにかかわっている。また，ある人物が過去に犯した罪の責任を，現在のその人に問うことができるのは，両者が同じ1人の人間だからであり，それゆえ人格の同一性の問題は，道徳的帰責（責任を帰すこと）を含む倫理的問題とも関連している。

◆ 人格同一性の物理的基準

過去のある人物が現在のある人物と同じだと判断する基準としてすぐに思い浮かぶのは，身体の同一性である。しかし，1人の人間の身体を構成する物質は，一定の時間に大部分入れ替わってしまうから，身体の同一性は，構成物質の同一性に帰すことはできない。むしろ，ある種の形，たとえば指紋，歯の治療痕，虹彩，遺伝子配列など，同一のままとどまる形態に基づくと考えねばならない。

とはいえ，かりに，脳移植が実現され，2人の人間の脳が入れ替わったとすると，たとえ，他の部分の遺伝子配列が以前のままだとしても，我々はもはや脳を入れ替えられた人を以前と同じ人だとは考えないであろう。こうした思考実験から，人物の同一性の基準を身体全体ではなく，脳の同一性に求める立場がある。

◆ 人格同一性の心理的基準

ところで，別の人の脳を移植された人を我々がもはや以前と同じ人物と考えないのはなぜだろうか。それは，その人の意識が入れ替わってしまうと考えられるからであろう。我々がその人に「あなたは誰ですか？」と尋ねたら，その人は，脳の移植元の人物名を答えるに違いないのである。だとすると，人物の同一性にとって重要なのは，脳の同一性というよりも，その人の意識の同一性ではないか，とも考えられよう。じっさい，我々が「人物」とか「人格」とかで名指そうとしているのは，単に身体の物理的

な同一性というよりは，人の性格特徴など心理的側面をも含んだものであ
ろう。

　ここから，人格同一性の基準を心理的なものに求める立場が登場するこ
とになる。この立場の基礎は，人格同一性の基準を意識の同一性ないし記
憶の連続性に求めたロックによって築かれた。彼によれば，私が，幼い頃
の私と人格的に同一であるのは，その頃の記憶を私がもつ限りにおいてな
のである（記憶理論）。しかし，ロックの記憶理論は，記憶の忘却や事実
に基づかない記憶の混入において同一性をどのように扱うかなど，多くの
難点を含んでいるので，現代ではこれを改良する議論が提起されている。

　たとえば，過去の記憶を回復不可能な形で喪失してしまった人がいると
しよう。すると，ロック的記憶理論では，彼はもはや過去の人格と同一で
はない。しかし，彼の記憶が失われたとしても，彼の発声や身振りのくせ，
味覚の好みなど，彼の人格に属すると思われるものは存続するかもしれな
い。このとき，我々は彼を別の人格だとみなすことを躊躇するだろう。こ
こから，人格を同定するための基準を記憶の連続性よりも広くとり，性格
特徴などをも含めた心理的なもの一般の連続性とし，この心理的特徴を身
体の物理的特徴と区別して機能主義的にとらえる立場がある（シューメイ
カー／スウィンバーン 1986）。ただし，こうした立場をとるにしても，この
心理的特徴を心脳同一説的にとらえるなら，我々は同一性の基準を再び脳
に求めることになろう。

◆ 還元主義と非還元主義

　また，このように人格を心理的ないし物理的特徴の経験的連続性にいわ
ば還元できるとする立場と，人格はそれら特徴の記述に際してすでに前提
されているもので，還元不能だとする立場とは区別される（パーフィット
1998）。後者の立場は，さらにデカルト的な二元論の流れとカント的統覚
理論の流れに分かれる。つまり，ここでは心身問題に対する態度決定が，
立場の相違にかかわってくることになる（⇨第6章「心の哲学」）。

71　人格同一性　　179

第9章

価値と倫理

▶現代倫理学は大きく分けるとメタ倫理学, 規範倫理学, 応用倫理学に分類される。倫理的な諸問題とは──煎じ詰めれば──我々と他者との間柄において日常的に生じる諸問題であるのだが, それらを明確化するための原理や概念を与えるのが倫理学の役割である。「その行為は正しい」「彼女はその行為をすべきではなかった」という道徳的判断において用いられている諸概念(「正しい」「べき」)の分析を行うのがメタ倫理学であり,「この状況にあってはどのように行為すべきか」「どのような政治体制が正しいのか」といった規範的な問題を扱うのが規範倫理学である。また人工妊娠中絶や安楽死, 肉食の是非といったより具体的な実践的諸問題を扱う倫理学が応用倫理学と名づけられている。本章ではとりわけ前二者にかかわる諸問題を分析的倫理学のアプローチに依拠して論じている。

72 存在/当為——行為の理由の認識は我々をその行為へと導くのか

Is を含んだ事実言明（〜である）から Ought を含んだ当為言明（〜すべし）を導くことはできないという主張を中心とする問題群が，伝統的に「存在/当為」問題と呼ばれている。この主張はヒュームにその起源を有するが（ヒュームの法則），再び倫理学上の争点として台頭してきたのは 20 世紀における英語圏での論理実証主義とそれに続くメタ倫理学（および言語哲学）の隆盛によるところが大きい（Hudson 1983）。

◆ ヒュームの法則

道徳についての多くの論者はしばしばほとんど無自覚に，「何が事実であるのか」という記述的言明から「何が事実となるべきであるのか」という当為言明を導いているが，この「である」から「べき」への移行について十分な説明や正当化を行ってはいないという批判をヒュームは『人間本性論』（1739 - 40）で呈している。「べきである」「べきでない」は「である」「ではない」とは異なる，規範的な主張を表現しているため，そうした新たな主張がどのような演繹によって事実言明から生じうるのか，このことについて理由が与えられるべきである，と。

道徳理論にかかわる問題としては，人々はしばしば日常において〈事実である〉事柄から〈事実であるべき〉事柄を導くことを行っている。たとえば，日本では歴史的に死刑は一時の中断を除くと制度として継続しているが，ある者はこの事実のみに依拠して「我々は死刑制度を存続すべきである」と主張することがある。しかしこうした主張はこの世界の中に存在している「事態」を描写しているのではなく，発話者の実現されてほしい「願望」を表明しているとみなされる。なぜなら「存続すべき」という規範的な主張を導くためには，「継続している」という単なる事実とは異なる，更なる要素（発話者の情動や感情）を導入する必要があるからである。ヒュームにあっては，「その行為は全体としての幸福を最大化するであろう」という事実のみから，さらなる前提（たとえば「我々は幸福を望んでいる」）を導入することなく，「その行為は為されるべきである」という当為

182　第 9 章　価値と倫理

判断を我々は論理的に推論することはできないのである。また当為判断には実現すべき行為や出来事を表明し，行為への動機づけをもたらす機能があるが，この「行為指針的な要素」が単なる事実言明から当為言明を区別する根拠の一つとなっている。

◆ 非認知主義

それゆえヒュームの法則からインスピレーションを受けた者は，当為を含んだ言明とはこの世界に存在する諸特性を指示するという機能を有しているのではなく，その主要な役割は我々の感情を表出したり，人に対して命令を行うことにあるという情動主義（エアー，スティーブンソン）や指令主義（ヘア）という立場を主張している（より洗練された形では，ある対象に対する我々の態度や，我々が受け入れている規範を表出しているという論者もいる〔ブラックバーン，ギバード〕）。彼らにあっては，存在についての判断と当為についての判断との間にある差異とは，記述すること（事物がどうあるか）と推奨すること（事物がどうあってほしいか）との差異なのである。したがってこの立場においては，当為判断とは「真偽」が問題となる記述的な判断ではなく，それゆえ世界について真なる情報を伝えることもないため，「道徳的知識」というものも存在しないことになるのである。

◆ 言語行為論と「善い理由」

当為判断は事実を述べておらず，それゆえ真偽を問えないという非認知主義的見解は1950年代までは優勢であったが，しかしながらその後さまざまな批判が向けられることになった。存在と当為との間には隔たりが存在するという想定に対して，まず言語行為論の立場から反論が提起された。サールは「行為指針的な要素」を含んだ当為判断が事実を描写する判断から論理的に導けることを，「約束」という社会的実践を用いて分析している。

① 「これによって私は君に5000円払うことを約束する」とAはBに請け合った。
② AはBに5000円払うことを約束した。
③ Aは自らにBに5000円払うという責務を負わせた。
④ AはBに5000円払うという責務を有している。
⑤ AはBに5000円払うべきである。

このようにして約束という契約関係を結ぶことによって，「A は B に 5000 円払うことを約束した」という事実から「A は B に 5000 円払うべきである」という当為を含んだ判断が論理的な飛躍なしに導けることをサールは提示している（サール 1986）。

またベイヤーやトゥールミンらは，道徳的当為判断とは単にある対象に対する感情を表出しているのではなく，「その行為は為されるべきだ」という主張の背後にはそれを支持する「理由」が存在し，この理由を分析することによってその判断が正当なものであるか否かを決定することができると論じている（善い理由に基づくアプローチ）。何が善い理由であるか否かは我々がすでに受け入れている原理によって評価することができ，この原理と一致している当為判断は真であり，そうでない判断は偽であるとして，当為判断であっても真偽を問いうる判断であることを彼らは提起している（規約主義的立場）。

◆ 認知主義と自然主義

さらに近年では徳倫理学，道徳的自然主義，そして倫理的構成主義の側から存在/当為問題に対してある回答が示されている。徳倫理学からは，事実判断と当為判断という二分法は近代の産物にすぎず，有徳な人物であるならば何が善であり何が正であるのかを知覚（認知）でき，そしてこの知覚に従って行為することを欲することができると論じている。当為判断とは世界に対する我々の感情の投影でもなければ，何らかの原理に従うことから導かれるものでもなく，その状況において何が顕著な（salient）事実であるのかを知覚することから導かれるという立場をマクダウェルは示している（McDowell 1998）。当為などの価値は我々の感情から生まれた「子ども」であるというヒューム流の主張に対して，価値と我々の感情との連関性のメタファーとして適切であるのは，「兄弟姉妹」という平等で相互的な関係であり，一方が他方に対して何らかの優先権を有しているわけではないとマクダウェルは提起している。

そして道徳的自然主義からは，我々の「実践的推論」は事実的な判断から当為判断を論理的に導くことを行っていることを指摘している（Rachels 2000）。

① 太郎は花子と1時間後に会いたい。
② 花子と1時間後に会う唯一の方法は太郎が渋谷に行くことである。
③ それゆえ，太郎は渋谷に行くべきである。

　この例は我々が実践的な推論を行う際には，当為判断と理由，そして選好の間に重要な連関性が存在することを示している。もし我々の実践的推論の前提の中に当事者にかかわる適切な「諸欲求」についての情報が含まれているならば，我々はその人が為すべきことについての結論を妥当な仕方で導くことができよう。じっさいこの推論にはヒュームが想定しているような論理的な飛躍はなく，そのような連関性が存在しないならば我々はどのような当為判断も導くことができないと思われる。そして問題となるのは，この大前提の中に含まれている事実（諸欲求）が当事者の置かれている状況において真に重要なものであるか否かを評価する，反省や熟慮的な考察という我々の認知的な能力なのである。

　また，ある状況に置かれている人にとって，xを獲得することは明らかに望ましいことであり（①），yを行うことによってxを獲得することができるならば（②），yを行うこともまた明らかに望ましいことになる，という推論が妥当であるならば，①および②を信じている者は理性的である限りにおいて「yを為すべし」という帰結を導くことになるとして，「論理的な含意関係」によっても事実判断から当為判断を導くことが可能であることを倫理的構成主義者は提言している（Street 2008）。

　ヒュームの法則は世界についての我々の欲求や態度から独立に，世界のあり方についての事実のみから当為判断を導くことはできないことを提起していると解釈するならば，それは正しい法則であるだろう。「当為」とは人間的な事象であり，それゆえ人間や社会についてのあり方から独立して当為判断を導きうるか否かを問うことがそもそも可能であるのかが，問題になると思われる（⇨ *1, 2, 19, 27, 33, 54*）。

73 事実/価値——事実と価値はこの世界において異なる地位を有しているのか

　事実/価値問題においてとりわけ問題となるのは，ムーアが提起した「自然主義的誤謬」と，これを論じる際に持ち出された「未決問題論法」である（ムーア 2010）。ムーアは「善」という道徳的価値を何らかの事実によって定義する試みを自然主義的誤謬と呼び，そうした定義が不可能であることを未決問題論法を用いて論証している。

◆未決問題論法

　ムーアによれば「善」とは単純で定義不可能な特性であり，その他の特性，たとえば「快楽」といった自然的な特性（事実）と同一視することはできない。功利主義者である J.S. ミルによれば，「ある対象（X）が善い」という文は，「X は望ましい」を意味し，結局は「X は私たちによって望まれている」を意味しているとされる。それに対してムーアは以下のような反論を示している。もし「善」がミルのいうように「私たちによって望まれている」を意味するならば，「私たちによって望まれていることは善いことか」という問いは「善いことは善いことか」と同一の問いとなり，問いとしては意味をなさないことになる（解決した問い）。しかし実際は「私たちによって望まれていることは善いことか」は問いとして有意味（未決の問い）であり，それゆえ「善」という価値を「私たちによって望まれている」という事実によって定義することはできない，と。すなわち，もし対象 A と対象 B が分析的に，ないしはア・プリオリに同一の特性であるならば「A は B であるのか」という問いは有意義な問いとしては発せられることはない。しかしもしそうした問いを有意義なものとして発しうるならば，その問いは未決の問いとなり，A と B を同一視することはできないとムーアは主張するのである。これが未決問題論法である。ムーアにとっては "A" と "B" が同一の特性を指示しているといえるのは，これらが同一の「意味」を有している場合に限られる。「A は B である」が分析的に真である，すなわちこの命題の真理がその術語の意味によって保証されるならば，"A" と "B" は同一の特性を指示しているといえるのである。

186　第 9 章　価値と倫理

◆ア・ポステリオリな真理

しかしながら2つの術語が意味（sense）においては異なっているとしても同一の特性を指示する（refer）ことができる，と道徳的自然主義者は主張している（Darwall 1998; Sayre‐McCord 1988; Smith 2000）。たとえばかつて「熱」と「分子の平均運動エネルギー」は同一の意味を有していると我々は知らなかったが，のちに実験によって「熱」とはまさに「分子の平均運動エネルギー」であることがア・ポステリオリ（経験的）に発見された。それゆえ「熱は分子の平均運動エネルギーである」という主張は，「熱」という言葉の意味と「分子の平均運動エネルギー」という言葉の意味が同じであるという主張ではなく，「熱」として指示されてきたものがじつは「分子の平均運動エネルギー」という特性と同じものであった，というこの世界に関する事実であり，総合的な真理を語っているのである，と自然主義者は論じるのである。

したがってムーアの未決問題論法に対して自然主義者は次のように応答することができる。ある自然的特性（N）を有しているXが善であるか否かは，"N" と「善」は意味において異なるため未決の問いのままであるが，しかしながらこのことから "N" と「善」が同一の特性を指示してはいないという結論を導くことはできない。「熱」と「分子の平均運動エネルギー」は意味においては異なっているが，これらは同一の特性を指示しているとア・ポステリオリ（経験的）な発見によって突き止められた。これと同様に，"N" と「善」が同一の特性を指示しているとア・ポステリオリ（経験的）な発見によって突き止められるかもしれないのである。諸特性間の同一化は分析的な問題ではなく，総合的な問題であると自然主義者は主張している。

しかしながらこのような価値についての自然主義的な同一化が可能であるとしても，自然的な特性として特定されうる価値はどのようにして行為指針的なもの，すなわち我々に動機づけをもたらすものであるのかという問題が生じてくることになる（「人類全体の幸福」が善と特定されたならば，そのことによって，我々は人類全体の幸福を追求するように動機づけられるのだろうか）（⇨ *2, 21, 27, 28, 45*）。

74 正義論——人々に対する「平等な配慮」をめぐる現代正義論の諸相

　正義の原理には形式的な側面と実質的な側面があり，前者は「等しきものは等しく扱われなければならない」という形式的な正義の平等原理として表される。他方実質的な側面において問題となるのは「①どのような対象が，②人々のどのような特性に基づいて分配されるべきであるのか」である。現代正義論，とりわけ分配的正義論ではこの実質的な側面について議論が交わされている。①については「効用（功利主義）」「資源（ドゥオーキン）」「社会的基本財（ロールズ）」「排他的所有権（ノージック）」「厚生（分析派マルクス主義）」等が適切な分配対象として提起されており，②については「欲求ないしは選好」「生来の能力」「正統な期待」「権原」「責任」等が分配の規準となる人々の適切な特性として提起されている。

◆功利主義

　現代の正義論の論争は，功利主義に対するロールズの「公正としての正義」の立場からの反論によって火蓋が切られ，引き続いてこのロールズの立場への批判によって構成されている。よく知られているように功利主義者によれば，社会内における「効用の総和」（古典的功利主義）ないしは「1人当たりの効用」（平均効用功利主義）を最大化することが正義である。ここで「効用」とは快，満足，幸福および選好の充足のいずれかとして定義される。功利主義は「行為功利主義」と「規則功利主義」に大別されるが，社会的諸制度の正義を問題とするのはおもに後者の立場である。規則功利主義者は「正しさ」を第1に「諸規則」との連関において定義し，個々の行為の正しさはその行為を統制する規則に左右されると考えている。そしてある規則が正しいといえるのは，その一般的な遵守が効用を最大化する場合に限られると彼らは主張している。

　功利主義に対しては，効用の総和（または平均効用）を計算するための「個人間の効用の比較はいかにして可能なのか」，またそうした「功利主義的な計算を行うために必要な量の情報は入手可能なのか」といった認識論的な観点からの批判が提起されているが，ロールズからの批判として破壊

188　第9章　価値と倫理

力をもったのは道徳的な観点からの批判であった。

◆ 公正としての正義

　第1に，すでに恵まれている人々にさらなる財を分配することのほうが不利益な立場に置かれている人々に分配するよりも社会全体の効用を最大化するならば，功利主義はこの政策を承認するが，これは公正さについての我々の直観と衝突するものであろう。第2に，功利主義はこの「公正さ」という価値を自らの理論に取り入れうるかもしれないが，それはこの価値を認めることによって効用が増加すると考えるからであり，公正それ自体の価値を認めるからではない。そして最後に，人々を平等に扱うとは，彼らの欲求や選好を等しく扱うことに尽きるのではなく，彼らが有している諸目的や善の構想（人生計画）に対して平等な尊敬を社会的に示すことをも含意するのである（個人の別個独立性への配慮）。

　功利原理に対抗する正義原理としてロールズは，社会の成員に対して基本的諸自由を平等に分配することを命じる第1原理と，社会的・経済的不平等を①公正な機会均等および②もっとも不遇な人々の利益の最大化（格差原理）という2条件を充たすように是正することを要求する第2原理を提示し，次のような仕方で正当化している。第1に，この2原理は何が正しく，何が不正であるのかについての我々の整合的な熟考された道徳的判断ともっとも適合するものである。すなわち我々の熟考された判断と既存のさまざまな正義原理との間で相互的な修正を行い，その結果我々の道徳的判断が「反照的均衡」の状態に達したとしてもこの2原理は存続するものである，と。そして第2に，「社会契約説」に準拠した正当化である。これは，人々の境遇についての情報を剥奪する「無知のヴェール」によって「不偏性」が確保された「原初状態」を仮設し，このような選択状況においては理想化された人々（自由で平等な理性的な人々）は，他の正義原理（功利原理）よりも2原理のほうを選択するであろうということを示すことによる正当化である。ロールズによれば，現実の我々が理想的な選択者が選択すると思われる正義の原理を受け入れるべき理由は次の2つである。すなわち，このような仮設的な選択状況を構成している諸条件は，正義について考察する反照的均衡のプロセスにおいて，①原理選択にあっては必要とされる

74 正義論　189

公正で不偏的な条件であるとして我々はすでに受け入れている，ないしは，②哲学的な反省によって受け入れることを我々に説得しうる条件である，と。

ロールズは『正義論』で展開したこのような正義原理の正当化の方法を「カント的」であると主張している（ロールズ 2010）。なぜなら原初状態とはカントの理念の1つである「諸目的の王国」という自律的な個々人から形成されている共同体を経験化し，手続き的な解釈を提供するものだからである。それゆえこの原初状態において選択されうるような諸原理を我々が受け入れるとき，我々は自律的な自己という我々の本性，すなわち我々の合理性を表明していることになる。カント的な正当化とは道徳性を自律性に還元し，さらにこの自律性を合理性に還元するというカントの試みに依拠しているのである。したがってロールズによる正義原理の正当化は「普遍的」であると考えられる。すなわち，ロールズは自らが構想した正義原理は自分自身を自律的で合理的な存在者であるとみなす人々であるならば，誰でも受け入れうる原理であると論じていたのである。

◆ 政治的リベラリズム

しかしながら後年ロールズは「穏当な多元状態」という現代社会の状況を真摯に受け止め，哲学的に特殊であるカント的な正当化では逆に多くの人々の支持（重なり合うコンセンサス）を得ることはできないと考え，伝統主義的，ないしは文脈主義的といえる正義原理の正当化の方法を模索するようになっている（Rawls 2005）。合理的な存在一般ではなく，少なくとも現代の立憲デモクラシーの政治文化を受容している市民たちであるならば自らの正義原理を受け入れうるであろうということを正当化することに，彼の正義論の目的は変化したのである。したがって原初状態の選択当事者たちとは，カント的な人格を表現したものではなく，自由でデモクラティックな社会に参加している人々であるならばすでに受容していると考えられる，「自由で平等な市民」という理念を表現したものであると，ロールズはその規定を変更している。このような選択状況において選択されうる正義原理は普遍的なものではないかもしれない。しかしそれゆえに，デモクラティックな政治文化を有する社会の中で生じる特定の諸問題に対しては，ある解決策を与えることができると主張することが可能となる，と。

◆ ロールズへの批判

このロールズの正義論に対しては「リバタリアニズム」「フェミニズム」，そして「分析派マルクス主義」の側からの批判が展開されている。

リバタリアンは，分配的正義は個々人の私的所有権の保護のみに専心すればよいのであり，ロールズの正義原理は課税に基づく富の再分配を行うことを目的としているが，これは人々の自由権を侵害することになると主張している。国家の役割とは市場が供給できない警察や軍隊といった公共財のみを提供することにあり，これを超えた福祉的な政策は個々人の私的な生に対する不当な干渉であると彼らは考えている（ノージック 1992）。

他方フェミニズムの側からは，人々の私的領域と公共的領域を分断し，後者にかかわる正義のみを論じているロールズの正義論は家族や夫婦関係といった私的領域から生じている不平等に対して盲目的であるという批判が提起されている（オーキン 2013）。たとえば核家族といった制度は家事労働という「不払い労働」を女性に担わせることによって，男性ないしは国家が不当な利益を得る温床となっている。「私的領域におけるリベラルな中立性」に基づくロールズの正義論は，このようなジェンダーに由来する不平等を適切に取り扱ってはいないと彼女らは非難するのである。

また，人々が有している能力の格差とは個人がその責任を負えないことであり，それに基づく財の分配は道徳的に恣意的であるということから，社会的基本財の平等分配をロールズは要求している。だが他方で，ロールズの正義論はもっとも暮らし向きの悪い集団に最大の利益を与えるような不平等は認めており，このような利益を生み出すためには他より恵まれた能力を有している人々に努力してもらう必要があるため，その誘因として彼らに対してより多くの基本財を付与することを容認している。このような容認はロールズの第一前提である「人々に対する平等な配慮と尊敬」に矛盾するのではないのか，という批判が分析派マルクス主義者から投げかけられている（コーエン 2006）。自由と平等の原理と並ぶ「友愛の原理」から，恵まれた能力を有する人々は社会内の同胞に対して親愛の情を表すべきであり，ロールズの正義論に足りないのはこうしたコミュニティ内の絆であると彼らは主張しているのである（⇨ *75, 76, 77, 86*）。

74 正義論 191

75 帰結主義/義務論——道徳的行為における行為者の位置づけ

道徳理論はすべて，何が我々の行為を正ないしは不正とし，どのような事柄が善ないしは価値あることであるのかについての何らかの説明を提示している。帰結主義の特徴は，行為の正しさをその行為が生み出す善の総量によって評価する点にある（行為帰結主義）。対照的に義務論は，ある行為が正ないしは不正であるのは，その行為が生み出す帰結の善し悪しから独立していることを主張する。この2つの理論はそれぞれ功利主義とカント倫理学によって代表されている。

◆ 行為帰結主義

行為帰結主義とは，「ある行為の正しさはその帰結が，少なくともその行為者にとって行うことが可能な他の行為の帰結と同程度に，善いものであるか否かに依存している」という見解である。一見この立場は「行為功利主義」と同一の見解であると思われるかもしれない。しかしながら帰結主義にあっては「善」とは快や幸福，および選好の充足のような「総和化」可能なものに尽きるのではなく，知識や真理の獲得，美や徳などの非功利主義的な善であっても「促進しうる」ものであるならば，それは帰結主義的な善となりうる。それゆえ古典的な快楽主義的功利主義を修正した立場が一般に帰結主義と呼ばれている。

◆ 行為者の中立性と相対性

また帰結主義の意味する「善い帰結」とは全体的にみた善い帰結であり，行為者やある特定の個人の観点からみた善い帰結ではない。この点において帰結主義は「行為者中立的な理論」と呼ばれている。我々がめざすべき義務は行為者が誰であるのかに依存してはおらず（不偏性），それはただ行為者に開かれている中でどの行為が最善の帰結を生み出すのかに依存している，と。これに対して義務論にあっては行為者への言及（誰が行為をするのか）は，しばしば義務の明確化において消去不可能な役割を果たしている（行為者相対的な理論）。それゆえある義務が，行為者が他の人々とある特別な社会的関係（親子，夫婦，友人）にあることから生じてくることを，この

192　第9章　価値と倫理

立場は認めている。また義務論にあっては，殺人を犯してはならないという義務は，殺人の数を最小化することを我々に命じるという形をとっては現れない。たとえ1人を殺すことによって2人の死が避けられうるという状況においても，義務論は殺人を犯すべきではないことを我々に命じる。これは義務論が行為者の道徳的純一性（integrity）に高い価値を付与している表れであるが，帰結主義者はそうした思考法を不合理であるとして批判している。

◆ 規則と例外

したがって義務論者は義務を定言的，無条件的なものとみなし，状況に応じた例外というものを認めていないように思われる。それゆえ帰結主義者は，例外のない道徳的規則は存在しないという事実を，帰結主義のほうが正しいことの証左となると考えている。危機的な状況下にあって，固定化した道徳的規則に従うことは悲惨な結果を引き起こすことが想像されるならば，このことは殺人や暴行の禁止に関する我々の義務論的な直観に対して異議申し立てを行うことになる。

しかしながら，義務論は道徳規則に対する基準的な例外を規則それ自体にあらかじめ盛り込むことによって，例外事例に対処することができる。たとえば，道徳規則に適った行為が引き起こすと想像される悲惨な結果を，道徳規則に背くことが許容される「閾値」を設定することによって，避けることができる（通常の状況では人を殺してはならないという道徳規則を遵守すべき義務を負うが，10万人の命を救うという状況にあっては1人の無辜の人を殺すことが許容される等）。こうした閾値を設定することによって，義務論は帰結主義的な思考法を取り入れることが可能となる。義務論的な構想にとって可能でないのは，帰結主義者のように非人称的な観点から確定されるような，全体的な善が最大化されることを理由として，帰結を調整することである。

このように義務論と帰結主義との間で論争が取り交わされている。しかしながらこれら2つの立場に対して，我々の道徳的生とは豊かで複雑なものであり，これらのような規則志向的な思考法によっては捕捉することはできない，という批判が徳倫理学の側から近年展開されている（Baron, Pettit and Slote 1997）（⇨ *74*）。

76 リベラリズム/リバタリアニズム/コミュニタリアニズム
——個人の権利と共同体の価値との間

◆ リベラリズム

政治哲学の目的は我々に対して強制力を有する諸制度，とりわけ国家という制度の適切な役割とはどのようなものであるのかを考察することにある（福間 2014）。今日もっとも有力な政治思想であるリベラリズムは，個々人の自由と権利を保証することに第1の重要性を認めている点にその特徴がある。リベラル派は良心，言論，結社，居住，そして性的自由といった個人的自由が保護される領域を要求し，特別な場合，たとえば他者を危害から守るといった場合を除いてはこの領域に国家は干渉すべきではないことを主張している（危害原理）。またリベラリズムは哲学的には個人主義（主観主義）を擁護し，すべての価値の源泉は個人の意志や欲求であり，社会的諸制度の評価はその社会で暮らしている人々の発展や暮らし向きのよさによって定められる，と多くのリベラル派は論じている。

◆ リバタリアニズム

そして歴史的にみるならば，リベラリズムは宗教改革後の寛容の承認と封建制度崩壊後の資本主義の進展と軌を一にして発展し，それらを思想的に正当化する役目も果たしてきた（善についての多元主義と市場経済の擁護）。自律的な個人自らが肯定するさまざまな善き生についての構想の追求と，市場での自己利益の追求にリベラリズムは高い地位を与えている。この後者の面をとくに強調した立場は，現在，リバタリアニズムと呼ばれている（ノージック 1992）。

今日のリベラリズムは国家による富の再分配や平等な機会の保障を唱えているが，リバタリアニズムはこうした福祉政策のための課税は国家による個人の権利，とりわけ自己所有権に由来する財産権の侵害であると主張している。国家は人々の自然権である排他的な所有権の保護と自発的な契約の履行の保障，そして市場では供給できない公共財（警察，防衛，司法）の提供のみを行うべきであり，それら以上のことを行う拡張国家は正当化できないとリバタリアンは主張している。

194　第9章　価値と倫理

しかしながら，リバタリアンは人々の自由が最大限保証されるべきことを唱道するものの，人々が自由を行使する適切な能力や機会を有しているのかについては配慮していない。形式的自由の平等な保障のみを擁護し，実質的な自由が人々の間で平等であるか否かについてリバタリアンは関心を払ってはいない，とリベラル派は反論している。

◆ コミュニタリアニズム

個人の自由へのリベラルなコミットメントの極大化がリバタリアニズムだとすれば，この自由を可能とする社会的・文化的前提条件の再検討を促したのがコミュニタリアニズムである。合理的な仕方で選択を行うための我々の能力は，生得的なものではなく，我々が生まれ育ったコミュニティの文化の中で培われたものである。コミュニティの諸形態（家族，文化的共同体）は自由な選択を行うための我々の能力の育成を助け，有意義な選択肢を提供するが，個々人による自由の無制約な行使はこのようなコミュニティを浸食することになる，とコミュニタリアンは警告している。リベラリズムは個人の権利にプライオリティを付与しているが，このことは個人の自由を価値あるものとする社会的諸条件を掘り崩しかねない点において，自己破滅的である。私的領域において単に自己利益を追求するのみならず，公共的な領域であるコミュニティの諸活動に積極的に参加することは，人間の善き生における基礎的でかけがえのない構成要素である，とコミュニタリアンは論じている（サンデル 2011）。

しかしながらリベラルな諸権利はコミュニティを保護する役割も果たしている。たとえば結社，表現，宗教の自由は，国家や他のコミュニティがマイノリティ・コミュニティを破壊ないしは支配するという企てに対する強固な防壁を提供してきたのであり，また同じ考えを有する者たちと結束し，新たなコミュニティを形成することを可能とするものである。したがって，リベラリズムとコミュニタリアニズムとの差異として顕著であるのは，このような個人権のみならず，少数民族の言語権や先住民族の土地使用権といった「集団権」を国は保障すべきことを，後者は要求している点に見いだされる（Buchanan 1989）（⇨ *74*）。

77 公共性——公共的な諸問題を我々が適切に論じ合うための作法と技法

◆2つの公共性

「公共性」という概念は少なくとも2つの意味を含んでいる。1つは，アーレントやハーバーマスが理論展開している「公共圏」ないしは「公共的空間」という私的領域と政治的領域を架橋する集合的な意思形成の空間としての公共性であり（public sphere, public space）（齋藤 2000），もう1つはロールズらが論議している「公共的正当化」の判定基準としての公共性である（publicness）（福間 2007）。ここではこの後者のほうに注目したい。

◆公共的正当化と public 概念

公共的正当化とは重要な政治的諸問題，たとえば憲法の根幹や基本的正義にかかわる問題について，どのような制度や政策が正統なものであるのかを評価する際の基準や手続きを示すことを目的としている。「公共的」というタームは public の訳語として用いられているが，public という概念は open，citizen そして common という意味を含意している。したがって「公共性」が公共的正当化の評価基準であるといわれるとき，その形式的な諸条件はすでにこの概念自体に含まれている。すなわち「①公開の場で，②道理をわきまえた（reasonable）人々としての市民が，③共通の観点から受け入れることができるであろう」ということが，諸制度や政策の正統性の基準となる。それゆえ問題となるのは，この規範的な基準の中に含まれている諸概念はどのような意味内容を有しているのかである。

①の「公開の場（open）」とは諸制度や政策を判断するための適切な情報が入手可能であり，そこでの決定がすべての市民に知られることが可能な場である。そこで用いられる知識は，広く受け入れられている信念および科学的な方法や成果に限定される。最高裁判所や国民投票，さらには専門家を招いた公開のフォーラムや討論型世論調査という手続きがこの公開の場にあたる。それゆえ公共的正当化とは，我々に法的な強制力を及ぼす事柄についての我々自身による評価を意味している。

次に②の「市民（citizen）」とは，自由で平等であり，市民的礼節（civility），

196　第9章　価値と倫理

寛容，公正性（reasonableness），そして正義感覚といった，政治的な徳を備えた人々という理念を表している。彼らは社会的な協同を統べる公正な規約を進んで受け入れ，それを固守し，価値観が多様化した現代社会にあっては人々の間で「善き生」についての一致した見解が得られないことを認める点において，「理に適っている（reasonable）」と規定される。また正当な根拠のある要求を社会に対して提起しうる「自己立証的な源泉」であり，自らの目的に対して責任を負うことができる主体でもある。この政治的諸徳の中でもっともロールズが重視しているのは「市民的礼節の義務」である。この義務は我々が擁護し，賛成票を投じた原理や政策によって影響を被る他の市民に対して，それらがどのような仕方で「公共的理性」が表明している政治的諸価値（社会的平等や互恵性，公平性といった価値）によって支持されうるものであるのかを，説明できなければならないことを要求するのである。

◆ **公共的理性（理由）**

最後に③の「共通の観点（common）」とは，カントが論じた「理性の公的使用」のロールズ的解釈である「公共的理性」に基づく観点である。市民はそれぞれ多様な包括的世界観を有してはいるが，それでもなお互いに共有できる事柄から出発し，対話者が受け入れうると思われる理由を述べあうことによって，政治的な討議を進めることができると想定されている。なぜかというと，まず第1に，現代の自由でデモクラティックな社会にあっては，人々の善の構想は不可避的に多元的とならざるをえないという「穏当な多元状態の事実」を彼らは市民の一員として受け入れている。そして第2に，自らは自由で平等な理性的存在であり，このような特性の基礎となり，また自らの善の構想の追求にとって不可欠である自らの道徳的諸能力を維持することに関心を有している存在であるという「市民についての政治的構想」を，彼らは相互に承認しているからである。政治的諸問題に関する議論を行う場にあっては，そこで持ち出すことのできる理由はこの構想に基づく，すべての市民が受け入れうる「十全な理由」に限られ，個々の包括的世界観に依拠した宗教的，形而上学的な理由は，その場では（第一義的には）不適切な，私的な理由として排除されるべきであることを，公共的理性は我々に要求するのである（Rawls 2005）。（⇨ **26，74，79**）。

77 公 共 性 ・197

78 自己決定権──どのような仕方で自らの権利の主張と他者への危害の除去を折り合わせるべきなのか

◆ 自律概念の三様

①合理主義の伝統における（狭義の）自己決定または自己統治とは，己れの欲求や価値に対して，あるコントロールを行使できるということであり，それらを理性的な吟味のもとに置く能力を有していることを意味している。すなわち自己決定とは，自己が有している基本的な欲求と価値を批判的に評価し，自己が反省を経たうえで承認するもののみに基づいて行為する能力の発動として，狭義には理解されている（理性的存在者としての自律）。②他方ルソー的伝統における自己決定は権利として，たとえば自らの生活に影響を与える事柄については，他者から干渉を受けずに自らの判断に基づいて行為することができる権利として理解されている（自らに対する主権者としての自律）。③この2つの自己決定概念を統合し，現在のような概念の範型を構築したのがカントである（自己立法としての自律）。

◆ 自己の主権者としての自律の肥大化と消極的権利としての自己決定権

それゆえ③の前提には①と②が存在するのであるが，自己決定権を唱道する今日の文脈にあっては，②のほうの意味が肥大化されて用いられているように思われる（他人に迷惑をかけなければ，自分の欲求の赴くままにどのような決定をなしてもよい）。歴史的にみるならば，この自己決定権というドクトリンがもっとも威力を発揮したのは政治的な文脈であって，それは宗主国のパターナリズムに対して植民地が抵抗する場面であった（民族独立運動）。また個人のレベル（公民権運動，医療現場）にあっても自己決定権という思想は，他者による干渉や強制にさらされ続けてきた社会的弱者の立場を擁護するという動機に由来している。したがって自己決定権とは本来は自分勝手のエゴイズムや他者切り捨ての論理ではなく，〈他者から強制を受けない〉という「抵抗の権利」であったといえる（高橋 1998）。

それゆえ自己決定権とは，第一義的には〈〜されない〉という「消極的権利」を表明しているといえる。ノージックは「付随制約としての権利」という権利概念を打ち出している。これは，自己に対する他者の行為の遮

198　第9章　価値と倫理

断体として，他者の行為を制約するものとして権利は存在するという考え方である（ノージック 1992）。自己決定権はこのようにしてとらえ返された権利概念をもっとも端的に表現している権利である。したがって自己決定権とは，この権利を行使すること自体に目的が置かれている権利ではなく，「諸権利によって保護されるべき何ものかが『私』にはある」ということを，他者や社会に対して主張するための権利であるといえる。

◆ 私自身の観点

そもそも権利とは，人々が有している利害関心を彼ら自身の観点から保護し，この観点は他の観点（社会からの観点，神の視点）と同様の正当性を有していることを表明している（Waldron 1993）。それゆえ自己決定権とは，とりわけ「私の観点」から私の生をみることに対して，他の観点（他者や政府の観点）よりも優先権を付与する権利であるといえる。本来ならばここで，私が有している観点が私の観点，私自身の観点と真にいえるためには，この観点に対する批判的な吟味が必要となり，自己決定権についての①の要素が入ってこなければならない。しかしながらこの要素が抜け落ちてしまっているために②の要素のみが肥大化してしまっているのである。

この肥大化の要因として第1に想定しうるのは，自己決定権の思考法自体に内在している「他者に対する配慮の欠如」である。しかしながら自己決定権は「他者の観点」から語ることもできるのであり，「他者が自らの事柄に関して決定したことに対しては，我々は尊重すべきである（緩い・自己決定権）」として，再定式化される必要があると思われる（立岩 2001）。

◆ 筋の通った拒絶

この他者の決定，他者の観点を尊重する原理として「筋の通った拒絶原理」がある（Scanlon 1998）。この原理は，他者に影響を与える私の行為・決定はすべて，他者に対して正当化できる理由，または他者が正当な仕方では拒絶できない理由を提出しうるものでなければならないことを要求している。私がある行為を行うことに正当性が存在する理由を，他者に対して示しうることをこの原理は要求し，他者がその理由を筋の通った仕方で拒絶しうるならば，その行為は彼の自己決定権に対する干渉となることをこの原理は示している（⇨ *85*）。

79 討議倫理学——どのような条件と規則に基づくならば，我々は「話せば分かる」のか

　アーペルとハーバーマスは，オースティンによって開拓され，サールらによって拡張された「言語行為論」を，当時支配的であった経験主義的な社会科学と道徳的言明についての情動主義理論（非認知主義理論）に対抗する批判的社会理論のための基礎として，発展させることを試みた。その結実が「討議倫理学」であるが，これはとりわけ道徳規範の正当化と根拠づけを行うことを目的とする道徳理論である（ハーバーマス 2005）。この理論は普遍主義，形式主義，認知主義として特徴づけることができる。

◆ 普遍的語用論と理想的発話状況

　ハーバーマスの討議倫理学の土台には彼のコミュニケーション的行為についての理論がある。第1に，言語＝行為能力を備えた我々が行うコミュニケーションという相互的行為の背景として，我々が提示する「真である」や「正しい」といった妥当性主張について我々は同意に至ることが可能である，という含意が存在する（普遍的語用論）。そして原則上，純粋な合意と虚偽の同意との間に区別を設けることができるのは，討議においてすべての話し手が平等の発言権を有し，かつより善い論証の力のみがその状況では優先するという，「強制によらない対話」の可能性を我々が想定する限りにおいてである，とハーバーマスは主張する。このような対話状況を彼は「理想的発話状況」と名づけている。もちろん現実にはこのような状況はほとんど存在しえないが，そうであっても我々がコミュニケーションにおいて自らの主張を妥当なものとして提起する際には，その存在の可能性を現実に想定すべきものであるとハーバーマスは論じている。

◆ 普遍化可能性原理

　この「理想的発話状況」においてある道徳規範の正当性を議論する際，重要な役割を有しているのが「普遍化可能性原理」である。すべての規範の妥当性は論証的な意思形成と結びついていると考えるハーバーマスは，ある規範が妥当であるのは「それから影響を受けるすべての者が理性的な討議の参加者としてそれに同意しうるであろう」ということに基づくと主

張する（討議倫理原則）。しかしこれだけでは道徳的規範に不可欠な普遍性を確保できないため，カントの「定言命法」を再解釈した「普遍化原則」をハーバーマスは導入する。

> 「すべての妥当な規範は次の条件を満たさなければならない。すなわちその規範にすべての人が従った場合に，すべての者の利害関心の充足のために生じると予期されうる結果や随伴結果を，すべての関与者が受け入れうること（そしてこの帰結は他の知られている選択可能な代替案よりも好ましいものであること）」（ハーバマス 1991）。

この原則は妥当であるどのような規範も満たさなければならない「手続き」のみを示しており，何か実質的な道徳的内容（善の構想）を想定するものではない（形式主義）。しかしながら，道徳的な言明の真理（妥当性）を間主観的な同意に依拠させることによって（真理の合意説），規範的な妥当性についての主張は認知的な意味を有しうることを可能にし，真偽を問いうるものであることを示している（認知主義）。カントによる普遍化はモノローグ的なものであったが，ハーバーマスは間主観的，ないしはコミュニケーション的に道徳的規範の普遍化を行うことを試みている。また妥当な道徳的規範の検証とコミュニケーションという社会的な相互性とを結びつけることによって，道徳的規範が有する拘束性（行為指針性）についても説明することが可能となっている。

◆ 熟議的な政治

さらにハーバーマスはこの討議倫理学を政治的諸問題にも拡張的に適用することを試みている。デモクラシー（国民主権）と立憲主義（個人の権利の擁護）はともに，コミュニケーション的理性という観念に内在的である理念，すなわち，強制のない理性的な同意を与えることができるような規範以外には拘束されないという権利を人々は有しているという自律理念から導かれていると示すことによって，この2つを概念的に結びつけることをハーバーマスは行っている。またコミュニケーション的理性の手続き的な側面を強調することによって，リベラリズムと共和主義の代替案となる「熟議的な政治」というモデルを彼は提示してもいるのである（ハーバーマス 2002-03）（⇨ *33, 41, 72, 77*）。

第10章

人　　間

▶「人間とは何か？」この問いを最初に立てたのはソクラテスであるといわれている。彼は，自然の秩序を解明しようとしたイオニアの自然学者たちとは違い，人間の生の秩序と目的を探究しようとしたからである。だが，カッシーラーによれば，ソクラテスは人間の本性を直接定義することはしなかった。彼以降，人間を定義するさまざまな試み——たとえば，「ホモ・サピエンス（知恵をもつヒト）」「ホモ・ファーベル（制作するヒト）」「ホモ・ルーデンス（遊ぶヒト）」「ホモ・ロクエンス（話すヒト）」など——が企てられてきたが，いずれもプロクルステスの寝台の餌食になることを免れそうにない。しかし20世紀以降になると，それまであまり注目されていなかった人間の諸側面に新たな光が当てられるようになってきた。身体，無意識，性現象などがそれである。本章では，人間をとらえ直すために重要なこれら諸概念を取り上げて，その意味を確認する。

80 超越論的主観性──〈世界に対する主観〉であると同時に〈世界のうちにある客観〉であることはいかにして可能か

◆ 超越論的主観性とは何か

我々人間は〈世界のうちにある客観〉である。同時に〈世界に対する主観〉でもある。〈客観としての自己〉と〈主観としての自己〉のどちらが先行するのか，という世界解釈上の対立において，後者の先行性を肯定する立場はふつう観念論と呼ばれている。すなわち，我々の認識の働きが世界を構成するのであって，その逆ではないという主張である。

観念論にはさまざまな形態がありうるが，デカルトやバークリーらとは異なり，それを超越論的な水準からとらえた最初の哲学者はカントである。主として 18 世紀に活動した彼は，感性に与えられる多様な現象を，悟性のカテゴリー（純粋悟性概念）に従い統一的に把握することによって，人間にとっての認識対象が構成されると考えた。この統一の働きを担うのが超越論的な主観性である。こうした主観性が「超越論的」と呼ばれるのは，それが，「経験的」な対象認識を可能にするア・プリオリな（経験に由来しない）カテゴリーを超越する，より基本的な条件だからである。

それに対し，20 世紀初頭に現象学を創始したフッサールは，「超越論的」という語を「経験的」という語とではなく，「自然的」という語と対置する。自然的態度とは，我々がごくふつうの生活において世界と関係する際に，対象が「端的に現にそこにある」ことを素朴に信じるような「一般定立」的な構えのことである。そうした態度における自我は，世界内に存在する自然的な自我であるのに対し，自然的態度の一般定立を「遮断し」「括弧に入れる」という意味での「判断中止（エポケー）」によって開かれるのが，超越論的主観性の領野である。超越論的主観性とは，この領野において，世界から触発されつつ，世界に〈私にとっての世界〉という意味を与えるような包括的な自我の働きにほかならない。

◆ 人間的主観性の逆説

それでは，自然的な主観性（自我）と超越論的な主観性（自我）との関係はどのようなものか。フッサールによれば，超越論的自我は，自然的自

我とは「異なる」にしても，自然的自我から切り離された第2の自我では
ないし，また逆に，自然的自我に編み合わされ一体化した自我でもない。
「私の超越論的自我はまさに，〈単なる態度変更によって〉心理学的な自己
経験へと変わりうるような，超越論的な自己経験の（……）領野である」
（フッサール 2004）。つまり，自然的自我と超越論的自我は，態度変更に
よって切り替わるような，同一の自我の異なるあり方なのである。しかし
この二面性は，主観性による世界構成という観点からみるとき，逆説とし
ての相貌をおびてくる。なぜならここには，世界の部分的要素である自然
的で経験的な主観性が全世界を構成する，あるいは，世界を構成する超越
論的で純粋な主観性が世界のうちにすでに含まれている，という循環が存
在するからである（フッサール 1995）。

◆ 逆説の解消は可能か

　人間的主観性における以上のような循環は，構成概念の曖昧さに由来す
るということができる。「構成」の意味が〈世界を「創造」すること〉と
〈世界の実在を「復元」すること〉の間で揺れ動いているからである（ザ
ハヴィ 2003）。こうした逆説に対するフッサールの解答は，次のようなも
のであった。すなわち，超越論的主観性は実在する人間ではない，だから，
超越論的主観性は世界のうちには含まれない，それゆえそこに循環は存在
しない，というものである。

　それに対し，フッサール以後の現象学者によって主張された逆説解消の
試みとしては，一方で，フィンクのように，循環を，超越論的主観性にお
ける〈現象学を遂行する先存在的な自我〉と〈世界を構成する存在的な自
我〉との「反対の一致」としてとらえ直し，フッサールの解決案をさらに
徹底しようとする立場（「非存在論〔Meontik〕」）がある。他方で，メルロ
＝ポンティのように，循環を，身体における〈現象的側面〉と〈客観的側
面〉との「両義性」として，あるいは，主体と世界との媒質たる「肉
（chair）」における〈見るもの〉と〈見られるもの〉，〈触れるもの〉と〈触
れられるもの〉との「可逆性」として，積極的にとらえ返そうとする立場
（「内部存在論〔Endo-ontologie〕」）もある（フッサール／フィンク 1995；メル
ロ＝ポンティ 1989）（⇨ *1*）。

80 超越論的主観性　　205

81 世界内存在——現存在としての人間はどのような存在体制をもつのか

◆ 現存在の存在体制

ハイデガーは『存在と時間』において，存在一般の意味を理解する唯一の存在者である人間を「現存在（Dasein）」と呼び，それを人間以外の存在者と区別した。現存在の本質はその実存のうちにあるとされるが，ここでいう「実存（Existenz）」とは，現存在の存在の仕方のことであり，つまり，自らの存在を解釈しつつ自己に関係する人間に固有なあり方のことである。この実存の根本構造が「世界内存在（In-der-Welt-sein）」にほかならない。

世界内存在とは，それを構成する3つの契機（〈世界〉とは何か，世界の内に存在するのは〈誰〉か，世界の〈内に存在する〉とはどういうことか）をつらぬいて，現存在において成立している全体的かつ統一的な存在体制である。この世界内存在という存在体制を開示し，現存在という対象からその実存の様式へとまなざしを向けかえるのは，不安という現象である。世界の内にある具体的な存在者を対象とする恐怖とは違い，不安が関与するのは，存在者の可能性，現存在のあり方だからである。この不安によって開示される人間存在の構造は，「気遣い（Sorge）」および「時間性（Zeitlichkeit）」として理解されることになる。

◆ 気遣いの構造

ここでは，現存在の存在構造を理解するために，気遣いの水準を中心に，そのあり方を確認することにしよう。端的にいえば，気遣いとは，現存在が世界内存在として存在する体制の統一的な構造である。これは，具体的には，現存在が実存論的な次元で自分の存在にかかわるかかわり方，のことを意味している。この統一態を構成するのは，①現存在の「被投性（Geworfenheit）〔＝世界の内に投げ出されてあること〕」としての「事実性」，②現存在の「日常的な存在様態（無駄話，好奇心，曖昧性）」としての「頹落（Verfallen）」，③現存在の「企投（Entwurf）〔＝自らの可能性へとおのれを投げ出すこと〕」としての「実存性」，の3つの契機である。これらの契

機は，現存在が体験する時間的な様態に対応しており，〈過去〉において
は「被投性」として，〈現在〉においては「頽落」として，〈未来〉におい
ては「企投」として，それぞれ分節されうる。すなわち人間は，誕生とい
う過去においてこの世界の内に投げ出され，日常的にはありふれた「世人
(das Man)」として現在を生き，将来の死に向けておのれの可能性を投げ
出しつつ，その可能性を実現したり，しなかったりする存在なのである。

　このように規定された世界内存在としての人間は，客観的な対象と二元
論的に対比される孤立した主観的意識ではなく，世界内のさまざまな存在
者との関係において理解される周囲連関的な主体である。気遣いとは，以
上のような意味で，世界内存在の構造契機を統一し，「現存在の存在論的
構造全体の形式的な全体性」を可能にする，始源的な志向性の一種である
ということができよう（ドレイファス 2000；ハイデガー 2003）。

　◆「世界内存在」という概念の由来と影響

　以上のような「世界内存在」という概念の由来については，フォン・ユ
クスキュルの「環世界」概念からの影響，さらにそれを踏まえたシェー
ラーの「世界開放性」概念からの影響などがこれまで指摘されてきた（木
田 2000）。また，近年刊行されたハイデガーの講義録『アリストテレス哲
学の根本諸概念』（2002 年）で，この概念の源泉がアリストテレスの〈生〉
という概念にあるかのように語られていることも注目に値する（Heidegger
2002）。

　他方，「世界内存在」という概念が与えた影響に関していえば，哲学の
分野に限ってみても，フィンク，メルロ＝ポンティ，レヴィナス，パトチ
カなど，20 世紀の現象学的な思想の展開に，この概念が多大な刺激を与
えたことは疑いえない。また，哲学以外の分野でも，ボス，ビンスワン
ガーらの精神医学における現存在分析，シュッツの現象学的社会学など，
その影響力はさまざまな分野にわたっているといってよい。さらに，こう
した思想の潮流とは別に，近年この概念が，認知科学における反表象主義
の先駆的な形態として肯定的に評価され，新たな文脈でとらえ直されつつ
あることも見逃すことはできないように思われる（Clark 1997；門脇・信原
2002）（⇨ *82*, *85*）。

81 世界内存在　　207

82 本質存在/現実存在——実存は本質に先立つか

◆〈デアル〉と〈ガアル〉の区別

〈本質存在（essentia）〉とは，〈あるものが何デアルか〉を定める1つの存在規定である。それに対し，〈現実存在（existentia）〉とは，〈それガアルかないか〉を定めるもう1つの存在規定である。すなわち両者の相違は，日本語でいうところの〈デアル〉と〈ガアル〉の違いである。具体的には，SハP〈デアル〉という命題において，Pという事象内容を表す述語によって示されるのが〈本質存在〉であるのに対し，Pという属性を備えた個体S〈ガアル〉という命題において，事象内容ではなくSの存在自体を表す述語により示されるのが〈現実存在〉である。ハイデガーは，1927年講義「現象学の根本問題」において，中世存在論のテーゼを「存在者の存在体制には，〈本質存在〉と〈現実存在〉が属している」としたうえで，こうした区別の起源をさらにプラトンやアリストテレスの古代存在論にまで遡って見いだそうとするのである（Heidegger 1975）。

◆形而上学と実存主義

それでは，これら2つの〈存在〉の関係はどのようなものだろうか。

ハイデガーによれば，古代の形而上学は，以上のような〈本質存在〉と〈現実存在〉との区別をもって始まり，プラトン以来，〈本質存在〉が〈現実存在〉に先立つと主張してきた。たとえば，職人が壺を制作しようとするとき，自分がつくろうとするものが何〈デアル〉のかに魂の目を向けることで，はじめてそれをつくることができるのであり，壺〈ガアル〉ことも可能になるからである。

こうした伝統的形而上学の主張に対し，サルトルは，「実存主義はヒューマニズムである」と題された1945年の講演で異議を唱えた。ペーパーナイフのような事物を制作する場合は〈本質存在〉が〈現実存在〉に先立つとしても，人間の場合はそうではない。なぜなら，創造主としての神が人間を創造したという有神論の立場に立つのでないならば，人間〈デアル〉ことが人間〈ガアル〉ことに先立つのではなく，反対に，「人間はまず先

208　第10章　人　　間

に実存し，世界内で出会われ，世界内に不意に姿を現し，そのあとで定義される」と考えざるをえないからである。サルトルは，こうした無神論的な立場から，人間の〈現実存在（＝実存）〉は〈本質存在（＝本質）〉に先立つと主張し，これが実存主義の基本テーゼとなった（サルトル 1996）。

◆ 形而上学の克服

古代以来の形而上学は，〈本質存在〉としての〈デアル〉の優位を唱えたのに対し，第二次世界大戦後に登場した実存主義はそれを逆転させ，〈現実存在〉としての〈ガアル〉の優位を主張した。けれどもハイデガーは，『ヒューマニズムについて〔＝を超えて〕』（1947 年）の中で，サルトルの主張を拒絶するのである。「1 つの形而上学的命題を逆転させたとしても，その逆転は，やはり 1 つの形而上学的命題にとどまっている」。なぜなら，形而上学と実存主義はいずれも「存在の真理の忘却のうちにとどまっている」点では同じだからである。ここでいわれる「存在の真理」とは，〈本質存在〉と〈現実存在〉が区別される以前のより根源的な〈存在〉様態にほかならない。こうした意味での〈存在〉は，ドイツ語の古い表記である《Seyn》と表現されたり，ドイツ語で「〜がある」ことを意味する《es gibt（直訳すれば「それが与える」）》の《es（それ）》そのものだといわれたりすることになる（ハイデガー 1997; 木田 1993）。

なお，以上のような〈存在〉に関するハイデガーの見解に対し，カルナップが，「言語の論理的分析による形而上学の克服」（1932 年）において，論理分析の手法を用いて疑義を呈していることは，注目されてよい。ハイデガーの議論に含まれる形而上学的命題は，論理的には無意味な「疑似命題」にすぎず，このような曖昧さは排除されねばならない，というのがカルナップによる批判の要点である。それに対し，ハイデガーはのちに全集版『形而上学入門』（1983 年）の補遺でこうした批判に触れ，これを論理計算の立場に帰着する誤解として厳しく退けている。ハイデガーもカルナップも，ともに当時の新カント派的な伝統の中で形而上学の克服を図ろうとした点では共通性をもつが，その方法はまったく対照的であったということができる（Friedman 2000）（⇨ *81*）。

83 身体——それは自己と世界とをどのように媒介するのか

◆ 私の身体の特徴

身体は，まずもって〈物的な身体（Körper）〉である。つまり，他の事物とともに，世界の内に存在する物体の１つである。だが，同時にそれは，〈生身の身体（Leib）〉でもある。すなわち，他の事物とは異なり，私がつねに拘束される「絶対的なここ」における方位づけのゼロ点でもある。フッサールによれば，身体は，こうした形で自己を二重化するような，〈自然な因果性（物的な身体の水準）〉と〈理解可能な意味（生身の身体の水準)〉との「転換箇所」として存在する。その意味で，私の身体は，「特別な種類の事物」として他の事物から際立っている。

それでは，こうした〈生身の身体〉はどのような特徴をもつのだろうか。それは，デカルトによって見いだされ，フッサールによって詳細に記述されることになった，以下のような特徴である。①自分の身体がつねにここにあり，それを振りはらうことができないという意味での「存続性」，②身体の感性に属している，自分に触れつつ触れられるという意味での「二重感覚」，③感覚的な質としての快感や痛み等によって，身体の存在自体が触発されるという意味での「情動性」，④私が動くこと（kinesis）が感覚すること（aisthesis）と不可分に一体化し，連動しているという意味での「キネステーゼ（Kinästhese）的感覚」，⑤身体だけがじかに自分で動かせる特殊な客体であるという意味での「意志器官としての身体」（ヴァルデンフェルス 2004）。

◆ 身体感覚の異変と身体図式

以上のような特徴をもつ〈生身の身体〉において，さまざまな身体現象が生起する。そうした現象について，19 世紀以降の生理学・精神医学・心理学は，詳細な報告や分析を行ってきたが，とりわけ興味深いのは，身体感覚の異変に関する考察である。というのも，感覚体側逆転，幻影肢，身体部位失認，失行症などの身体現象は，正常な状態からのずれを示すことによって，逆に，身体の根本構造を照らし出してくれるように思われる

210　第10章　人　　間

からである。このような身体感覚の異変を説明するために提起された概念の1つが「身体図式」である。

生理 – 心理学的な意味での「図式」という概念は，当初の定義では，筋感覚や内臓感覚などの〈生体内的な刺激〉と視覚や触覚などの〈外部的刺激〉が「連合主義的」に組織されたものを意味していた。こうした「身体図式」概念の提唱者であるヘッドとホームズは，姿勢や身体表面の連続的変化を測定するための「結合された基準」を「図式」と呼ぶよう提案し，それをタクシーメーターにたとえている。

それに対し，シルダーらは連合主義に基づく見解を批判し，身体図式を「ゲシュタルト」とみなす立場を採用した。身体は，諸部分が連合的に集まってできたものではなく，全体が諸部分に先立つような統一的な現象である，という主張である（シルダー 1983）。

◆ 媒体としての身体図式

しかし，こうした見方もまた，ゲシュタルトとしての身体図式がいかにして成立するのかを説明しない以上，不十分なものである。それゆえメルロ゠ポンティは，以上のような連合主義やゲシュタルト説に基づく定義に代えて，「実存的」な定義を導入する。すなわち，私が身体を介して世界へと向かって何らかの目的を達成すべく行為することが，身体のさまざまなゲシュタルトの分節化を可能にする，という主張である。「身体図式とは，結局のところ私の身体が〈世界内存在〉であることを表現するための1つの仕方である」。

このようにとらえ直された身体図式は，私の〈生身の身体〉を統一するだけでなく，自己と世界との関係をも可能にするものである。逆にいえば，身体図式に何らかの障害が発生すれば，私は身体の統一のみならず，感官の統一や対象の統一，さらには自己と世界とのつながりまでをも失ってしまう，ということでもある。その意味で，身体図式によって統一された私の〈生身の身体〉は，私と世界との〈媒体〉としても機能している，ということができよう（メルロ゠ポンティ 1967）。

◆ キアスムとしての間身体性

身体図式による私の身体の統一は，他者の身体との関係において可能に

83 身 体　211

なるのではないか。メルロ゠ポンティは，身体の根本的なあり方を，〈自己の身体〉と〈他者の身体〉との間身体的なキアスムの構造に見いだそうという立場にまで進む。

「キアスム（交差配列）」という語は，元来，対照語句の順序を逆にする修辞上の技法（「人は生きるために食べるのであり，食べるために生きるのではない」など）を意味している。メルロ゠ポンティは，この語を存在論的な水準に転用し，〈主観〉と〈客観〉，〈見るもの〉と〈見えるもの〉，〈触れるもの〉と〈触れられるもの〉，〈自己の身体〉と〈他者の身体〉，〈私〉と〈世界〉などが，同じ存在の生地（「肉〔chair〕」）において，転換可能な形で織り合わされている，という相互内属的な事態を記述することを試みたのである（メルロ゠ポンティ 1989）。

◆ 応答系としての身体

こうした間身体的な身体を，さらに「応答系（Responsorium）」としてとらえ直したのが，ヴァルデンフェルスである。彼によれば，人間の行動を特徴づける根本特性は，①志向性，②コミュニケーション性，③応答性，の3つに分類可能である。これらの水準のうち，間身体性の本質とみなされるのは，第3の「応答性」である。応答性は，他者の要求への呼応として成立するからである。ここでいわれる「要求」とは，(1)〈それに向かうところのもの〉としての「意味」でも，(2)〈それに従うところのもの〉としての「規則」でもない。要求とは，(3)〈それに対するところのもの〉として，我々に答えることを促してくるような，応答の基盤なのである。

間身体性としての応答系は，「知覚系（Sensorium）」と「運動系（Motorium）」との「機能環」（ユクスキュル）あるいは「ゲシュタルトクライス（形態環）」（ヴァイツゼッカー）のような，対称的で円環的な構造とは区別されなければならない。むしろそれは，要求に対する応答として働くという意味で，不可逆的で非対称的な構造をもつ，というべきである。なぜなら，応答系としての身体は，我々が遭遇する〈異他的なもの〉から〈固有なもの〉を切り出し，〈固有なもの〉を〈異他的なもの〉から区別することで，固有性と異他性とを境界づけ，自己関係と他者関係を同時にともに可能にするような，〈要求と応答の運動の場〉を意味しているからで

212　第10章　人　間

ある。

◆ナルシスでもなく，エコーでもなく

以上のような間身体性における，自己の身体と他者の身体との関係について説明するために，ヴァルデンフェルスは，ギリシア神話の『変身物語』からナルシスとエコーの挿話を引いている。応答系としての身体は，ナルシスが湖面に映る自分の姿に恋こがれるような「他者関係なき自己関係」を生きるのではないし，エコーが相手の言葉をこだまとして返すような「自己関係なき他者関係」を生きるのでもない。むしろそれは，「自己関係」と「他者関係」の間で成立する。なぜなら，自己関係は他者関係を前提にしてはじめて成立するからであり，他者関係も自己関係をたえず要求し続けるからである。要求に対する応答の場としての身体は，他者身体への関係の中で可能になる自己身体への関係という，非対称的な異他性の構造をもつ間身体性として理解されなければならないのである（ヴァルデンフェルス 2004）（⇨ *80*，*81*，*85*）。

84 無意識——意識されない心的活動はどのような機構において可能になるのか

◆ 無意識の発見

心的活動の無意識的な層に，最初の光を当てた思想家の 1 人は，ライプニッツである。彼は，18 世紀初頭に書かれた『人間知性新論』で，意識（または統覚）の閾下で活動する表象を「微小表象」と呼び，それを海のざわめきにたとえている。海鳴りは，意識にのぼらない無数のざわめきを含むことで，はじめて全体としての音の印象を与えることができるからである。ライプニッツにおける意識表象と微小表象との区別は，19 世紀の生理 - 心理学者たちに影響を与え，ヴェーバーの「弁別閾」，フェヒナーの「刺激閾」，ヘルバルトの「識閾」など，当時の心理研究における「閾」概念の源泉となった。

無意識に関する研究のもう 1 つの源泉は，19 世紀後半のフランスで展開されたヒステリー研究である。メスメルやピュイゼギュールのような磁気術（催眠術）を乗り越える形で，神経学者シャルコーによって提案された大催眠理論によれば，催眠下のヒステリー患者は「嗜眠」「カタレプシー（強硬症）」「夢中遊行」の 3 つの症状を示すという。このシャルコーによる研究に影響を受けた 2 人の研究者が，無意識の発見におけるもっとも重要な役割を演じることになった。ジャネとフロイトである（エレンベルガー 1980）。

◆ ジャネからフロイトへ

19 世紀を通じて徐々に形を整えつつあった力動精神医学は，20 世紀の初頭にジャネとフロイトに至って一応の完成をみる。彼らはともに，19 世紀末にシャルコーのもとで催眠療法を学び，その後もヒステリー研究を継続する中で，無意識にかかわる心のモデルを構築していったのである。2 人が提唱する心的機構の理解には，ヒステリー患者が示す奇妙な症状をどのようにとらえ，それをどのように治療するのかについての解釈の違いが反映されている。

ジャネとフロイトは，当初はともに，ヒステリーのような神経症の病因

が，幼児期の外傷（とりわけ性的外傷）に起源をもつと考え，催眠療法によってそれに対処しようとした。しかし，のちにフロイトはこうした立場を離れることになる。第1に，外傷に関する虚偽記憶と現実との区別は困難であり，患者が主張する幼児期の外傷体験は想像の産物である，と考えるようになったからである。第2に，初期のフロイトは，外傷説を「性的誘惑説」と呼んだことからも分かるように，外傷が幼児の心的防壁を破壊し，心に傷を残すような側面，すなわち，外傷のもつ「侵襲破壊的」な側面を十分認識せず，それを「欲動興奮的」な側面からとらえていたからである。こうした観点から，フロイトは，外傷説と結びついた催眠療法を放棄し，精神分析的な自由連想法を用いるようになる。フロイトの方法が20世紀の力動精神医学の主流となるにつれて，催眠療法は神経症の治療法としての地位を失うことになった（岡野 1995；中井 2004）。

◆ **解離モデルと抑圧モデル**

ジャネとフロイトは，神経症の症状のうちに，通常の意識経験から特定の意識体験が切り離されている状態を認め，それが「下意識」（ジャネ）あるいは「無意識」（フロイト）の水準で生じていると考える点で，問題関心を共有していた。しかし，そうした症状を生み出すメカニズムを説明するために，どのような心的モデルを採用するかという点で，両者の間には大きな違いがあった。すなわち，ジャネが「解離」を基本モデルとしたのに対し，フロイトは「抑圧」モデルを創出した，という違いである。

「解離」とは，外傷的な体験による強度の不快な情動により，体験の統合性が失われた状態であり，「主体が外傷体験に翻弄された結果，受け身的に陥る状態」であることを特徴とする。それに対し，「抑圧」は，生の本能の対象が抑圧され，その内容が自我の働きにより無意識の領野に押し込まれた「逆備給」状態であり，「主体により積極的に用いられる機制」にほかならない（岡野 1995）。

これら「解離」と「抑圧」のどちらをモデルとして神経症の症状を解釈するのか。それによって，神経症の原因を，外傷反応に求めるのか，あるいは，内的葛藤に求めるのか，という病因論にかかわる解釈の対立が生じてくるが，20世紀における精神分析の浸透とともに，抑圧モデルの影響

力が増大していくことになった。

◆ トラウマの問題

フロイトによれば，人間の心は，快の追求と不快の回避をめざす「快感原則」によって支配されている。しかし，この快感原則に反するような不快状態があれば，そうした状態を回避するための防衛機制が発動する。これが抑圧である。抑圧モデルに従うならば，神経症は，超自我（良心）などの抑圧によってリビドー（性的エネルギー）が，無意識の領域にうっ積し，とどめおかれるために生じると考えられる。それゆえ，神経症を治療するためには，医療者との対話などを通じて，患者の無意識に滞留するリビドーを発散させ，こうした緊張状態を解消すればよい，ということになる。

だがフロイトは，第一次世界大戦後に観察されるようになった「シェルショック」に直面するうちに，快感原則を基本原則とする抑圧モデルの問題点を自覚するようになった。こうしたモデルは，「欲動興奮的」な側面を重視しすぎたために，外傷神経症の症状（外傷となった不快な体験の反復強迫）をうまく説明することができなかったからである。1920年に発表された「快感原則の彼岸」では，このような観点から，快感原則に基づく「生の欲動（性欲動）」には還元されない，「死の欲動（自我欲動）」の存在が提唱されることになる。外傷により「刺激保護（心的バリアー）」が破壊されることによって「死の欲動」が発動し，それが反復強迫を引き起こすというのである。

しかし，フロイト的な「死の欲動」は，心的外傷（trauma）に関する説明原理としては不十分なものだといわざるをえない。19世紀後半以降，はじめて心理医学的に認知されるようになったトラウマは，鉄道事故による「機能的神経障害」，第一次世界大戦における「シェルショック」，第二次世界大戦やベトナム戦争からの帰還兵にみられた「戦争神経症」など，解離モデルによってよりよく説明できるような，さまざまな心的症状をもたらすことが分かってきたからである。

◆ 意識と無意識

以上で確認したような神経症の病因が，内的葛藤（抑圧モデル）にあるのか，それとも外傷反応（解離モデル）にあるのか，という解釈の対立は，

216　第10章　人　　間

現在に至るまで決着をみていない。

　一方で，フロイト的な抑圧モデルでは，意識と無意識の関係を解釈するために，〈意識 – 前意識 – 無意識〉という図式（第一局所論），あるいは〈自我 – エス – 超自我〉という図式（第二局所論）が採用され，フロイト以降の精神分析諸派でもそうした図式を踏まえつつ，さまざまな提案がなされてきた。

　他方で，近年のトラウマ研究の進展とともに，無意識のあり方を，解離現象と親和的な心のモデルによって，たとえば「離散的行動状態」（パトナム）あるいは「マルチ・チャンネル」（岡野）といったモデルを通じて，とらえ直そうとする試みもなされている（パトナム 2001；岡野 1995）。

　さらに最近では，力動的な精神医学とは異なる認知科学的な観点から，無意識の働きを，コネクショニズムのメカニズムに基づく非推論的な過程としてとらえようとする，新たな解釈が示されていることも無視することはできないであろう（信原 2000）（⇨ *83*，*85*）。

84 無意識 217

85 自己/他者──〈自〉と〈他〉の関係構造はどのようなものか

◆〈自〉と〈他〉に関する2つの区別

ヴァルデンフェルスによれば,〈自〉と〈他〉を区別する次元には,「自己同一/他在」と「固有/異他」の2つの次元がある。

「自己同一的なもの (Selbes)」と「他なるもの (Anderes)」との区別は,概念的な区分けによって成立する術語上の規定である。こうした水準における「自己同一」と「他在」との関係は,たとえば,人称における「私」と「あなた」がつねに転換可能であるように,可逆的かつ対称的であるという特徴をもつ。

他方,「固有なもの (Eigenes)」と「異他的なもの (Fremdes)」との区別は,位相的な規定であって,行為遂行的な境界づけの働きによって可能になる。こうした水準における「固有」と「異他」との関係は,目覚めと眠りの交替において,眠りがつねに目覚めの側からしか語りえず,生と死の関係において,死がつねに生の側からしか語りえないように,不可逆的で非対称的な関係である (Waldenfels 1990)。

◆ 他者経験の理解モデル

自己と他者との関係を明らかにするためには,自己が他者との間に取り結ぶ経験の構造を記述する必要がある。このような課題に対し,19世紀以降の哲学者たちは,他我認識のあり方を検討することによって答えようとしてきた。この構造を解釈するためのモデルとしては,たとえば,「〔知的〕類推」説 (エルトマン),「自己移入」説 (リップス),「共同感情」説 (シェーラー) などが代表的なものである。それに対し,これらとは異なる超越論的な立場から「他我構成」説を主張したのがフッサールである。

フッサールによる他我構成論は,「自己移入」説を超越論点な観点からとらえ直したものである。具体的には,①他者の〈物的身体 (Körper)〉を私の〈物的身体〉と同種類のものとして把握する (対化的連合),②私の〈物的身体〉と私の〈生身の〔＝絶対的な〈ここ〉を中心としてもつ〕身体 (Leib)〉との両義性が,私の統一的な意識において自覚される,③私は,

218　第10章　人　　間

自己の〈物的身体〉に類比しうるものとして①において経験された他者の〈物的身体〉に，この統一性を移し入れ，「あたかも私がそこにいるかのように」という意識を手に入れる，④この意識によって，他者の〈物的身体〉を統覚することにより，〈生身の身体〉において体験されているはずの「他我」が構成される，というのが彼の考えである（ヘルト 1986）。

◆ 絶対的な他者への希求

　以上のような他者理解においては，他者の「異他性」が見落とされている，という指摘がしばしばなされてきた。これは，先にみた「自己同一／他在」の次元でのみ自他関係が考えられており，「固有／異他」の次元が軽視されている，という批判だといってもよい（ただし，近年の草稿研究に基づいて，フッサールの他者論を，後者の観点から再評価しようとする議論もある。浜渦 1995; Zahavi 2001）。

　こうした他者の「異他性」について，もっとも透徹した思索を行った1人はレヴィナスである。彼によれば，他者とは，私と対称的な関係に入ることのない「絶対的に他なるもの」であるため，両者の関係は不可逆的なものであるほかない。こうした「関係の不可逆性」は，その隔たりを踏破する「超越の運動そのもの」として，私から他者への関係を成就しようとするとき，その関係の内部性においてはじめて成立する。

　この絶対的な他者への超越の運動，同化できない異他性への踏破の志向のことを，レヴィナスは「希求，渇望（désir）」と呼ぶ。他者への「希求」は，対象として現れることのない外部性，すなわち，〈無限なもの〉〈超越的なもの〉〈異他的なもの〉へと向かう，満たされることのない倫理的な志向性なのである（レヴィナス 2005-06）（⇨ *80. 81*）。

86 セクシュアリティ──性現象と権力との関係はいかなるものか

◆ セクシュアリティに関する抑圧と過剰

「セックス」という言葉は，性に関する生物学的・解剖学的側面を指し，「性差」「性器」「性本能」などと訳されるのに対し，「セクシュアリティ」とは，こうした生物学的な側面に基づいて機能する，欲望や行動のあり方の総体としての「性現象」のことを意味している。フーコーは，19世紀の西洋社会に存在した性に関する二重の現象，すなわち，一方では，ヴィクトリア朝のように，性をめぐって厳しい抑圧・禁止が存在しながらも，他方で，社会・文化・理論のさまざまな層において，性についての過剰な言説が生み出されている，という事態に注目し，セクシュアリティに関する抑圧と過剰が同時に生じるのはなぜなのかを問うている。

◆ 性の科学

こうした二重性のうち，性をめぐる抑圧や禁止についてはさまざまな分析がなされてきたが，性の言説化については十分な検討がなされているとは言い難い。フーコーは，性に関する言説を，①快楽の探求を行う「性愛の術（ars erotica）」と，②性の真実を知ることをめざす「性の科学（scientia sexualis）」に分類し，前者については，東洋だけでなくギリシア・ローマでも多くが語られてきたが，後者に関しては，中世以降の西洋世界だけが独自の言説を生み出してきたことを指摘する（ただし，「性愛の術」と「性の科学」との対比は，のちに，ギリシア・ローマ文化における「生活の技術」とキリスト教にみられる「性の科学」との対比へと修正されることになる）（フーコー 1986）。

◆ キリスト教による新たな権力形態の導入

「性の科学」がもつ特徴を明らかにするために，フーコーが試みるのは，セクシュアリティの歴史においてキリスト教が果たした役割を検討することである。一般に，性現象にかかわるキリスト教道徳の特徴は，性的快楽の回避，生殖目的への限定，一夫一婦制といった，性を抑圧・禁止するメカニズムを導入した点にあるとされがちである。しかし，抑圧・禁止のメ

カニズムは，ストア派に由来する道徳によって，すでにローマ世界にもたらされていた以上，それがキリスト教固有の道徳であるということは難しい。キリスト教がローマ世界に導入したのは，それまでとは異なる権力のメカニズム，つまり，ある種の人々が他の人々に対して，彼らの誕生から死まで羊飼いの役割を果たすような，新しい権力の形態である。

◆〈牧人＝司祭〉型権力とセクシュアリティ

フーコーが「〈牧人＝司祭〉型権力（pouvoir pastral）」と呼ぶこの権力は，①（政治権力のように）領地に働きかけるのではなく，移動する多様な構成員に働きかけるものであること，②（君主権力のように）征服による勝利を求めるのではなく，他人の生活を守るべく献身的であること，③（法権力のように）共同体全体の救済をめざすのではなく，個人の救済を保証するものであること，などを特徴とする（フーコー 2000）。以上の特徴に基づいて，この権力形態は「人々の心の内面を知り，魂を探り，胸の奥深くしまいこまれた秘密を人々に吐露させてはじめて行使される」ことができる。〈牧人＝司祭〉型権力は，性の真理の産出（肉の告白）に結びついているという意味で，人間を「主体化＝隷属化（assujettissement）」するための装置の一種なのである（フーコー 1996）（⇨ *87*）。

87 バイオポリティックス（生‐政治学）——生にかかわる統治テクノロジーは〈住民の生〉をどのように制御してきたのか

◆ 死の権力から生の権力へ

　フーコーは，『性の歴史』第1巻（1976年）で，近代において生じた権力形態の変化について，以下のような説明を行った。すなわち，17世紀以前の権力は，人々を〈死なせる〉か〈生きるに任せる〉という形で，統治対象の〈死〉のあり方に重きを置くような「死に対する権力」であったのに対し，17世紀以降の権力は，人々を〈生きさせる〉か〈死へと投げ入れる〉という形で，統治対象の〈生〉のあり方に焦点を当てる「生に対する権力」になった，というのである。「生‐権力（bio-pouvoir）」と呼ばれるこの権力形態は，さらに2つの基本形態に分類される。

　第1は，17世紀以降にみられる，人間身体の「解剖‐政治学（anatomo-politique）」であり，第2は，18世紀半ばからみられる，人口の「生‐政治学（bio-politique）」である。前者が，人間の身体の調教，管理システムへの組み込みなど，〈身体の生〉を統治する規律にかかわるのに対し，後者は，人々の生殖，死亡の管理など，〈種の生〉としての住民（人口集団）の調整・制御の技術にかかわる。いずれにしても，生‐権力のもっとも重要な特徴は，それが，かつての権力のように「殺すこと」においてではなく，「隈なく生を取り込むこと」において機能する点にある，ということができる（フーコー 1986）。

◆ 生‐政治学のテクノロジー

　バイオポリティックスは，個別的に〈身体の従属化〉を制御しつつ，全体的に〈住民の管理〉を行うことを試みる「生‐権力」の一側面にほかならない。それでは，バイオポリティックスの実践は具体的にどのようなものか。一言でいえばそれは，人々の生を保証するために，出生率，長寿，公衆衛生，住居，移住といった問題群を制御する統治のテクノロジーに基づくものである（フーコー 2001）。フーコーはその実例を，16世紀末から18世紀末にかけてのドイツやフランスでみられた，《Polizei, police》と呼ばれる統治技術のうちに見いだしている。

222　第10章 人　　間

この時期における「ポリツァイ」または「ポリス」という語が意味するのは，現代でいう「警察制度」のことではなく，人々を国家のうちに統合する「行政管理」術のことである。「ポリティーク（政治）」という国家政略が，法律による内なる敵に対する戦いや軍隊による外なる敵に対する戦いのような〈非建設的な職務〉にかかわるのに対し，「ポリツァイ（行政管理）」という国家テクノロジーは，住民（①市民，②市民の総体，③地域）を対象として，新しい事物の生産を恒常的に拡大することをめざすような〈建設的な職務〉にかかわるのである（フーコー 2004）。

◆ **生‐政治学の二面性**

　18世紀末以降の新たな権力形態に基づくバイオポリティックスは，人間の生命をいかに管理するかを課題とするようになった。しかし，こうした意味での〈生命の保証〉は〈死の命令〉と表裏一体である。「住民とは，国家が自身のために気を配る対象にほかならない以上，もちろん国家は，必要とあれば，住民を大量殺戮する権利を有している。そういうわけで，いのちの政治（バイオポリティックス）の裏側は，死の政治（タナトポリティクス）なのである」（フーコー 2004）。生‐政治学がもつこの二面性は，具体的には，20世紀初頭から世界各国で展開された優生学的な断種政策や，ナチス政権において実施された強制的安楽死計画（T4作戦）などのうちに，典型的に示されているということができる（米本ほか 2000）（⇨ *86*）。

読 書 案 内

● 第 1 章

「現代哲学の座標軸」を簡明に知るためには，良質の哲学事典を参照するのがよい。読む事典として推奨できるのは**永井均ほか編『事典 哲学の木』**（講談社，2002 年）。大型哲学事典としては**廣松渉ほか編『岩波 哲学・思想事典』**（岩波書店，1998 年）。倫理学事典としては，**大庭健編集代表『現代倫理学事典』**（弘文堂，2006 年）が優れている。英語の辞典であるが，次の 2 点はたいへん明晰で役立つ参考書である。

The Cambridge Dictionary of Philosophy, 2nd ed., ed. by R. Audi, Cambridge U. P., 1999.

The Oxford Companion to Philosophy, 2nd ed., ed. by T. Honderich, Oxford U. P., 2005.

いわゆる「現代思想」をも包括した事典としては，**木田元ほか編『コンサイス 20 世紀思想事典（第 2 版）』**（三省堂，1997 年）および**今村仁司編『現代思想を読む事典』**（講談社現代新書，1988 年）がある。哲学者・思想家ごとにその生涯，業績，文献を紹介したものとしては，**ディヴァインほか編『20 世紀思想家事典』**（木田元ほか訳，誠信書房，2001 年）が便利である。現代哲学・現代思想の歴史的文脈を知るには，**ウィーナーほか編『西洋思想大事典』**全 5 巻（荒川幾男ほか訳，平凡社，1990 年）が信頼できる背景的知識を与えてくれる。それを 40 年ぶりに全面刷新した**新版『スクリブナー思想史大事典』**全 10 巻（野家啓一ほか訳，丸善出版，近刊予定）も近々翻訳刊行される予定である。

現代哲学・現代思想に関する概説書としては，現象学を軸に大陸哲学を中心に叙述した**木田元『現代の哲学』**（講談社学術文庫，1991 年），英米圏の分析哲学に重点を置いた**パスモア『分析哲学を知るための哲学の小さな学校』**（大島保彦・高橋久一郎訳，ちくま学芸文庫，2013 年），全般的に目配

225

りの利いた加藤尚武『20世紀の思想——マルクスからデリダへ』（PHP新書，1997年）などがお勧めである。なお，編者の1人の著作であるが，現代哲学を独自の視角と切り口から論じたものとして門脇俊介『現代哲学』（産業図書，1996年）をあげておきたい。

●第2章

　論理学は日本人が貢献している分野なので，ありがたいことに日本語オリジナルの本で質が高いものが多い。たとえば竹内外史『ゲーデル』（日本評論社，1986年）は個人的にゲーデルと親交があった著者による思い出とゲーデルの業績の解説で，オリジナルを日本語で読めてよかったとしみじみ思える。

　数学の哲学や言語哲学を読み進めるなら飯田隆『言語哲学大全Ⅰ〜Ⅳ』（勁草書房，1987-2002年）がスタートだが，できればその前に，少なくとも並行して命題論理・1階述語論理の完全性と不完全性，様相論理の概略と量化様相論理のモデルほか非古典論理はきっちり押さえておこう。なお，読むだけではなくて，練習問題を手をきっちり動かして解いていくのがとても大事だ。

　がっつり取り組みたい人にお勧めなのは，小野寛晰『情報科学における論理』（日本評論社，1994年），または古森雄一・小野寛晰『現代数理論理学序説』（日本評論社，2010年），それからゲーデル『不完全性定理』（林晋・八杉満利子訳・解説，岩波文庫，2006年）はとくに解説が必読の文献。不完全性定理はゲーデル自身の証明がクリアで分かりやすいが，1人で追うのが心細ければ田中一之『ゲーデルに挑む——証明不可能なことの証明』（東京大学出版会，2012年）を併読するとよい。もう少し先まで進んで現在議論されているポイントに追いつくところまでやりたければ，清水義夫『圏論による論理学——高階論理とトポス』（東京大学出版会，2007年）や清水義夫『記号論理学講義——基礎理論 束論と圏論 知識論』（東京大学出版会，2013年）にも手を広げるとよい。

　そこまでみっちりやるのはつらい……という向きには，パズルを楽しみながら独習できるスマリヤンの一連の教科書『記号論理学——一般化と記

号化』（高橋昌一郎監訳，川辺治之訳，丸善出版，2013 年），『数理論理学——述語論理と完全性定理』（高橋昌一郎監訳，村上祐子訳，丸善出版，2014 年）がお勧め。とっつきやすいくせに細部まで追うと意外とハードかもしれないが，すべて回答がついているので安心。

　哲学的論点については坂本百大編『現代哲学基本論文集Ⅰ・Ⅱ』（勁草書房，1986-87 年），松阪陽一編訳『言語哲学重要論文集』（春秋社，2013 年）などのアンソロジーから読み始め，各哲学者の主要論点の比較表を作りながら，対立する論点について論拠と論法をまとめていくとよいだろう。クワイン『論理的観点から——論理と哲学をめぐる九章』（飯田隆訳，勁草書房，1992 年），クリプキ『名指しと必然性——様相の形而上学と心身問題』（八木沢敬・野家啓一訳，産業図書，1985 年）など個別の著作は，道具立てに振り回されないために論理学のテキストが終わってから読むこと。金子洋之『ダメットにたどりつくまで——反実在論とは何か』（勁草書房，2006 年）は真理理論をめぐる議論のよいガイドブックだが，反実在論に肩入れしていることに（必ずしもつられる必要はないという意味で）注意。

● 第 3 章
　現代の認識論のポイントを広く学ぶには，イキナリ拙著で恐縮だが，戸田山和久『知識の哲学』（産業図書，2002 年）を推薦。本章で取り上げた論点が一通り押さえられている，って同じ著者が書いているんだから当たり前か。この本は外在主義的な観点から書かれているが，内在主義的な観点から認識論の見取り図を与えてくれているのは，チザム『知識の理論（第 3 版）』（上枝美典訳，世界思想社，2003 年）。上枝氏の 50 頁以上に及ぶ解説は，チザムの解説の域を超えて，現代認識論全体の優れた概説になっている。認識論に興味をもった読者の必読文献だ。これらを読み終えたなら，バンジョー/ソウザ『認識的正当化』（上枝美典訳，産業図書，2006 年）に進もう。これは，バンジョーがずっと奉じていた整合主義を捨てて，内在主義的基礎づけ主義に転向したとして話題になった。対するソウザは，ややマイルドな外在主義的立場をとっていて，この本は，内在主義者と外在主義者による論争の記録になっている。さらに，それぞれの著者が相手の議

読書案内　　227

論に対するリプライも書いていて，もうテンコモリの充実しまくった本。本書では，ソウザは外在主義の変形として「徳認識論」を展開している。徳認識論って何だ，ということを体系的に展開した本は日本語では存在しないので，最近，日本の若い哲学者たちの間でも流行してるようじゃないの，でも徳認識論ってそもそも何，ということを知りたい向きにもお勧め。

社会的認識論については，伊勢田哲治『認識論を社会化する』（名古屋大学出版会，2004年）が最強にして最良の書物。認識論の自然化においては，知識が自然種かということが議論になる。なぜそういうことになるのかを，野家啓一編『シリーズ ヒトの科学6 ヒトと人のあいだ』（岩波書店，2007年）所収の拙論「『知識を自然の中に置く』とはいかなることか」で押さえておいて，ぜひとも，植原亮『実在論と知識の自然化』（勁草書房，2013年）に進んでほしい。これは，自然化された認識論の日本における到達点を示している。

最後に，スティッチ『断片化する理性——認識論的プラグマティズム』（薄井尚樹訳，勁草書房，2006年）は，伝統的に営まれてきた認識論を根底からぶっ壊す痛快無比な本。

● 第4章

言語哲学における現代の古典に当たるのはフレーゲ，ラッセル，ウィトゲンシュタインらの著作である。なかでも『フレーゲ著作集4』（黒田亘・野本和幸編，勁草書房，1999年）に所収の論文「意義と意味について」，ラッセルの『論理的原子論の哲学』（高村夏輝訳，ちくま学芸文庫，2007年），ウィトゲンシュタインの『論理哲学論考』（野矢茂樹訳，岩波文庫，2003年）と『哲学探究』（丘沢静也訳，岩波書店，2013年）などは必読である。著名な論文を集めた手頃な編著に坂本百大編『現代哲学基本論文集Ⅰ・Ⅱ』（勁草書房，1986-87年），松坂陽一編『言語哲学重要論文集』（春秋社，2013年）がある。

現代の言語哲学の中でよく批判の的となる「観念」の理論についてはロック『人間知性論』の第3巻（大槻春彦訳，岩波文庫，1976年）を参照。ロックからより現代的な言語論への移行過程を印づける一連の学説につい

ての気の利いた解説書に，**ハッキング『言語はなぜ哲学の問題になるのか』**（伊藤邦武訳，勁草書房，1989 年）がある。「言語主義哲学」の帰趨については，たとえば**ローティ『哲学と自然の鏡』**（野家啓一監訳，産業図書，1993 年）を参照。分析哲学の 2 つの学派については，**エイヤー『言語・真理・論理』**（吉田夏彦訳，岩波書店，1955 年）と**オースティン『知覚の言語——センスとセンシビリア』**（丹治信春・守屋唱進訳，勁草書房，1984 年）を読み比べてみるのが好適である。より本格的には，**カルナップ『カルナップ哲学論集』**（永井成男・内田種臣編，紀伊國屋書店，1977 年）と**ライル『心の概念』**（坂本百大ほか訳，みすず書房，1987 年）がよい比較対象になる。その後につながる議論の中では，**クワイン『ことばと対象』**（大出晁・宮館恵訳，勁草書房，1984 年），**デイヴィドソン『真理と解釈』**（野本和幸ほか訳，勁草書房，1991 年），**クリプキ『名指しと必然性——様相の形而上学と心身問題』**（八木沢敬・野家啓一訳，産業図書，1985 年）などがいずれも特有の魅力を放つ。私的言語論の関連では同じ**クリプキ**の**『ウィトゲンシュタインのパラドックス——規則・私的言語・他人の心』**（黒崎宏訳，産業図書，1983 年）が必読。

　言語行為論については**オースティン『言語と行為』**（坂本百大訳，大修館書店，1978 年）と**サール『言語行為——言語哲学への試論』**（坂本百大・土屋俊訳，勁草書房，1986 年）が基本文献。意味と含みの理論については基本文献の**グライス『論理と会話』**（清塚邦彦訳，勁草書房，1998 年）のほかに**スペルベル/ウイルソン『関連性理論——伝達と認知（第 2 版）』**（内田聖二ほか訳，研究社出版，1999 年）が参考になる。メタファーに関する現代の哲学的論議の出発点とされるのは**佐々木健一編『創造のレトリック』**（勁草書房，1986 年）所収の**ブラック**の論文「隠喩」である。より最近の論議については**ジョンソン『心のなかの身体——想像力へのパラダイム転換』**（復刊版，菅野盾樹・中村雅之訳，紀伊國屋書店，2001 年）を参照。なお，現代の言語哲学への初歩的入門書として**服部裕幸『言語哲学入門』**（勁草書房，2003 年），その先のステップとしては**野本和幸・山田友幸編『言語哲学を学ぶ人のために』**（世界思想社，2002 年）あるいは**ライカン『言語哲学——入門から中級まで』**（荒磯敏文ほか訳，勁草書房，2005 年），さらに大

読 書 案 内　　229

部ながら懇切丁寧な飯田隆『言語哲学大全Ⅰ～Ⅳ』（勁草書房，1987-2002年）が参考になる。

● 第5章

本章で何度か言及したデイヴィドソンの論文集『行為と出来事』（服部裕幸・柴田正良訳，勁草書房，1990年）は，日本語で読むことができる。アンスコムの『インテンション──実践知の考察』（菅豊彦訳，産業図書，1984年）も邦訳されている。これらの2冊は古典である。デイヴィドソンは難しいといわれることもあるが，何編かを読むと同じテーマが異なる論文で少しずつ展開されていることに気づくだろう。

ブラットマンの『意図と行為──合理性，計画，実践的推論』（門脇俊介・高橋久一郎訳，産業図書，1994年）は，アンスコムやデイヴィドソンらが始めた議論の発展型とみなすことができる。同書の訳者解説は行為論のトピックを広くカバーしており充実している。少し違う系統のものとしてはフォン・ウリクトの『説明と理解』（丸山高司・木岡伸夫訳，産業図書，1984年）がある。著者は優れた論理学者でもあるが，論理の背景につねに哲学的問題が意識されていて好感がもてる。この本にも論理学のエッセンスが活かされている。

日本の哲学者の著作では，野矢茂樹の『哲学・航海日誌』（春秋社，1999年/中公文庫，2010年）が興味深い。同書の話題は行為論に限られない。だが行為論としてみても，著者の哲学を背景にした独自のものが展開されている。中山康雄『共同性の現代哲学──心から社会へ』（勁草書房，2004年）は，共同行為論を正面から扱っている。この本も問題の多面性を我々に教えてくれる良書である。本章ではあまり取り上げなかったが，行為や傾向性と深くかかわる重要な概念に「アフォーダンス」がある。アフォーダンス概念の哲学的分析については，河野哲也・染谷昌義・齋藤暢人編『環境のオントロジー』（春秋社，2008年）を参照されたい。最後に，自著をあげて申しわけないが，柏端達也『行為と出来事の存在論──デイヴィドソン的視点から』（勁草書房，1997年）は，1990年代にたくさん書かれたデイヴィドソニアンスタイルの行為論の一冊である。柏端達也『自己欺

230

瞞と自己犠牲——非合理性の哲学入門』（勁草書房，2007 年）では，非合理
性や共同行為について論じている。

● 第 6 章

　心の哲学の全体像を概観するには，**信原幸弘『心の現代哲学』**（勁草書房，
1999 年）および**信原幸弘編「シリーズ心の哲学」『Ⅰ 人間篇』『Ⅱ ロボット
篇』『Ⅲ 翻訳篇』**（勁草書房，2004 年）が便利である。

　全体論的な知識観を示す**クワイン『論理的観点から——論理と哲学をめ
ぐる九章』**（飯田隆訳，勁草書房，1992 年）や，翻訳の不確定性を説く**クワ
イン『ことばと対象』**（大出晁・宮館恵訳，勁草書房，1984 年）は，心の哲
学に対して大きな刺激を与え続けている。

　クオリアについては，**デネット『解明される意識』**（山口泰司訳，青土社，
1997 年）が多彩な事例を用いてクオリアの消去に果敢に挑んでおり，刺激
的である。また，**ネーゲル『コウモリであるとはどのようなことか』**（永
井均訳，勁草書房，1989 年）は，コウモリのクオリアを例にして意識問題
の核心を印象的に描き出す論文をはじめ，心の哲学にとって興味深い論文
が多く含まれている。

　コンピュータが思考能力をもてるかどうかを検討するためにチューリン
グテストを提唱した**チューリングの「計算機械と知能」**や，古典的計算主
義の形式的な認知観を批判するためにユニークな**「中国語の部屋」**の思考
実験を展開した**サールの「心・脳・プログラム」**などを収めた**ホフスタッ
ター/デネット編『マインズ・アイ——コンピュータ時代の「心」と「私」
上・下』**（新装版，坂本百大監訳，TBS ブリタニカ，1992 年）は，心の哲学へ
の絶好の案内書である。

　コネクショニズムについては，**クラーク『認知の微視的構造——哲学，
認知科学，PDP モデル』**（野家伸也・佐藤英明訳，産業図書，1997 年），およ
び**チャーチランド『認知哲学——脳科学から心の哲学へ』**（信原幸弘・宮島
昭二訳，産業図書，1997 年）が平明な解説を施すとともに，コネクショニ
ズムの哲学的意義を深く掘り下げて考察している。また，**戸田山和久ほか
編『心の科学と哲学——コネクショニズムの可能性』**（昭和堂，2003 年）に

読書案内　　231

は，古典的計算主義とコネクショニズムをめぐる諸問題を鋭く論じた諸論文が並ぶ。

認知における身体の重要性については，ドレイファス『コンピュータには何ができないか——哲学的人工知能批判』（黒崎政男・村若修訳，産業図書，1992年）がコンピュータには身体が欠けているために人間のような知能をもてないと論じ，またジョンソン『心のなかの身体——想像力へのパラダイム転換』（復刊版，菅野盾樹・中村雅之訳，紀伊國屋書店，2001年）が身体的な経験を基盤にしてはじめて概念形成が可能であることを力説しており，いずれもたいへん興味深い。

● 第7章

初期の論理実証主義の哲学的立場の非常に明快な一般向け解説書としてはエイヤー『言語・真理・論理』（吉田夏彦訳，岩波書店，1955年）が，また批判的な立場からではあるがカルナップ以降の論理経験主義のプログラムの全体像を明快に示し，その「新科学哲学派」との相違を浮き彫りにした書物としてブラウン『科学論序説——新パラダイムへのアプローチ』（野家啓一・伊藤春樹訳，培風館，1985年）がお勧めできる。科学哲学は経験科学の中で鍛えられてきた方法論として（科学から遊離した哲学談義としてでなく）論ずるべきだという立場で一貫した本格的な入門書として内井惣七『科学哲学入門——科学の方法・科学の目的』（世界思想社，1995年）をあげておく。

クーンのパラダイム論については『科学革命の構造』（中山茂訳，みすず書房，1971年）はいうまでもないが，とくにクーンがパラダイム概念に到達するまでの思考の軌跡や論争勃発後の批判への応答が追跡できる論文集『本質的緊張——科学における伝統と革新1・2』（安孫子誠也・佐野正博訳，みすず書房，1987，92年）が重要である。またクーンとポパー派の対決についてはラカトス/マスグレイブ編『批判と知識の成長』（森博監訳，木鐸社，1985年）を，そしてパラダイム概念が経済学や社会学や政治学などの人文・社会諸科学に与えた影響については中山茂編『パラダイム再考』（新装版，ミネルヴァ書房，1996年）を参照されたい。クーン以降の社会学的科

学論の展開やSTSなど現代の取り組みについては**金森修・中島秀人編**
『科学論の現在』（勁草書房，2002年）がとても参考になる。

　社会生物学論争の焦点となった進化論的説明の人間への適用に関する
ウィルソンの考えは，荒削りな感のある大著**『社会生物学』**（合本版，伊藤
嘉昭監修，新思索社，1999年）よりも，後年さまざまな批判に答える形で
執筆されピュリッツァー賞を受賞した一般向けの書物**『人間の本性につい**
て』（新装版，岸由二訳，思索社，1990年）のほうがより明快である。社会
生物学/遺伝的決定論批判の書としてはたとえば**グールド『人間の測りま**
ちがい――差別の科学史』（増補改訂版，鈴木善次・森脇靖子訳，河出書房新
社，1998年）などがある。生物学の歴史における目的論と機械論とのせめ
ぎ合いについては**ボウラー『進化思想の歴史（上・下）』**（鈴木善次ほか訳，
朝日新聞出版，1990年）に詳しい。サンタフェ研究所草創期における複雑
系の科学をめぐる知的興奮や学際研究の取り組みについてはベストセラー
となった**ワールドロップ**の**『複雑系――科学革命の震源地・サンタフェ研**
究所の天才たち』（田中三彦・遠山峻征訳，新潮文庫，2000年）が読み物と
して断トツの面白さだが，同時に入門書としても有用である。

●第8章
　現代哲学における時間の問題を一般向けに書いたものとして，**中島義道**
『「時間」を哲学する――過去はどこへ行ったのか』（講談社現代新書，1996
年）がある。カント，ベルクソン，フッサール，ハイデガーなど，哲学者
の見解を要領よく紹介しながら，我々に身近な話題も取り混ぜて，分かり
やすく書かれている。とりわけ，過去・現在・未来という時間様態をめぐ
る謎が丹念に追究されている点が特徴である。また，時間の哲学について
もっと知りたい人は，**大森荘蔵『時間と自我』『時間と存在』『時は流れ**
ず』（いずれも青土社，1992年，1994年，1996年）の3冊に挑戦してみるのも
よいだろう。筆者自身の時間に関する考察をまとめたものとして，**佐藤透**
『時間体験の哲学』（行路社，1999年）もあるので，こちらも参照していた
だければ幸いである。

　人格同一性の問題も含めて時間的変化と同一性の問題を扱ったものとし

読書案内　233

ては，**野矢茂樹『同一性・変化・時間』**（哲学書房，2002 年）が読みやすく書かれている。

また，本文の必然性/偶然性の項目は，必然性の問題を中心に，今日の英語圏での議論に重点を置いた記述となっているが，偶然性に着目する視点から，とりわけヨーロッパ哲学を足場として書かれたものに，**木田元『偶然性と運命』**（岩波新書，2001 年）がある。この書により，事態を別の角度からみることもできるだろう。日本の哲学者，九鬼周造の偶然論なども紹介されている。

必然性，同一性，因果性などをめぐる現代の議論には，ライプニッツ哲学の影響が色濃いので，彼の哲学に関する知識があると，理解しやすい。**山内志朗『ライプニッツ――なぜ私は世界にひとりしかいないのか』**（日本放送出版協会，2003 年）は，最初の一歩としてよい本である。さらに詳しいことを知りたい人は，**山本信『ライプニッツ哲学研究』**（復刊版，東京大学出版会，1978 年），**石黒ひで『ライプニッツの哲学――論理と言語を中心に』**（増補改訂版，岩波書店，2003 年）なども参照されるとよい。

●第9章

英語圏の現代倫理学の全体像を概観できるコンパクトな邦語文献としてあげうるのは，**赤林朗編『入門・医療倫理 II』**（勁草書房，2007 年）と**坂井昭宏・柏葉武秀編『現代倫理学』**（ナカニシヤ出版，2007 年）の2つである。規範倫理学の分野に限るならば川本隆史『現代倫理学の冒険――社会理論のネットワーキングへ』（創文社，1995 年）が便利である。メタ倫理学に関しては多少古いがセラーズとホスパースによる選集（*Readings in Ethical Theory*）を訳出した『現代英米の倫理学 I～V』（現代倫理研究会訳，福村出版，1959-67 年）がムーアから論理実証主義，そして情動主義まで包括しており，現代にもつながる問題群を扱っている。現代の論争状況についてはスミス『道徳の中心問題』（樫則章監訳，ナカニシヤ出版，2006 年）と，**ノーマン『道徳の哲学者たち――倫理学入門（第2版）』**（塚崎智ほか監訳，ナカニシヤ出版，2001 年）の第3部が，日本語で読める数少ない文献である。「存在/当為」や「事実/価値」の問題を扱っている文献としては**日本倫**

理学会編『現代倫理学と分析哲学』（以文社，1983 年），**杖下隆英『認識と価値』**（東京大学出版会，1989 年），『思想』（No.961）の特集「**倫理学と自然主義**」（岩波書店，2004 年）がある。「正義論」や「リベラリズム/リバタリアニズム/コミュニタリアニズム」に関しては**ウルフ『政治哲学入門』**（坂本知宏訳，晃洋書房，2000 年），**キムリッカ『新版 現代政治理論』**（千葉眞ほか訳，日本経済評論社，2005 年）が網羅的であり，かつ面白い。そして白熱教室でも有名になった**サンデル『これからの「正義」の話をしよう──いまを生き延びるための哲学』**（鬼澤忍訳，早川書房，2010 年）もあげておかなければなるまい。また『公正としての正義 再説』（田中成明ほか訳，岩波書店，2004 年）は後期ロールズの政治的リベラリズムの立場を理解するうえで必須の文献である。「帰結主義/義務論」に関しては**レイチェルズ『現実をみつめる道徳哲学──安楽死からフェミニズムまで』**（古牧徳生・次田憲和訳，晃洋書房，2003 年），**ヘア『道徳的に考えること──レベル・方法・要点』**（内井惣七・山内友三郎監訳，勁草書房，1994 年），**パーフィット『理由と人格──非人格性の倫理へ』**（森村進訳，勁草書房，1998 年）があり，前者は規範倫理学での帰結主義（功利主義）を簡潔に解説しており，後二者は帰結主義についての哲学的な分析を展開している。「公共性」に関しては**大川正彦『正義』**（岩波書店，1999 年）が刺激的な議論を提示しており，**山岡龍一・齋藤純一編『公共哲学』**（放送大学教育振興会，2010 年）は入門書としてたいへん優れている。「自己決定権」については，**立岩真也『私的所有論』**（勁草書房，1997 年）は必読文献であり，日本での現在の議論はこの著作を中心にして展開されてきた。本文では触れることができなかったアーペルの「討議倫理学」については，**坂部恵ほか編『カント・現代の論争に生きる（下）』**（理想社，2000 年）に所収されている「**責任倫理（学）としての討議倫理（学）**」（舟場保之訳）が彼の思想へのよい入門となっている。

● 第 10 章

人間学に関する書物のうち，哲学者の立場から書かれたものとしては，**カッシーラー『人間 シンボルを操るもの』**（宮城音弥訳，岩波文庫，1997 年），

読書案内　235

ボルノウ/プレスナー『現代の哲学的人間学』（藤田健治ほか訳，白水社，2002年），アルノルト・ゲーレン『人間学の探究』（復刊版，亀井裕ほか訳，紀伊國屋書店，1999年）などがよく知られたものであるが，現代の知見を取り入れた新たな哲学的人間学の試みとしては，菅野盾樹『人間学とは何か』（産業図書，1999年），野家啓一編『ヒトと人のあいだ』（岩波書店，2007年）などがある。

近代までの哲学は，人間本性を規定するものとして理性や自己意識を重視したが，20世紀の哲学は，理性中心の人間観の見直しを迫るものであった。そのような観点から，人間と世界との関係を新たに記述しようとした書物としては，フッサール『ヨーロッパ諸学の危機と超越論的現象学』（木田元訳，中公文庫，1995年），シェーラー『宇宙における人間の地位』（亀井裕・山本達訳，白水iクラシックス，2012年），ハイデガー『存在と時間 I・II・III』（原佑・渡邊二郎訳，中公クラシックス，2003年），ハイデガー『「ヒューマニズム」について』（渡邊二郎訳，ちくま学芸文庫，1997年）などが重要である。

また，人間をその身体からとらえ直そうとする試みとしては，メルロ＝ポンティ『知覚の現象学1』（竹内芳郎・小木貞孝訳，みすず書房，1967年）および『知覚の現象学2』（竹内芳郎ほか訳，みすず書房，1974年）は必読である。メルロ＝ポンティ『見えるものと見えないもの――付・研究ノート』（滝浦静雄・木田元訳，みすず書房，1989年）は，身体と世界とのかかわりについて，彼の晩年の境地を示したものであるが，こうした議論の展開を踏まえて書かれたヴァルデンフェルス『講義・身体の現象学――身体という自己』（山口一郎・鷲田清一監訳，知泉書館，2004年）は，身体に関する新たな視点を示していて興味深い。また，自我形成における皮膚の役割を指摘したディディエ・アンジュー『皮膚―自我』（福田素子訳，言叢社，1993年）のように，精神分析的な観点から書かれた身体論からも学ぶべき点は多い。

20世紀の哲学は，身体への着目と同時に，無意識の位相にも注目するようになったが，その基礎となったのは，19世紀以来の無意識研究である。無意識が学問的な考察の対象になるまでの過程を記述したエレンベルガー

『無意識の発見（上・下）』（木村敏・中井久夫監訳，弘文堂，1980 年）は，無意識に関する歴史研究の一大労作である。無意識における心的外傷研究という観点からみるならば，『フロイト著作集 6 自我論・不安本能論』（井村恒郎ほか訳，人文書院，1970 年）所収の「想起，反復，徹底操作」「悲哀とメランコリー」「快感原則の彼岸」などが必読である。また，近年再評価の対象になってきたジャネの系譜を引き継ぐトラウマ研究としては，パトナム『解離——若年期における病理と治療』（中井久夫訳，みすず書房，2001 年）や岡野憲一郎『外傷性精神障害——心の傷の病理と治療』（岩崎学術出版社，1995 年）などが優れている。

　20 世紀における 2 つの大戦において，自己と異なる存在との戦いを経験した人類にとって，身体や無意識と並んで哲学の重要な課題となったのは他者の問題である。フッサール『デカルト的省察』（浜渦辰二訳，岩波文庫，2001 年）は，他者理解に関する 1 つの解釈を示して，その後の議論のための批判的素材を提供した点で重要である。フッサールを含め，他者論の多くは，他者を自己の分身ととらえる傾向をもつが，ナチスドイツによる非人道的な行為を見据えて，より透徹した境地から絶対的な他者を希求するための手がかりを与えてくれるのは，レヴィナス『全体性と無限（上・下）』（熊野純彦訳，岩波文庫，2005，06 年）である。

　最後に，20 世紀哲学における思想上の主題として，見落とすことができないのが性現象である。無意識における性的欲望の問題を最初に取り上げたのは精神分析だが，フーコーは，精神分析に対する批判的なスタンスを保ちつつ，晩年には性現象について貴重な考察を行った。なかでもフーコー『性の歴史 I　知への意志』（渡辺守章訳，新潮社，1986 年）は，性現象と権力との関係を明らかにした重要な著作である。また，彼の思索全体の見取り図を得たいという方には，ガッティング『フーコー』（井原健一郎訳，岩波書店，2007 年）がお勧めである。

参 照 文 献

● 第 1 章

アドルノ，T./ K. ポパーほか（城塚登・浜井修訳），1979，『社会科学の論理』河出書房新社。

ヴァイツゼッカー，R. von,（永井清彦編訳），2009，『言葉の力――ヴァイツゼッカー演説集』岩波現代文庫。

ウィトゲンシュタイン，L.（野矢茂樹訳），2003，『論理哲学論考』岩波文庫。

上野千鶴子，2002，『差異の政治学』岩波書店。

門脇俊介，2002，『理由の空間の現象学――表象的志向性批判』創文社。

門脇俊介，2004，『フッサール――心は世界にどうつながっているのか』日本放送出版協会。

門脇俊介・信原幸弘編，2002，『ハイデガーと認知科学』産業図書。

金森修，2000，『サイエンス・ウォーズ』東京大学出版会。

金子邦彦，2003，『生命とは何か――複雑系生命論序説』東京大学出版会。

クワイン，W. V. O.（飯田隆訳），1992，「経験主義のふたつのドグマ」『論理的観点から――論理と哲学をめぐる九章』勁草書房。

クーン，T. S.（中山茂訳），1971，『科学革命の構造』みすず書房。

サイード，E. W.（今沢紀子訳），1993，『オリエンタリズム（上・下）』平凡社ライブラリー。

ジェンクス，C.（竹山実訳），1978，『ポストモダニズムの建築言語』エーアンドユー。

スコット，J. W.（荻野美穂訳），2004，『ジェンダーと歴史学』平凡社ライブラリー。

スピヴァク，G. C.（上村忠男訳），1998，『サバルタンは語ることができるか』みすず書房。

セラーズ，W. S.（浜野研三訳），2006，『経験論と心の哲学』岩波書店。

ソーカル，A./ J. ブリクモン（田崎晴明ほか訳），2012，『「知」の欺瞞――ポストモダン思想における科学の濫用』岩波現代文庫。

ダメット，M.（藤田晋吾訳），1986，『真理という謎』勁草書房。

チザム，R. M.（上枝美典訳），2003，『知識の理論　第 3 版』世界思想社。

野家啓一，2007，『歴史を哲学する』岩波書店。

野家啓一，2013，『科学の解釈学』講談社学術文庫。

野家啓一，2015，『科学哲学への招待』ちくま学芸文庫。

パトナム，H.（野本和幸ほか訳），1994，『理性・真理・歴史——内在的実在論の展開』法政大学出版局。

パトナム，H.（藤田晋吾・中村正利訳），2006，『事実/価値二分法の崩壊』法政大学出版局。

ハーバーマス，J.（三島憲一編訳），2000，『近代——未完のプロジェクト』岩波現代文庫。

ハーバーマス，J./E. ノルテほか（徳永恂ほか訳），1995，『過ぎ去ろうとしない過去』人文書院。

ハーマン，G.（大庭健・宇佐美公生訳），1988，『哲学的倫理学叙説——道徳の"本性"の自然主義的解明』産業図書。

ファン・フラーセン，B. C.（丹治信春訳），1986，『科学的世界像』紀伊國屋書店。

フォーダー，J./E. ルポア（柴田正良訳），1997，『意味の全体論——ホーリズム，そのお買い物ガイド』産業図書。

フォン・ウリクト，G. H.（丸山高司・木岡伸夫訳），1984，『説明と理解』産業図書。

マッキー，J. L.（加藤尚武監訳），1990，『倫理学——道徳を創造する』哲書房。

丸山高司，1985，『人間科学の方法論争』勁草書房。

リオタール，J.-F.（小林康夫訳），1986，『ポスト・モダンの条件——知・社会・言語ゲーム』書肆風の薔薇。

ローティ，R.（野家啓一監訳），1993，『哲学と自然の鏡』産業図書。

Blackburn, S., 1993, *Essays in Quasi-Realism*, Oxford U. P.

Brandom, R. B., 1994, *Making It Explicit: Reasoning, Representing, & Discursive Commitment*, Harvard U. P.

Clark, A., 1997, *Being There : Putting Brain, Body, and World Together Again*, MIT Pr.

Fodor, J. A., 1975, *The Language of Thought*, Harvard U. P.

Kitcher, P., 1992, "The Naturalists Return," *The Philosophical Review*, Vol. 101, No. 1, pp. 53-114.

Koertge, N. (ed.), 1988, *A House Built on Sand*, Oxford U.P.

McDowell, J., 1998, "Two Sorts of Naturalism," in *Mind, Value, and Reality*, Harvard U. P.

Russell, B., 1956, "The Philosophy of Logical Atomism," in R. C. Marsh (ed.), *Logic and Knowledge : Essays 1901-1950*, George Allen & Unwin.

White, H., 1973, *Metahistory*, The Johns Hopkins U.P.

● 第 2 章

飯田隆編，1995，『リーディングス　数学の哲学——ゲーデル以後』勁草書房。

飯田隆，1987, 89, 95, 2002，『言語哲学大全』全 4 巻，勁草書房。

小野寛晰，1994，『情報科学における論理』日本評論社。

金子洋之，2006，『ダメットにたどりつくまで——反実在論とは何か』勁草書房。

菊地誠，2014，『不完全性定理＝ The Incompleteness Theorems』共立出版。

クリプキ，S. A.（八木沢敬・野家啓一訳），1985，『名指しと必然性——様相の形而上学と心身問題』産業図書。

クワイン，W. V. O.（飯田隆訳），1992，「経験主義のふたつのドグマ」『論理的観点から——論理と哲学をめぐる九章』勁草書房。

クワイン，W. V. O.（飯田隆訳），1992，『論理的観点から——論理と哲学をめぐる九章』勁草書房。

ゲーデル，K.（林晋・八杉満利子訳・解説），2006，『不完全性定理』岩波文庫。

古森雄一・小野寛晰，2010，『現代数理論理学序説』日本評論社。

スマリヤン，R. M.（高橋昌一郎監訳，川辺治之訳），2013，『記号論理学——一般化と記号化』丸善出版。

スマリヤン，R. M.（高橋昌一郎監訳，村上祐子訳），2014，『数理論理学——述語論理と完全性定理』丸善出版。

ソーカル，A. D. / J. ブリクモン（田崎晴明ほか訳），2012，『知の欺瞞——ポストモダン思想における科学の濫用』岩波現代文庫。

竹内外史，1986，『ゲーデル』日本評論社。

田中一之編，2006-07，『ゲーデルと 20 世紀の論理学』全 4 巻，東京大学出版会。

田中一之，2012，『ゲーデルに挑む——証明不可能なことの証明』東京大学出版会。

ダメット，M.（藤田晋吾訳），1986，『真理という謎』勁草書房。

照井一成，2015，『コンピュータは数学者になれるのか？——数学基礎論から証明とプログラムの理論へ』青土社。

ドーソン，J.W.（村上祐子・塩谷賢訳），2006，『ロジカル・ディレンマ——ゲーデルの生涯と不完全性定理』新曜社。

パットナム，H.（大出晁監修・藤川吉美編訳），1975，「『意味』の意味」『精神と世界に関する方法——パットナム哲学論集』紀伊國屋書店。

林晋「ヒルベルトと 20 世紀数学——公理主義とはなんだったか？（改定版）」
http://www.shayashi.jp/HistoryOfFOM/papers/wasedakais.html

バーワイズ，J. / J. ペリー（土屋俊訳），1992，『状況と態度』産業図書。

フランセーン，T.（田中一之訳），2011，『ゲーデルの定理——利用と誤用の不完全ガイド』みすず書房。

八木沢敬，2011，『分析哲学入門』講談社。

八木沢敬，2013，『意味・真理・存在——分析哲学入門 中級編』講談社。

ライカン，W. G.（荒磯敏文ほか訳），2005，「自然種名と『双子地球』」「固有名
——直接指示と因果‐歴史説」『言語哲学』勁草書房。

Barwise, J. and J. Perry, 1981, "Sitautions and Attitudes," *The Journal of Philosophy*, Vol. 78, No.11, Seventy-Eighth Annual Meeting of the American Philosophical Association, Eastern Division (Nov. 1981), pp. 668-91.

Article Stable URL:http://www.jstor.org/stable/2026578

Bobzien, S., "Ancient Logic," in E. N. Zalta (ed.), *The Stanford Encyclopedia of Philosophy* (Spring 2014 Edition).

URL = http://plato.stanford.edu/archives/spr2014/entries/logic-ancient/
http://plato.stanford.edu/entries/logic-ancient/

Burgess, J.P., 2013, *Kripke*, Polity Pr.

Feferman, S., 1998, *In the Light of Logic*, Oxford U. P.

Ferreirós, J., "The Early Development of Set Theory," in E. N. Zalta (ed.), *The Stanford Encyclopedia of Philosophy* (Winter 2012 Edition).

URL = http://plato.stanford.edu/archives/win2012/entries/settheory-early/

Frege, G., 1879, *Begriffsschrift, Louis Nebert* : Halle.（藤村龍雄訳，1999，『フレーゲ著作集 1』勁草書房所収）

Groarke, L., "Informal Logic," in E.N.Zalta (ed.), *The Stanford Encyclopedia of Philosophy* (Summer 2015 Edition).

URL = http://plato.stanford.edu/archives/sum2015/entries/logic-informal/

Gupta, A. and N. Belnap, 1993, *The Revision Theory of Truth*, MIT Pr.

Haack, S., 1978, *Philosophy of Logics*, Cambridge U.P.

Heijenoort, J.v., 2002, *From Frege to Gödel: A Source Book in Mathematical Logic, 1879-1931*, Harvard U.P.

Hintikka, J., 1962, *Knowledge and Belief: An Introduction to The Logic of The Two Notions*, Cornell U.P.

Hodges, A., 1983, *Alan Turing: the Enigma*, Vintage.

Jonsson, B. and A.Tarski, Boolean Algebras with Operators. Part I., *American Journal of Mathematics*, Vol.73, No.4 (Oct., 1951), pp. 891-939.

http://www.jstor.org/discover/10.2307/2372123?uid = 3738328&uid = 2134&uid = 2&uid = 70&uid = 4&sid = 21105007058433

LaPorte, J., "Rigid Designators," in E.N.Zalta (ed.), *The Stanford Encyclopedia of Philosophy* (Summer 2011 Edition).

URL = http://plato.stanford.edu/archives/sum2011/entries/rigiddesignators/

Ludlow, P., "Descriptions," in E.N.Zalta (ed.), *The Stanford Encyclopedia of Philosophy* (Fall 2013 Edition).

URL = http://plato.stanford.edu/archives/fall2013/entries/descriptions/

Raatikainen, P., On the Philosophical Relevance of Gödel's Incompleteness Theorems.

URL = http://philpapers.org/archive/RAAOTP.pdf

Reimer, M. and E. Michaelson, "Reference," in E.N.Zalta (ed.), *The Stanford Encyclopedia of Philosophy* (Winter 2014 Edition), forthcoming.

URL = http://plato.stanford.edu/archives/win2014/entries/reference/

Restall, G., 2000, *Introduction to Substructural Logics*, Routledge.

Russell, B., 1910, *Principia Mathematica to *56*, with A. N. Whitehead, Cambridge U. P., 1962.

Russell, B., 1919, "On Propositions, " reprinted in R. C. Marsh (ed.), *Logic and Knowledge: Essays 1901-1950*, George Allen and Unwin, 1956, pp. 283-320.

Shanker, S. G., 1996, "Philosophy of Science, Logic and Mathematics in the Twentieth Century," in *Routledge History of Philosophy: Philosophy of Science, Logic and Mathematics in the 20th Century* (Pt. 1).

Smith, R., "Aristotle's Logic," in E. N. Zalta (ed.), *The Stanford Encyclopedia of Philosophy* (Summer 2015 Edition).

URL = http://plato.stanford.edu/archives/sum2015/entries/aristotle-logic/

Tarski, A., 1935, "The Concept of Truth in Formalized Languages," in *Logic, Semantics, Metamathematics*, 2nd ed., Hackett 1983, pp. 152-278.

von Wright, G. H., 1951, "Deontic Logic, " *Mind*, 60, pp.1-15.

Weatherson, B., "David Lewis, " in E.N.Zalta (ed.), *The Stanford Encyclopedia of Philosophy* (Fall 2014 Edition).

URL = http://plato.stanford.edu/archives/fall2014/entries/david-lewis/

http://www.l.u-tokyo.ac.jp/~ shimizu/medieval/j/logic/intro.html

● 第3章

伊勢田哲治，2004，『認識論を社会化する』名古屋大学出版会。

エイヤー，A. J.（神野慧一郎訳），1981，『知識の哲学』白水社。

大沢秀介，1996，「知識の個人主義——近代哲学の神話」『知識という環境』名古屋大学出版会。

クリプキ，S. A.（八木沢敬・野家啓一訳），1985，『名指しと必然性』産業図書。

クワイン，W. V. O.（伊藤春樹訳），1988，「自然化された認識論」『現代思想

特集クワイン』青土社。

クワイン，W. V. O.（飯田隆訳），1992，「経験主義のふたつのドグマ」『論理的観点から——論理と哲学をめぐる九章』勁草書房。

ゲティア，E.（柴田正良訳），1996，「正当化された真なる信念は知識だろうか」『知識という環境』名古屋大学出版会。

丹治信春，1991，「哲学の身分と自然化された認識論」『ウィトゲンシュタイン以後』東京大学出版会。

デカルト，R.（山田弘明訳），2006，『省察』ちくま学芸文庫。

ノージック，R.（坂本百大他訳），1997，『考えることを考える（上）』青土社。

ヒューム，D.（木曾好能訳），1995，『人間本性論』法政大学出版局。

プラトン（田中美知太郎訳），1966，『テアイテトス』岩波文庫。

プラトン（藤沢令夫訳），1994，『メノン』岩波文庫。

ポプキン，R.（野田又夫訳），1981，『懐疑』紀伊國屋書店。

ポランニー，M.（高橋勇夫訳），2003，『暗黙知の次元』ちくま学芸文庫。

Armstrong, D. M., 1973, *Belief, Truth and Knowledge*, Cambridge U.P.

BonJour, L., 1985, *The Structure of Empirical Knowledge*, Harvard U.P.

Darden, L., 1992, "Strategies for Anomaly Resolution," in R.Giere (ed.), *Cognitive Models of Science*, University of Minnesota Pr.

Dretske, F., 1981, *Knowledge and the Flow of Information*, Basil Blackwell.

Ford, K. M. et al., 1995, *Android Epistemology*, The MIT Pr.

Fuller, S., 2002, *Social Epistemology*, 2nd ed., Indiana U.P.

Goldman, A., 1967, "A Causal Theory of Knowing," *The Journal of Philosophy*, 64: pp. 357-72.

Goldman, A., 1999, *Knowledge in a Social World*, Clarendon Pr.

Goldman, A., 2002, *Pathways to Knowledge: Private and Public*, Oxford U.P.

Hardwig, J., 1985, "Epistemic Dependence," *The Journal of Philosophy*, 82: pp. 335-49.

Kornblith, H., 1994, *Naturalizing Epistemology*, 2nd ed., The MIT Pr.

Kornblith, H., 2002, *Knowledge and its Place in Nature*, Oxford U.P.

● 第 4 章

アリストテレス（藤沢令夫訳），1972，「詩学」田中美知太郎責任編集『世界の名著8』中央公論社。

飯田隆編，2007，『哲学の歴史 11 論理・数学・言語 20 世紀 2』中央公論新社。

ウィトゲンシュタイン，L.（野矢茂樹訳），2003，『論理哲学論考』岩波文庫。

ウィトゲンシュタイン，L.（丘沢静也訳），2013，『哲学探究』岩波書店。

オースティン，J. L.（坂本百大訳），1978，『言語と行為』大修館書店。

カルナップ, R. (永井成男・内田種臣編, 内井惣一ほか訳), 1977, 『カルナップ
哲学論集』紀伊國屋書店。

グライス, P. (清塚邦彦訳), 1998, 『論理と会話』勁草書房。

クリプキ, S. A. (黒崎宏訳), 1983, 『ウィトゲンシュタインのパラドックス
——規則・私的言語・他人の心』産業図書。

クワイン, W. V. O. (大出晃・宮館恵訳), 1984, 『ことばと対象』勁草書房。

サール, J. R. (坂本百大・土屋俊訳), 1986, 『言語行為——言語哲学への試論』
勁草書房。

ジョンソン, M. (菅野盾樹・中村雅之訳), 2001, 『心のなかの身体——想像力
へのパラダイム転換』(復刊版)紀伊國屋書店。

ストローソン, P. F., 1987, 「指示について」坂本百大編『現代哲学基本論文集
Ⅱ』勁草書房。

デイヴィドソン, D. (野本和幸ほか訳), 1991, 『真理と解釈』勁草書房。

ハッキング, I. (伊藤邦武訳), 1989, 『言語はなぜ哲学の問題になるのか』勁草
書房。

ブラック, M. ほか / 佐々木健一編, 1986, 『創造のレトリック』勁草書房。

フレーゲ, G. (黒田亘・野本和幸編), 1999, 『フレーゲ著作集 4 哲学論集』勁
草書房。

ライカン, W. G. (荒磯敏文ほか訳), 2005, 『言語哲学——入門から中級まで』
勁草書房。

ライル, G. (坂本百大ほか訳), 1987, 『心の概念』みすず書房。

ラッセル, B., 1986, 「指示について」坂本百大編『現代哲学基本論文集 I』勁
草書房。

ロック, J. (大槻春彦訳), 1976, 『人間知性論 3』岩波文庫。

ローティ, R. (野家啓一監訳), 1993, 『哲学と自然の鏡』産業図書。

Burge, T., 1992, "Philosophy of Language and Mind : 1950-1990," *The
Philosophical Review*, 101.

● 第 5 章

アンスコム, G. E. M. (菅豊彦訳), 1984, 『インテンション——実践知の考察』
産業図書。

キム, J. (柏端達也ほか訳), 2006a, 「性質例化としての出来事」柏端達也ほか
編訳『現代形而上学論文集』勁草書房。

キム, J. (太田雅子訳), 2006b, 『物理世界のなかの心——心身問題と心的因果』
勁草書房。

チャーチランド, P. M. (関森隆史訳), 2004, 「消去的唯物論と命題的態度」信
原幸弘編『シリーズ心の哲学Ⅲ 翻訳篇』勁草書房。

デイヴィドソン，D.（服部裕幸・柴田正良訳），1990a,「意志の弱さはいかにして可能か」『行為と出来事』勁草書房。

デイヴィドソン，D.（服部裕幸・柴田正良訳），1990b,「行為・理由・原因」『行為と出来事』勁草書房。

デイヴィドソン，D.（服部裕幸・柴田正良訳），1990c,「行為者性」『行為と出来事』勁草書房。

デイヴィドソン，D.（塩野直之訳），2007,「欺瞞と分裂」金杉武司ほか訳『合理性の諸問題』春秋社（2010, 中公文庫）。

テイラー，R.（吉田夏彦訳），1968,『哲学入門』培風館。

野矢茂樹，1999,『哲学・航海日誌』春秋社。

フォン・ウリクト，G. H.（丸山高司・木岡伸夫訳），1984,『説明と理解』産業図書。

プライア，E. W. ほか（柏端達也ほか訳），2006,「傾向性についての三つのテーゼ」柏端達也ほか編訳『現代形而上学論文集』勁草書房。

ライル，G.（坂本百大ほか訳），1987,『心の概念』みすず書房。

Bratman, M. E., 1993, "Shared Intention," in *Faces of Intention: Selected Essays on Intention and Agency*, Cambridge U. P.

Chisholm, R., 1964, "Human Freedom and the Self," in R. Kane (ed.), *Free Will*, Blackwell.

Clarke, R., 1996, "Agent Causation and Event Causation in the Production of Free Action," *Philosophical Topics*, 24.

Davis, L., 1970, "Individuation of Actions," *Journal of Philosophy*, 67.

Gilbert, M., 1990, "Walking Together: A Paradigmatic Social Phenomenon," *Midwest Studies in Philosophy*, 15.

Hornsby, J., 1980, *Actions*, Routledge and Kegan Paul.

Kim, J., 1989, "The Myth of Nonreductive Materialism," in *Supervenience and Mind : Selected Philosophical Essays*, Cambridge U. P.

Kim, J., 1993, *Supervenience and Mind*, Cambridge U. P.

Lewis, D., 1969, *Convention : A Philosophical Study*, Blackwell.

Lewis, D., 1986, *Philosophical Papers*, Vol. II, Oxford U. P.

Lombard, L. B., 1974, "A Note on Level-Generation and the Time of a Killing," *Philosophical Studies*, 26.

Martin, C. B., 1997, "On the Need for Properties," *Synthese*, 112.

O'Connor, T., 2000, *Persons and Causes: The Metaphysics of Free Will*, Oxford U. P.

Prichard, H. A., 1949, *Moral Obligation: Essays and Lectures*, Oxford U. P.

Thomson, J. J., 1971, "The Time of a Killing," *Journal of Philosophy*, 68.

● 第6章

アームストロング，D. M.（鈴木登訳），1996，『心の唯物論』勁草書房。

ヴァン・ゲルダー，T.（中村雅之訳），2002，「認知は計算でないとすれば何だろうか」門脇俊介・信原幸弘編『ハイデガーと認知科学』産業図書。

ギブソン，J. J.（古崎敬ほか訳），1985，『生態学的視覚論——ヒトの知覚世界を探る』サイエンス社。

クラーク，A./ J. トリビオ（金杉武司訳），2002，「表象なしでやれるのか？」門脇俊介・信原幸弘編『ハイデガーと認知科学』産業図書。

クリプキ，S. A.（八木沢敬・野家啓一訳），1985，『名指しと必然性——様相の形而上学と心身問題』産業図書。

チャーチランド，P. M.（関森隆史訳），2004，「消去的唯物論と命題的態度」信原幸弘編『シリーズ心の哲学 Ⅲ　翻訳篇』勁草書房。

チャーマーズ，D. J.（林一訳），2001，『意識する心——脳と精神の根本理論を求めて』白揚社。

デイヴィドソン，D.（服部裕幸・柴田正良訳），1990，『行為と出来事』勁草書房。

デイヴィドソン，D.（野本和幸ほか訳），1991，『真理と解釈』勁草書房。

デネット，D. C.（信原幸弘訳），1990，「コグニティヴ・ホイール」『現代思想』5 月号。

デネット，D. C.（若島正・河田学訳），1996，『「志向姿勢」の哲学——人は人の行動を読めるのか？』白揚社。

信原幸弘，2002，『意識の哲学——クオリア序説』岩波書店。

バージ，T.（前川高弘訳），2004，「個体主義と心的なもの」信原幸弘編『シリーズ心の哲学 Ⅲ　翻訳篇』勁草書房。

パトナム，H.（野本和幸ほか訳），1994，『理性・真理・歴史——内在的実在論の展開』法政大学出版局。

ハーマン，G.（鈴木貴之訳），2004，「経験の内在的質」信原幸弘編『シリーズ心の哲学 Ⅲ　翻訳篇』勁草書房。

ピリシン，Z. W.（佐伯胖監訳・信原幸弘訳），1988，『認知科学の計算理論』産業図書。

ファイグル，H.（伊藤笏康・荻野弘之訳），1989，『こころともの』勁草書房。

マッカーシー，J./ P. J. ヘイズ（三浦謙訳），1990，「人工知能の観点から見た哲学的諸問題」J. マッカーシー/ P. J. ヘイズ/松原仁『人工知能になぜ哲学が必要か——フレーム問題の発端と展開』哲学書房。

ミリカン，R. G.（信原幸弘訳），2007，『意味と目的の世界——生物学の哲学から』勁草書房。

ライル，G.（坂本百大ほか訳），1987，『心の概念』みすず書房。

ラメルハート，D. E./ J. L. マクレランド/PDP リサーチグループ（甘利俊一監

訳），1989，『PDP モデル——認知科学とニューロン回路網の探索』産業図書。

Child, W., 1994, *Causality, Interpretation and the Mind*, Oxford U. P.

Fodor, J. A. and Z. W. Pylyshyn, 1988, "Connectionism and Cognitive Architecture : A Critical Analysis," *Cognition*, 28 : pp. 183-204.

Jackson, F., 1982, "Epiphenomenal Qualia," *Philosophical Quarterly*, 32 : pp. 127-136.

Putnam, H., 1975, "The Meaning of 'meaning'," in *Mind, Language and Reality*, Cambridge U. P.

● 第 7 章

ウィルソン，E. O.（伊藤嘉昭監修），1999，『社会生物学』（合本版）新思索社，初版（5 巻本）1983-85。

エイヤー，A. J.（吉田夏彦訳），1955，『言語・真理・論理』岩波書店。

クワイン，W. V. O.（飯田隆訳），1992，「経験主義のふたつのドグマ」『論理的観点から——論理と哲学をめぐる九章』勁草書房。

クーン，T.（中山茂訳），1971，『科学革命の構造』みすず書房。

デュエム，P.（小林道夫ほか訳），1991，『物理理論の目的と構造』勁草書房。

ハンソン，N. R.（村上陽一郎訳），1986，『科学的発見のパターン』講談社学術文庫。

ブルア，D.（佐々木力・古川安訳），1985，『数学の社会学——知識と社会表象』培風館。

ポパー，K. R.（大内義一・森博訳），1971-72，『科学的発見の論理（上・下）』恒星社厚生閣。

マイア，E.（八杉貞雄・新妻昭夫訳），1994，『進化論と生物哲学——一進化学者の思索』東京化学同人。

マートン，R. K.（森東吾ほか訳），1961，『社会理論と社会構造』みすず書房。

ラカトス，I. / A. マスグレイブ編（森博監訳），1985，『批判と知識の成長』木鐸社。

ルイス，D.（吉満昭宏訳），2007，『反事実的条件法』勁草書房。

● 第 8 章

入不二基義，2002，『時間は実在するか』講談社現代新書。

大森荘蔵，1971，「決定論の論理と自由」『言語・知覚・世界』岩波書店。

木田元編，2000，『ハイデガー「存在と時間」の構築』岩波現代文庫。

クワイン，W. V. O.（飯田隆訳），1992，「経験主義のふたつのドグマ」『論理的観点から——論理と哲学をめぐる九章』勁草書房。

シューメイカー，S. / R. スウィンバーン（寺中平治訳），1986，『人格の同一性』

産業図書。

ズワルト，P. J.（井上健・南政次訳），1980,『時間について』紀伊國屋書店。

デリダ，J.（高橋允昭訳），1970,『声と現象——フッサール現象学における記号の問題への序論』理想社。

ドゥルーズ，G.（宇波彰訳），1974,『ベルクソンの哲学』法政大学出版局。

ドゥルーズ，G.（平井啓之訳），1992,『差異について』（増補新版）青土社。

バーネット，J.（西川亮訳），1975,『初期ギリシア哲学』以文社。

パーフィット，D.（森村進訳），1998,『理由と人格——非人格性の倫理へ』勁草書房。

ヘルト，K.（新田義弘ほか訳），1997,『生き生きした現在——時間と自己の現象学』（新装版）北斗出版。

ホンデリック，T.（松田克進訳），1996,『あなたは自由ですか？——決定論の哲学』法政大学出版局。

Geach, P. T., 1973, "Ontological Relativity and Relative Identity," in M. K. Munitz (ed.), *Logic and Ontology*, New York U. P.

Lewis, D., 1983, "Survival and Identity," *Philosophical Papers I*, Oxford U. P.

● 第 9 章

オーキン，S. M.（山根純佳ほか訳），2013,『正義・ジェンダー・家族』岩波書店。

コーエン，G. A.（渡辺雅男・佐山圭司訳），2006,『あなたが平等主義者なら，どうしてそんなにお金持ちなのですか』こぶし書房。

齋藤純一，2000,『公共性』岩波書店。

サール，J. R.（坂本百大・土屋俊訳），1986,『言語行為——言語哲学への試論』勁草書房。

サンデル，M. J.（鬼澤忍訳），2011,『公共哲学——政治における道徳を考える』ちくま学芸文庫。

高橋義人，1998,「決定・自己・侵犯」『現代思想』26 巻 8 号，青土社。

立岩真也，2001,『弱くある自由へ——自己決定・介護・生死の技術』青土社。

ノージック，R.（島津格訳），1992,『アナーキー・国家・ユートピア——国家の正当性とその限界』木鐸社。

ハーバマス，J.（三島憲一ほか訳），1991,『道徳意識とコミュニケーション行為』岩波書店。

ハーバーマス，J.（河上倫逸・耳野健二訳），2002-03,『事実性と妥当性——法と民主的法治国家の討議理論にかんする研究（上・下）』未来社。

ハーバーマス，J.（清水多吉・朝倉輝一訳），2005,『討議倫理』法政大学出版局。

福間聡，2007,『ロールズのカント的構成主義——理由の倫理学』勁草書房。

福間聡，2014,「社会正義とコミュニティ政策」坂田周一監修『コミュニティ政策

学入門』誠信書房。

ムーア，G. E.（泉谷周三郎ほか訳），2010，『倫理学原理』三和書籍。

ロールズ，J.（川本隆史ほか訳），2010，『正義論 改訂版』紀伊國屋書店。

Baron, M., P. Pettit and M. Slote, 1997, *Three Methods of Ethics : A Debate*, Blackwell.

Buchanan, A., 1989, "Assessing the Communitarian Critique of Liberalism," *Ethics*, Vol. 99 (4), pp. 852–82.

Darwall, S., 1998, *Philosophical Ethics*, Westview Press.

Goodin, R. and P. Pettit (eds.), 1993, *A Companion to Contemporary Political Philosophy*, Blackwell.

Hudson, W. D., 1983, *Modern Moral Philosophy*, 2nd ed., Palgrave Macmillan.

McDowell, J., 1998, *Mind, Value, and Reality,* Harvard U. P.

Rachels, J., 2000, "Naturalism," in H. LaFollette (ed.), *The Blackwell Guide to Ethical Theory,* Blackwell.

Rawls, J., 2005, *Political Liberalism*, expanded ed., Columbia U. P.

Reath, A. 1998, "Ethical Autonomy," in E. Craig (ed.), *Routledge Encyclopedia of Philosophy*, Routledge.

Sayre-McCord, G. (ed.), 1988, *Essays on Moral Realism*, Cornell U. P.

Scanlon, T. M., 1998, *What We Owe to Each Other*, Harvard U. P.

Shafer-Landau, R. (ed.), 2008, *Oxford Studies in Metaethics*, Vol.3, Oxford U. P.

Smith, M., 2000, "Moral Realism," in H. LaFollette (ed.), *The Blackwell Guide to Ethical Theory*, Blackwell.

Street, S., 2008, "Constructivism about Reasons," in R. Shafer-Landau (ed.), *Oxford Studies in Metaethics*, Vol. 3, Oxford U. P.

Waldron, J., 1993, "Rights," in R. Goodin and P. Pettit (eds.), *A Companion to Contemporary Political Philosophy*, Blackwell.

● 第 10 章

ヴァルデンフェルス，B.（山口一郎・鷲田清一監訳），2004，『講義・身体の現象学──身体という自己』知泉書館。

エレンベルガー，A.（木村敏・中井久夫監訳），1980，『無意識の発見（上・下）』弘文堂。

岡野憲一郎，1995，『外傷性精神障害──心の傷の病理と治療』岩崎学術出版社。

門脇俊介・信原幸弘編，2002，『ハイデガーと認知科学』産業図書。

木田元，1993，『ハイデガーの思想』岩波新書。

木田元編，2000，『ハイデガー「存在と時間」の構築』岩波現代文庫。

ザハヴィ，D.（工藤和男・中村拓也訳），2003，『フッサールの現象学』晃洋書房。

サルトル，J. P.（伊吹武彦ほか訳），1996，「実存主義はヒューマニズムである」『実存主義とは何か（増補新装版）』人文書院。

シルダー，P.（北條敬訳），1983，『身体図式』金剛出版。

ドレイファス，H.（門脇俊介監訳），2000，『世界内存在』産業図書。

中井久夫，2004，『徴候・記憶・外傷』みすず書房。

信原幸弘，2000，『考える脳・考えない脳』講談社現代新書。

ハイデッガー，M.（渡邊二郎訳），1997，『「ヒューマニズム」について』ちくま学芸文庫。

ハイデガー，M.（原佑・渡邊二郎訳），2003，『存在と時間　Ⅰ・Ⅱ・Ⅲ』中公クラシックス。

パトナム，F. W.（中井久夫訳），2001，『解離——若年期における病理と治療』みすず書房。

浜渦辰二，1995，『フッサール間主観性の現象学』創文社。

フーコー，M.（渡辺守章訳），1986，『性の歴史Ⅰ　知への意志』新潮社。

フーコー，M.，1996，「主体と権力」ドレイファス，H.／P. ラビノー（山形頼洋・鷲田清一ほか訳）『ミシェル・フーコー　構造主義と解釈学を超えて』筑摩書房。

フーコー，M.（渡辺守章訳），2000，「〈性〉と権力」『ミシェル・フーコー思考集成Ⅶ』筑摩書房。

フーコー，M.（石田英敬訳），2001，「生体政治の誕生」『ミシェル・フーコー思考集成Ⅷ』筑摩書房。

フーコー，M.（田村俶・雲和子訳），2004，『自己のテクノロジー』岩波現代文庫。

フッサール，E.（木田元訳），1995，『ヨーロッパ諸学の危機と超越論的現象学』中公文庫。

フッサール，E.（谷徹訳），2004，『ブリタニカ草稿』ちくま学芸文庫。

フッサール，E.／E. フィンク（新田義弘・千田義光訳），1995，『超越論的方法論の理念——デカルト的第六省察』岩波書店。

ヘルト，K.（坂本満訳），1986，「相互主観性の問題と現象学的超越論的哲学の理念」『現象学の展望』国文社。

メルロ＝ポンティ，M.（竹内芳郎・小木貞孝訳），1967，『知覚の現象学1』みすず書房。

メルロ＝ポンティ，M.（滝浦静雄・木田元訳），1989，『見えるものと見えないもの——付・研究ノート』みすず書房。

米本昌平ほか編，2000，『優生学と人間社会』講談社。

レヴィナス，E.（熊野純彦訳），2005-06，『全体性と無限（上・下）』岩波文庫。

Clark, A., 1997, *Being There : Putting Brain, Body, and World Together Again*, MIT Pr.

Friedman, M. A., 2000, *Parting of the Ways*, Open Court.
Heidegger, M., 1975, *Die Grundprobleme der Phänomenologie*, Vittorio Klostermann.
Heidegger, M., 2002, Gesamtausgabe Bd. 19, *Grundbegriffe der aristotelischen Philosophie*, Vittorio Klostermann.
Waldenfels, B., 1990, *Der Stachel des Fremden*, Suhrkamp.
Zahavi, D., 2001, *Husserl and Transcendental Intersubjectivity*, Ohio U. P.

あ と が き

　本書は「現代哲学」を読み解くための基本的なボキャブラリーを「言語」や「行為」など10のテーマに即して分類し，それぞれの項目に見開き2頁（ないし4頁）で解説を施したものである。したがって，小項目の哲学事典よりは内容豊富であり，逆に各分野の解説書よりはコンパクトに事柄の要点を把握できることをめざしている。小説でいえば，短編でも長編でもなく，中編サイズのキーワード集とでも言えようか。

　「現代哲学」という呼称は，ここではほぼ20世紀哲学を指すものとして用いられている。もちろん，哲学の営みが世紀によって区切られるわけではないので，これはあくまでも目安であり，その前後の時期への言及も当然含まれている。ただし，哲学に「不易」の面と「流行」の面があるとすれば，本書は全体を通じて現代哲学の「不易」の面に重点を置いた項目選定と解説の姿勢となっている。したがって，いわゆる「現代思想」と呼ばれる分野を無視したわけではないが，術語や概念の浮沈が激しく安定性に欠けるそうした領域とは比較的距離をおいた叙述となっている。

　また，大陸哲学と分析哲学という分け方をすれば，意図したわけではないが，本書はどちらかといえば分析哲学に親和的な構成となっている。したがって，マルクス主義をはじめ社会哲学関係の立項が少ないとの批判もあるであろう。しかしながら，すべての潮流や学派を網羅しようとすれば，本書に倍するボリュームが必要なことから，そうした偏りは本書の欠陥ではなく，むしろ特色として受け止めていただければ幸いである。

　編集に当たって心がけたのは，以下のような諸点である。

① 現代哲学の全体像を，歴史的観点からではなく体系的観点から捉え直す章立てならびに項目選定とする。

② 現代哲学の主要な論争点を浮き彫りにするとともに，哲学書を読むうえで不可欠な基本概念についてわかりやすい記述を行う。

③ 各章ごとの担当・執筆者を一人として完結性を重視し，その章を読むことで当該分野の大まかな見取図を俯瞰できるようにする。

④ 基本的な論点については標準的な記述を行うが，その上でなら各執
　筆者の見解や主張を積極的に打ち出してかまわない。

　本書の企画について編者の一人（野家）が有斐閣から相談を受けたのは，
すでに 10 年以上も前のことに遡る。そのとき私の念頭にあったのは，20
世紀哲学に独自の視角から切り込んだ門脇俊介さんの意欲的な著作『現代
哲学』（産業図書，1996 年）を土台に，その構成を敷衍・拡張する形で，
現代哲学の小事典としても教科書としても使えるようなキーワード集がで
きないか，というものであった。

　門脇さんにそのような構想をお話し，編者としての協力をお願いしたと
ころ，幸いにも二つ返事で快諾してくださり，それ以後は二人三脚という
よりは，むしろ門脇さんのイニシアティブで項目選定や執筆者選びが始
まった。今から振り返っても，その共同作業の期間は，私にとって学問的
刺激と知的快楽に満ちた得がたい時間であった。ところが，執筆依頼も終
わり，出来上がってきた原稿の査読が始まった頃から，門脇さんは東京大
学グローバル COE「共生のための国際哲学教育研究センター（UTCP）」
の中心メンバーとして多忙をきわめられるようになり，私の方も日本学術
会議や日本哲学会，勤務先の大学の管理職などの仕事に忙殺されることに
なって，編集や査読の作業も思うにまかせないような状況が続くように
なった。

　そんな折も折，門脇さんは病を得られて闘病生活を余儀なくされ，2010
年 2 月，ついに幽明境を異にすることとなった。門脇さんと私が本書の進
捗状況について最後に言葉を交わしたのは，2008 年 8 月に彼が病を押し
て参加された世界哲学会（WCP）の韓国ソウル大会の席上であったと記
憶する。編集作業の道半ばで頼りの門脇さんを喪い，私としては片腕をも
ぎ取られる思いでしばし茫然とするほかはなかった。ただし，門脇さんは
闘病中にもかかわらず，本書に収録されるご自身の原稿はすでに仕上げて
おられ，査読の作業も滞りなく進めておられたことは，特筆すべきことと
してここに記しておきたい。

　したがって，本書の刊行がかくも遅れた責任は，ひとえに編者の野家一
人のものである。早々に原稿を仕上げていただいた方々には，このように

長期間にわたってお待たせしたことは誠に申し訳なく，この場を借りて心よりお詫びを申し上げたい。また研究の進展の速い分野に関しては，現在の研究状況に合わせて今回改めて原稿をヴァージョンアップしていただいた執筆者の方々もあり，真摯なご協力には感謝の言葉もない。ただ一つの慰めは，執筆依頼を差し上げた時点では，まだ駆け出しの若手研究者であった方々が，現在では揺るぎない中堅の研究者として学会の中心で縦横に活躍しておられることである。

　有斐閣の担当編集者も，当初の茅しのぶさんから現在の松井智恵子さんに交代していただいてからかなりの時間が経った。とりわけ松井さんには原稿の督促から細かな編集作業への配慮まで，さらに結局脱稿していただけなかった執筆者の最終段階での交替という緊急事態までも含めて，万全のサポート態勢をとっていただいた。にもかかわらず，遅延を重ねてご心配とご迷惑をおかけしたことをここにお詫び申し上げるとともに，忍耐強く待ち続けていただいたことに対し，松井さんには心からの御礼を申し上げたい。あとは本書が現代哲学に関心をもたれる方々の手に渡り，書肆に迷惑をかけない程度の読者を獲得することを願うばかりである。

　　　2015 年 11 月
　　　　　　門脇俊介さんを偲びつつ，編者を代表して

　　　　　　　　　　　　　　　　野家 啓一

索　引

──────── **事 項 索 引** ────────

◆あ 行

アカウンタビリティ　149
アキレスと亀　162
アフォーダンス　105, 128
アブダクション　139
ア・プリオリ性　40, 41
ア・プリオリな真理　54
ア・プリオリな綜合的真理　54
ア・プリオリな知識　52, 54, 55
ア・ポステリオリ性　40
ア・ポステリオリな真理　54
ア・ポステリオリな知識　52
アンドロイド認識論　63
暗黙知　60, 61, 141, 142
閾　214
意　義　73, 76
生き生きした現在　169
閾　値　193
意　識　168, 179, 217
　──のハードプロブレム　120, 161
意志の弱さ　100, 101
異他的なもの　218
1 階述語論理　31, 34-36
逸脱的因果連鎖　91
一般定立　204
一般的合理性　62
イデア　2
遺　伝　154
意　味　72, 73, 187
　──の外在性テーゼ　41
　──の検証理論　136
　──の使用説　78

因果規則性説　134, 174

因果性　134
　──の確率理論　135
因果説　96
因果法則　135
インフォームド・コンセント　149
隠喩(暗喩)　86, 87
ウィーン学団　24, 36, 68
運　動　162, 163
運動系　212
エ　ス　217
SSK　→科学知識の社会学
STS　→科学技術社会論
エスノメソドロジー　147
エレア派　162
演　繹　28, 138
演算子　38
応答系　212, 213
応用倫理(学)　148, 181
大きな物語　19
思い違い理論　4
オリエンタリズム　16
オルガノン　28

◆か 行

快感原則　216
懐疑論　46, 49, 57
　グローバルな──　46, 47, 49
　ローカルな──　46
解決した問い　186
外在主義　118, 119
下意識　215

257

解釈学　20
解釈主義　114, 125
外傷反応(解離モデル)　216
概念実在論(プラトニズム)　2
解剖－政治学　222
解　離　215
解離モデル　216
会話の格率　83
会話の含み　83
カオス　156, 157
科　学　58
　　——の価値中立性　148
　　——のカルチュラル・スタディーズ
　　　147
　　——の計画化　60
科学革命　20, 25, 143, 144
『科学革命の構造』　25, 142
科学技術社会論(STS)　25, 133, 147
科学社会学　25, 133, 145, 146
科学者集団の社会学　146
科学知識の社会学(SSK)　146, 147
科学的決定論　172, 174
科学的実在論　4
科学哲学　24, 141, 142
科学方法論　51
科学論　24
格差原理　189
確定記述　34, 35
　　——の理論　69
確率論　139
過去把持　167
家事労働　191
仮　説　138, 139
仮説演繹法　20, 21, 138, 139
堅い核　145
堅い決定論　173
カタレプシー(強硬症)　214
価値自由　21
可能世界　53, 54, 175
可能世界意味論　39, 42, 135

カロリック　125
環境主義　128
環境倫理　149
関係の不可逆性　219
還元主義　179
還元主義的な生命観　154
還元主義のドグマ　141
観察によらない知識　98, 107
観察の理論負荷性　141
観察文　74
間身体性　212, 213
環世界　207
完　全　36
カント倫理学　192
観　念　12
　　——の問題系　12
観念論　2, 3, 204
換　喩　86
キアスム(交差配列)　212
記　憶　22, 179
　　——のポリティックス　22
記憶理論　179
危害原理　194
機械論　152, 153
幾何学　40
希求(渇望)　219
帰結主義　192, 193
起源論的説明　155
記号論理学　69, 70
記　述　34
技術者倫理　149
記述主義の誤謬　84
記述的科学論　25
規則功利主義　188
基礎言明　137
気遣い　206, 207
企　投　206, 207
帰　納　28, 138, 139
機能環(ユクスキュル)　212
機能主義　7, 112-114, 125

機能的説明　155
帰納法　140
規　範　200, 201
基　盤　103, 104
規範的科学論　24
規範倫理学　181
義務論　192, 193
義務論理　39
規約主義的立場　184
逆数学　31
狭義の基礎づけ主義　10
強制的安楽死計画　223
競争場　162
協調の原理　83
協調問題　108
共同感情　218
共同行為　106-109
キリスト教　220, 221
　——のデザイン論　153
近代(モダン)　18
　——のプロジェクト　19
近代化論　19
近代資本主義社会　18
空　間　163
偶然性　40
偶然的真理　53, 175
クオリア　111, 120-123
クリティカル・シンキング　29
クリプキモデル　39
系　37
「経験主義のふたつのドグマ」　15, 41,
　141
傾向性　102-104
計算機基礎理論　39
形式意味論　34, 70
形式系　36
　——の表現力　37
形式主義　30, 37
形而上学的区別　53
形　相　152

形相因　153
ゲシュタルトクライス(形態環)　212
血縁選択　150
決定不全性(過小決定性)　140, 141, 147
決定論　172, 173
ゲティアの反例　51
ゲーデルの不完全性定理　32, 36, 37
言語ゲーム論　13
言語行為論　70, 84, 183, 200
言語哲学　70, 71, 182
言語の規範性　79
言語(論)的転回　42, 68
現実存在　208, 209
現　象　168
現象学　169, 204, 205, 207
現象学的還元　167
現象学的時間論　169
現象学的社会学　207
検証可能性　24
検証主義　69
現象主義　3, 103
検証説　43
検証と反証の非対称性　136, 140
原初状態　189, 190
言説分析　147
現存在　170, 171, 206
　——の存在構造　171
厳密含意体系　38
言明の真理値　3
権　利　194, 199
権　力　221, 222
行　為　94-96, 99, 102
　——の因果説　90, 91
　——の反因果説　90
行為帰結主義　192
行為功利主義　188, 192
行為者　105
行為者因果性　92, 93
行為者因果説　92
行為者相対的な理論　192

事項索引　259

公共圏　196
公共財　194
公共性　196
公共的空間　196
公共的正当化　196
公共的理性　197
公共的領域　191
恒常的随伴　134
厚生(分析派マルクス主義)　188
構成主義　31, 39
構成的規則　85
構成的実験　20
公正としての正義　188, 189
公正な機会均等　189
行動主義　112
公民権運動　198
効用(功利主義)　188
公　理　36
功利主義　188, 189, 192
合理主義　198
五月革命　18, 19
互恵的利他主義　150
心の自然化　111, 112
心の哲学　71, 83, 102, 103, 112
個人主義(主観主義)　109, 194
個人の別個独立性への配慮　189
国　家　194
固定指示子　40, 41, 54
古典1階述語論理　32
古典的計算主義　126-128
古典的功利主義　188
古典命題論理　32
古典論理　33, 34, 38
言葉の意味　77, 80, 82
コネクショニズム　126-128, 131
コペルニクス的転回　68
コミュニケーション的行為(の理論)
　　21, 200
コミュニケーション的理性　201
コミュニタリアニズム　195

コミュニティ　191
固有なもの　218
根元的印象　167
根源的時間直観　166, 167
コンピュータメタファー　126
根本的翻訳　74

◆さ　行
差　異　161
サイエンス・ウォーズ　24, 25, 147
最善の説明への推論　139
催眠療法　215
作用因　152, 153
算術の不完全性　31
三段論法　28, 32, 38
参与観察　147
ジェンダー　17, 191
自　我　204, 217
時　間　160-166, 170, 173
時間性　206
時間論理　39
識　閾　214
式列計算　33
刺激閾　214
資　源　188
自　己　218, 219
自己移入　218
志向性　111, 116, 168
志向的態度　114
志向的特徴　121
思考の真理(永遠の真理)　174
自己関係　213
自己欺瞞　100
自己決定　198
自己決定権　198, 199
自己言及パラドクス　37
自己組織化　157
自己同一的なもの　218
自己統治　198
事実/価値問題　186

事実言明　182, 183
事実の真理（偶然的真理）　174
指示の因果（歴史）説　33, 41
指示の魔術説　116
使真論　43
自然化された認識論　57
自然言語　70
自然主義　8, 9
自然主義的誤謬　186
自然選択説　154
自然的自我　204, 205
自然的主観性　204
自然的態度　204
自然の生存権　149
自然法則　172, 174
実在論　2, 3, 43
実証主義論争　21
実践的推論　184, 185
実　存　206, 209
実存主義　209
実存性　206
質的同一性　176
質　料　152
質料因　153
私的言語論　81
私的領域　191
死の欲動（自我欲動）　216
市　民　196
嗜　眠　214
市民的礼節の義務　197
社会契約説　189
社会システム論　21
社会主義革命論　19
社会生物学　150, 151
社会的基本財　188
　　──の平等分配　191
社会の認識論　59
自　由　161, 172, 173, 194
修辞学　28
集団権　195

自由で平等な市民　190
自由論理　35
熟議的な政治　201
主体化＝隷属化　221
主張説　43
準決定論　172
準実在論　5
純粋悟性概念　204
純粋持続　161
『純粋理性批判』　54
状況意味論　39
消極的権利　198
消去主義　91, 115, 125
消去的唯物論　7, 125
条件文　29
情動主義　183
情報流理論　39
情報倫理　149
証　明　36
将来 - 現前 - 既在　171
自　律　198, 201
指令主義　183
進　化　157
新科学哲学派　133
人　格　179, 190
人格同一性　178, 179
進化心理学　151
進化生物学　9, 150
進化論　153
新カント派　20
人工生命　157
人工知能研究　62, 63, 126
心身二元論　112
心身問題　112
身　体　210, 211, 218
身体図式　211
心的一元論（唯心論）　112
心的因果性　105
心的語彙　90, 91
心的状態　114-116, 118, 119

事項索引　261

——の形成機構と利用機構　117
心的表象　13
信　念　50, 52, 57, 58, 62, 64, 65, 77
心脳タイプ同一説　112, 125
心脳同一説　7, 173
心脳トークン同一性　113
真　理　5, 50, 51
——の担い手　42, 43
真理述語　42, 43
心理メカニズム　151
真理余剰説　43
真理理論　42
随伴現象説(エピフェノメナリズム)　91
推　論　138
推論規則　36
数学的真理　30
数学的知識　55
数学的直観　55
数学的プラトニズム　3
数学の危機　30, 32, 36
数学の基礎づけ　30, 31
数学の形式系　36
数学の哲学　54
数的同一性　176
スキーム　131
筋の通った拒絶原理　199
ストア派　29, 221
ストロング・プログラム　147
スリーピングドッグ法　130
生　207
西欧中心主義　16
正　義　190
正義論　188, 191
『正義論』　190
性現象　220
生 – 権力　222
整合説　43
性質例化説　97
政治哲学　194
精神医学　207

精神科学　20
精神分析　215
生 – 政治学　222, 223
生態学的アプローチ　128
正当化　50–52, 58, 64
性の科学　220
生の欲動(性欲動)　216
『性の歴史』　222
生物哲学　155
生命科学　153
生命倫理　148
世界開放性　207
世界内存在　206, 207, 211
セクシュアリティ　220
世　人　207
世代間倫理　149
セックス　17, 220
設計的態度　114
善　186, 192, 197
前意識　217
善意の原則　76, 77
先駆 – 瞬間 – 反復　171
選　言　29
先時間的現在　169
全称命題　136
全体論　14, 15, 109
先反省的現在　169
綜合性　40
綜合的真理　52
想像(想起)　166, 168
相対主義　141
相対的同一性　177
創　発　157
創発の進化　157
存　在　170, 171, 183, 209
存在者　170
存在/当為問題　182, 184
『存在と時間』　171, 206
存在論　68, 152
存在論的差異　170

ゾンビ　122, 123

◆た　行

第一哲学　68
第一不完全性定理　36
対応説　42, 43
対化的連合　218
大催眠理論　214
第二波フェミニズム運動　17
第二不完全性定理　36
タイプ　112
頽落　206, 207
ダーウィニズム　6, 8, 9
他我　219
他我構成　218
多型実現可能性　113
多元説　43
他者　218, 219
　──の異他性　219
他者関係　213
多数説　96, 97
多値論理　33, 35
妥当　28
タルスキの真理条件　42, 43
単一説　96
単称因果関係の主張　135
単称命題　136
知覚　55
知覚系　212
地球全体主義　149
知識　50, 52
　──における整合説　11
　──の外在主義　65
　──の経験主義的基礎づけプログラム
　　　56
　──の個人主義　58, 59
　──の内在主義　64
知識論法　120, 121
知のアナーキズム　144
チューリングテスト　31

チューリングマシン　31
超越論的自我　204, 205
超越論的主観性　204, 205
超自我　217
直知　34
直喩（明喩）　86, 87
直観　55, 65, 95, 161
直観主義　3, 30, 37
直観主義論理　31-33
通常科学　142-144
通約不可能性　143, 144
強い懐疑論　46, 49
定言命法　201
提喩　86
定理　36
デカルト主義的機械論　154
出来事因果性　92
デザイナー・チャイルド　149
テスト可能性（確証）　136
哲学的自然主義　6, 7
哲学的認識論　7
デモクラシー（国民主権）　201
デュエム－クワイン・テーゼ　15, 137,
　　　140, 141
テレオノミー（目的律）　155
テレオロジー（目的論）　155
伝達意図　82
伝統的認識論　49, 50, 57
伝統的論理学　28, 29, 34
当為　183, 185
当為言明　182, 183
同一性　177, 178
同一説　97
当為判断　184, 185
討議倫理学　200, 201
討議倫理原則　201
道具主義　4
道徳的自然主義　184, 187
道徳的純一性　193
道徳理論　192

事項索引　　263

徳倫理学　　184, 193
トークン　　112
閉じた体系　　114
飛ぶ矢　　162
トラウマ（心的外傷）　　216, 217

◆な　行

内在主義　　118
内在的実在論　　5
内在的特徴　　121
内的葛藤（抑圧モデル）　　216
『内的時間意識の現象学』　　167
内部観測　　157
内部存在論　　205
内包的な文　　39
内包論理　　39
『名指しと必然性』　　40, 41
名前（意義）　　72
生身の身体　　210, 219
日常言語学派　　68, 69
二値論理　　37
二分割　　162
日本技術者教育認定機構　　149
ニュートン力学　　153, 156
ニューロン群の興奮パターン　　126, 127
人間社会生物学　　150
人間中心的目的論　　153
人間的合理性　　62
人間的主観性　　205
認識価値　　72
認識説　　43
認識の規範的文脈　　8
認識論　　34, 45, 51, 62, 68
認　知　　129
認知科学　　13, 126, 128, 207, 217
認知主義　　13
ネットワーク　　157
脳科学　　6, 7, 125
脳　死　　148

◆は　行

バイオポリティックス　　222, 223
排他的所有権　　188
排中律　　3
バウハウス　　19
パースの規則　　32
バタフライ効果　　157
発話行為　　85
発話者の意味　　82
発話内行為　　85
発話媒介行為　　85
ハーバーマス＝ルーマン論争　　21
パラダイム　　25, 142-146
パラダイム論　　137
パラダイム論争　　143, 144
反因果説　　91, 96
反基礎づけ主義　　11
反事実的条件法　　135
反自然主義　　7, 8
反実仮想　　29, 39
反実在論　　2, 3, 5, 43, 147
反射的意図　　82
反証可能性　　24, 137
反証主義　　143
反照的均衡　　189
反　省　　169
判断中止（エポケー）　　204
反表象主義　　13, 207
非還元主義　　179
非還元的唯物論　　7
非‐現前　　167
非古典論理　　32, 33, 43
微小表象　　214
ヒステリー研究　　214
非存在論　　205
ピュタゴラスの定理　　73
ビッグサイエンス　　24
必然性　　40, 41, 174, 175
必然的真理　　53, 54, 175
否定的決定実験　　140

被投性　206, 207
批判的＝規範的合理主義　144
批判的合理主義　24
批判理論　21
非法則性　115
非法則的一元論　91, 113, 115
非本来的態度　171
ヒュームの法則　182, 185
表　象　121
表象主義　13, 126
表象説　121
開いた体系　114
非両立論　173
不　安　206
ファンタスマ　166
フェミニズム　17, 191
不確定記述　34
不確定性テーゼ　74, 75, 77
不可識別者同一の原理　176, 177
不完全　37
複雑系　156, 157
複雑適応系　157
プシュケー（魂）　152
双子地球　40, 41, 118, 119
物心二元論　7
物的一元論（唯物論）　112
物的身体　218, 219
物理学主義　6, 7
物理的態度　114
普遍化可能性原理　200
普遍化原則　201
普遍主義　16
普遍的語用論　200
プライバシー　149
プラグマティズム　13
フランクフルト学派　21
『プリンキピア・マテマティカ』　32, 34
ブール代数　32
フレーム問題　130, 131
フロギストン　125

プログラム科学　155
文化相対主義　17
分散表象　126
分子生物学　154
分析仮説　75
分析性　40, 41
分析的真理　52-54
分析派マルクス主義　191
分配的正義論　188
分配不可能　106
平均効用功利主義　188
ベイズ主義　139
閉包原理　48, 49
変　化　164
変則事例　143
弁別閾　214
包括適応度　150
防御帯　145
方法論的一元論　20
方法論的二元論　20
他なるもの　218
〈牧人＝司祭〉型権力　221
補助仮説　137
ポストコロニアリズム　16, 17
ポストモダニズム　19
ポストモダン　18, 19
『ポストモダンの条件』　19
ホーリズム（全体論）　140, 141, 175
ポリツァイ（行政管理）　223
ポリティーク（政治）　223
ポール・ロワイヤル論理学　29
本　質　209
本質存在　208, 209
本来的態度　171

◆ま　行
枚挙的帰納法　138, 139
マルクス主義　19, 146
マルチ・チャンネル　217
未完のプロジェクト　19

事項索引　265

未決の問い　186
未決問題論法　186, 187
未来予持　167
民間心理学　91, 124, 125
民族独立運動　198
無意識　214, 215, 217
矛盾　37
矛盾律　174
無知のヴェール　189
夢中遊行　214
無矛盾　36
命題的態度　77
命題の構成　34
命題様相論理体系　38
メタファー　86, 87
メタ倫理学　181, 182
メンデル学派　154
目的因　152, 153
目的論的　152
目的論的機能　117, 121
モダン　18

◆や　行

柔らかい決定論　173
唯名論　2
友愛の原理　191
優生学　223
善い帰結　192
善い理由に基づくアプローチ　184
要求　212
様相　38
様相1階述語論理　33
様相三段論法　28, 29
様相論理（学）　32, 33, 38, 39, 175
要素論　14
予期 - 現前 - 忘却　171
抑圧　215, 216
抑圧モデル　217
弱い懐疑論　46, 48

◆ら　行

ライプニッツ-クラーク論争　176
ラプラスの魔　172
力学的アプローチ　129
力動精神医学　215
リサーチ・プログラム　145
　　――の方法論　137, 145
離散的行動状態　217
理想言語学派（人工言語学派）　68, 69
理想的発話状況　200
立憲主義（個人の権利の擁護）　201
リバタリアニズム　191, 194, 195
リビドー　216
リベラリズム　194, 195
理　由　93
量化様相論理　35, 38, 40
両立論　173
臨在性　171
倫理学　9, 181
倫理教育　149
倫理綱領　149
倫理的構成主義　184, 185
倫理的実在論　4
類　推　218
歴　史　22
歴史家論争　22, 23
歴史的合理主義　144
連　言　29
論理経験主義　136
論理実証主義　20, 24, 40, 42, 56, 60, 69,
　　133, 135, 136, 141, 142, 182
論理主義　30, 37, 43, 54
論理的原子論（要素主義）　14
論理的必然性　174, 175
『論理哲学論考』　14

——— 人名索引 ———

◆ア 行

アインシュタイン（Einstein, A.） 24
アドラー（Adler, A.） 29
アドルノ（Adorno-Wiesengrund, T. L.）
　21
アーペル（Apel, K.-O.） 200
アームストロング（Armstrong, D. M.）
　112
アリストテレス（Aristoteles） 6, 10, 28,
　29, 32, 38, 68, 86, 152, 153, 162, 207,
　208
アルバート（Albert, H.） 21
アーレント（Arendt, H.） 196
アンスコム（Anscombe, G. E. M.） 98,
　99
ヴァイツゼッカー（von Weizsacker, R.）
　22, 212
ヴァルデンフェルス（Waldenfels, B.）
　212, 213, 218
ヴァン・ゲルダー（van Gelder, T.） 129
ウィトゲンシュタイン（Wittgenstein, L. J.
　J.） 11, 13, 14, 32, 69, 78, 79, 81
ウィルソン（Wilson, E. O.） 150
ヴィンデルバント（Windelband, W.）
　20
ウェーバー（Weber, M.） 18, 21
ヴェーバー（Weber, E. H.） 214
エアー（Ayer, A. J.） 52, 183
エルトマン（Erdmann, B.） 218
岡野憲一郎 217
オースティン（Austin, J. L.） 69, 70, 84,
　85, 200
オッカム（William of Occham） 38

◆カ 行

カッシーラー（Cassirer, E.） 203
ガリレオ（Galilei, G.） 153

カルナップ（Carnap, R.） 36, 40, 56, 69,
　136, 141, 209
ガレノス（Galenus） 29
カント（Kant. I.） 7, 8, 10, 13, 28, 40, 52,
　54, 139, 175, 179, 190, 197, 198, 201,
　204
カントル（Cantor, G.） 30
ギバード（Gibbard, A. F.） 183
ギブソン（Gibson, J. J.） 128
ギルバート（Gilbert, M.） 109
グライス（Grice, P.） 70, 71, 82, 83, 87
クリステヴァ（Kristeva, J.） 25
クリプキ（Kripke, S. A.） 33, 39–41, 43,
　53, 54, 123
クリュシッポス（Chrysippus of Soli）
　29
グールド（Gould, S. J.） 154
クワイン（Quine, W. V. O.） 8, 14, 33,
　35, 39, 41, 55–57, 74–77, 140, 141, 175
クーン（Kuhn, T. S.） 25, 133, 137,
　142–146
ゲティア（Gettier, E.） 51
ゲーデル（Gödel, K.） 31, 33, 36, 37, 55
コーンブリス（Kornblith, H.） 57

◆サ 行

サイード（Said, E. W.） 16
サール（Searle, J. R.） 70, 85, 87, 183,
　184, 200
サルトル（Sartre, J. P.） 208, 209
ジェボンズ（Jevons, W. S.） 138
ジェームズ（James, W.） 173
シェーラー（Scheler, M.） 207, 218
ジェンクス（Jencks, C. A.） 19
ジャクソン（Jacson, F.） 120, 121
ジャネ（Janet, P.） 214, 215
シャルコー（Charcot, J.-M.） 214

267

シュッツ（Schutz, A.）　207
シルダー（Schilder, P.）　211
スコトゥス（Scotus, D.）　38
スティーブンソン（Stevenson, C. L.）
　183
ストラウド（Stroud, B.）　57
ストローソン（Strawson, P. F.）　69
スピヴァク（Spivak, G. C.）　17
スマート（Smart, J. J. C.）　112
ゼノン（Zeno of Elea）　163
ソーカル（Sokal, A.）　25, 37
ソクラテス（Sokrates, B. C.）　101, 203

◆タ　行
ダーウィン（Darwin, C. R.）　150, 153,
　154
ダーデン（Darden, L.）　63
ダメット（Dummett, M. A. E.）　31, 43,
　70
タルスキ（Tarski, A.）　42, 43
チザム（Chisholm, R.）　52, 92
チャイルド（Child, W.）　115
チャーチランド（Churchland, P.）　125
チャーマーズ（Chalmers, D. J.）　120
チューリング（Turing, A. M.）　31
チョムスキー（Chomsky, A. N.）　61
デイヴィドソン（Davidson, D. H.）　70,
　71, 77, 87, 91, 99, 101, 113-115
ディオドロス・クロノス（Cronus, D.）
　29
ディドロ（Diderot, D.）　153
テイラー（Taylor, R.）　92
ディルタイ（Dilthey, W. C. L.）　20
デカルト（Descartes, R.）　2, 7, 10, 12,
　14, 29, 41, 58, 68, 112, 153, 157, 179,
　204, 210
テデキント（Dedekind, J. W. R.）　30
デネット（Dennett, D. C.）　114, 115
デューイ（Dewey, J.）　11
デュエム（Duhem, P. M. M.）　15, 140,
　141
デリダ（Derrida, J.）　17
ドゥオーキン（Dworkin, R.）　188
ドゥルーズ（Deleuze, G.）　25, 161
トゥールミン（Toulmin, S. E.）　184
トマス・アクイナス（Aquinas, T.）　68
ドルバック（Baron d'Holbach, P.-H. T）
　173
ドレツキ（Dretske, F.）　116

◆ナ　行
ニュートン（Newton, I.）　138, 139, 142
ノージック（Nozick, R.）　49, 188, 198
ノルテ（Nolte, E.）　23

◆ハ　行
ハイティング（Heyting, A.）　31
ハイデガー（Heidegger, M.）　11, 13, 15,
　170, 171, 206-209
ハーク（Haack, S.）　33
バークリー（Berkeley, G.）　2, 204
バージ（Burge, T.）　119
パース（Peirce, C. S.）　139
パスカル（Pascal, B.）　141
パトチカ（Patocka, J.）　207
パトナム（Putnam, H.）　40, 41, 112, 116,
　118, 119, 217
バナール（Bernal, J. D.）　60
ハーバーマス（Habermas, J.）　19, 21, 23,
　43, 196, 200, 201
ハーマン（Herman, G.）　121
ハミルトン（Hamilton, W. D.）　150
バーワイズ（Barwise, J.）　39
ハンソン（Hanson, N. R.）　141
ピュイゼギュール（Puységur, A.-M.-J. de
　C.）　214
ヒューエル（Whewell, W.）　138
ヒューム（Hume, D.）　4, 46, 47, 56, 134,
　135, 139, 140, 173, 174, 182-185
ピュロン（Pyrrho）　29

ピリシン（Pylyshyn, Z. W.） 127
ヒルベルト（Hilbert, D.） 30, 31, 36, 37
ビンスワンガー（Binswanger, L.） 207
ヒンティッカ（Hintikka, J.） 39
ファイグル（Feigl, H.） 112
ファイヤアーベント（Feyerabend, P.）
　144
フィンク（Fink, O.） 205, 207
フェヒナー（Fechner, G. T.） 214
フォーダー（Fodor, J. A.） 116, 127
フォン・ヴリクト（von Wright, G. H.）
　39
フォン・ノイマン（von Neumann, J. L.）
　37
フォン・ユクスキュル（von Uexküll, J. J.
　B.） 207
フーコー（Foucault, M.） 220-222
フッサール（Husserl, E.） 8, 13, 15,
　166-169, 204, 205, 210, 218, 219
フラー（Fuller, S.） 63
プライヤー（Prior, A. N.） 39
ブラウワー（Brouwer, L. E. J.） 31
ブラックバーン（Blackburn, S.） 183
プラトン（Platon） 2, 6, 101, 208
ブランダム（Brandom, R. B.） 13
ブリクモン（Bricmont, J.） 25, 37
ブルア（Bloor, D.） 147
フレーゲ（Frege, G.） 8, 13, 30, 31, 40,
　54, 69, 72, 73, 76
ブレンターノ（Brentano, F.） 116, 166
フロイト（Freud, S.） 214-217
ヘア（Hare, R. M.） 183
ペアノ（Peano, G.） 30
ヘイズ（Hayes, P.） 130
ベイヤー（Baier, A. C.） 184
ペイリー（Paley, W.） 153
ベーコン（Bacon, F.） 28, 138
ヘッド（Head, H.） 211
ペリー（Perry, J.） 39
ベルクソン（Bergson, H.-L.） 160, 161,

163
ベルクマン（Bergmann, G.） 68
ヘルバルト（Herbart, J. F.） 214
ポアンカレ（Poincaré, J.-H.） 31
ボエティウス（Boethius） 29
ボス（Boss, M.） 207
ホッブス（Hobbes, T.） 173
ポパー（Popper, K. R.） 21, 24, 136, 137,
　140, 142-145
ホームズ（Holmes, G. M.） 211
ポランニー（Polanyi, M.） 60, 141
ポルフュリオス（Porphyrius） 29
ポロック（Pollock, F.） 62
ホワイトヘッド（Whitehead, A. N.） 32,
　33

◆マ 行
マイア（Mayr, E.） 155
マーカス（Marcus, R. B.） 33, 38
マクダウェル（McDowell, J. H.） 184
マクタガート（McTaggart, J.） 164, 165
マッカーシー（McCarthy, J.） 130
マートン（Merton, R. K.） 146
マルクーゼ（Marcuse, H.） 18
マンハイム（Mannheim, K.） 147
ミリカン（Millikan, R. G.） 117
ミル（Mill, J. S.） 138, 186
ムーア（Moore, G. E.） 9, 186, 187
メイナード・スミス（Smith, J. M.） 150
メスメル（Mesmer, F.-A.） 214
メルロ゠ポンティ（Merleau-Ponty, M.）
　205, 207, 211, 212
モーペルチュイ（Maupertuis, P.-L. M.）
　153
モンタギュー（Montague, R. M.） 70

◆ラ 行
ライプニッツ（Leibniz, G. W.） 174-176,
　214
ライル（Ryle, G.） 69, 102, 103, 112

ラカトシュ (Lakatos, I.)　137, 144, 145
ラカン (Lacan, J.-M.-E.)　25
ラッセル (Russell, B.)　14, 31-35, 38, 69
ラプラス (Laplace, P.-S.)　172
リオタール (Lyotard, J. F.)　19
リップス (Lipps, T.)　218
リンゼイ (Lindsay, R. K.)　63
ルイス (Lewis, C. I.)　38

ルイス (Lewis, D. K.)　135
ルソー (Rousseau, J.-J.)　198
レヴィナス (Lévinas, E.)　207, 219
ロストウ (Rostow, W. W.)　19
ローダン (Laudan, L.)　144
ロック (Locke, J.)　2, 80, 179
ローティ (Rorty, R.)　68-70
ロールズ (Rawls, J.)　188-191, 196, 197

編者紹介

野家 啓一（のえ　けいいち）
　東北大学名誉教授・総長特命教授

門脇 俊介（かどわき　しゅんすけ）
　元東京大学大学院総合文化研究科教授
　（2010年逝去）

現代哲学キーワード
Keywords of the Contemporary Philosophy　有斐閣双書

2016年1月10日　初版第1刷発行

編　者	野　家　啓　一
	門　脇　俊　介
発行者	江　草　貞　治
発行所	東京都千代田区神田神保町2-17 株式会社 有　斐　閣 電話　(03)3264-1315〔編集〕 　　　(03)3265-6811〔営業〕 郵便番号 101-0051 http://www.yuhikaku.co.jp/

印刷・萩原印刷株式会社／製本・株式会社アトラス製本
©2016, K.Noe, Y.Kadowaki. Printed in Japan
落丁・乱丁本はお取替えいたします。
★定価はカバーに表示してあります。
ISBN 978-4-641-05888-0

JCOPY　本書の無断複写(コピー)は、著作権法上での例外を除き、禁じられています。複写される場合は、そのつど事前に、(社)出版者著作権管理機構(電話03-3513-6969, FAX03-3513-6979, e-mail:info@jcopy.or.jp)の許諾を得てください。